交通运输安全生产管理人员培训教材

U0649198

道路运输企业安全生产管理实务和典型案例分析

本书编写组 编

人民交通出版社股份有限公司
China Communications Press Co.,Ltd.

内 容 提 要

本书为交通运输安全生产管理人员培训教材之一,主要内容包括道路运输行业概述、道路运输企业安全管理基础知识,以及道路运输企业中道路旅客运输企业、道路普通货物运输企业、道路危险货物运输企业、城市公共汽电车客运企业、出租汽车企业、机动车维修企业、机动车驾驶员培训机构的安全管理、装备设施、作业现场、突发事件应急处置及典型案例分析等内容。

本书可作为道路运输企业主要负责人、安全生产管理人员以及相关从业人员进行安全生产培训教育的教材。

图书在版编目（CIP）数据

道路运输企业安全生产管理实务和典型案例分析/
《道路运输企业安全生产管理实务和典型案例分析》编写
组编. —北京:人民交通出版社股份有限公司,2019.4

　　ISBN 978-7-114-16086-8

　　Ⅰ.①道… Ⅱ.①道… Ⅲ.①公路运输企业—安全生
产—技术培训—教材 Ⅳ.①U492.8

　　中国版本图书馆 CIP 数据核字(2019)第 279071 号

书　　名:道路运输企业安全生产管理实务和典型案例分析
著 作 者:本书编写组
责任编辑:钟 伟
责任校对:孙国靖 魏佳宁
责任印制:刘高彤
出版发行:人民交通出版社股份有限公司
地　　址:(100011)北京市朝阳区安定门外外馆斜街 3 号
网　　址:http://www.ccpress.com.cn
销售电话:(010)59757973
总 经 销:人民交通出版社股份有限公司发行部
经　　销:各地新华书店
印　　刷:北京虎彩文化传播有限公司
开　　本:787×1092　1/16
印　　张:14.75
字　　数:339 千
版　　次:2019 年 4 月　第 1 版
印　　次:2022 年 8 月　第 2 次印刷
书　　号:ISBN 978-7-114-16086-8
定　　价:50.00 元
(有印刷、装订质量问题的图书由本公司负责调换)

前　言

安全生产事关人民群众生命财产安全,事关经济社会协调健康发展,是党和政府践行以人民为中心发展思想的具体体现,是建设人民满意交通的基本要求,是建设交通强国的基础保障。

2016年,《中共中央　国务院关于推进安全生产领域改革发展的意见》印发,中共浙江省委浙江省人民政府、交通运输部也分别出台了关于推进本省、本行业安全生产领域改革发展的实施意见。全面深化交通运输行业安全生产领域改革发展,切实提升安全防范治理能力和安全生产保障能力,首要任务是健全落实安全生产责任。落实安全生产责任制,最根本的要求是强化企业主体责任。企业对本单位安全生产和职业健康工作负全面责任。在此背景下,浙江省交通运输厅决定编写一套旨在指导企业实行全员安全生产责任制度,提高浙江省交通运输企业安全生产管理水平的培训用书,并定名为"交通运输安全生产管理人员培训教材"。在浙江省交通运输厅、各行业局,以及浙江省交通干部学校等各方共同协作努力下,现教材业已编写完成,共分《安全生产管理基础》《道路运输企业安全生产管理实务和典型案例分析》《交通运输安全生产实用法规汇编(道路运输分册)》三册。

参与本套教材编写的人员包括浙江省交通干部学校陈建钢、陈姝娴、曲承佳、韩超、韩霞,浙江交通职业技术学院朱福根、陈哲、鲍婷婷、郭宏伟、吕凤军、龙亚、王洪涛、王征等。《安全生产管理基础》《交通运输安全生产实用法规汇编(道路运输分册)》由浙江省交通干部学校负责编写,陈姝娴负责统稿;《道路运输企业安全生产管理实务和典型案例分析》由浙江交通职业技术学院负责编写,朱福根负责统稿。

本教材如有不足之处,敬请广大读者批评指正。

本书编写组
2019 年 3 月

目 录
MULU

第一章　道路运输行业概述

第一节　道路运输行业现状

一、全国道路运输行业现状

(一)道路运输业发展

道路运输是交通运输的一种形式,是以道路为运行基础,以站场为作业基地,以车辆为主要工具,以实现旅客和货物位移为目的的生产活动。道路运输是国民经济的基础产业和服务性行业之一,是国家综合运输体系的重要组成部分,是连接其他运输方式的重要纽带。道路运输具有机动、灵活、快速、经济,可以实现"门对门"直达,运行范围广泛等众多优点,在交通运输系统中占有重要的地位和作用。道路运输经营主要包括道路旅客运输、道路货物运输以及与道路运输相关的站场经营、机动车维修等业务。

国民经济和社会发展长期持续保持平稳较快发展的态势,为道路运输业健康快速发展提供了良好的外部条件,为发展现代道路运输业奠定了坚实的环境基础。截至 2017 年底,全国公路里程达 477.35 万 km,其中高速公路通车里程达 13.65 万 km,道路运输发展迅猛,运输量增长明显。

随着我国国民经济的发展和人民生活水平的提高,全社会机动车保有量和机动车驾驶员数量迅速增长,道路交通安全工作始终面临较大压力。据统计,截至 2017 年底,全国机动车保有量达到 3.1 亿辆,其中汽车保有量达到 2.17 亿辆;机动车驾驶员达到 3.85 亿人,其中汽车驾驶员 3.42 亿人。

(二)道路运输依然保持主体地位

1. 道路旅客运输

受高速铁路的快速发展以及网络预约出租汽车、私人小客车保有量大幅度增长等因素影响,道路旅客运输市场竞争更加激烈,道路旅客运输生产呈现旅客运输量、旅客运输周转量同步下降的情况。截至 2017 年底,全国公路完成旅客运输量 145.68 亿人次,占旅客运输总量的 78.8%;旅客运输周转量 9765.18 亿人·km,占旅客运输总周转量的 29.8%,同比 2016 年分别减少 5.6%和 4.5%。

2. 道路货物运输

2017 年,受全国经济增长速度变化、经济结构调整和物流需求结构变化等诸多因素影响,道路货物运输需求依然旺盛。全国公路完成货运量 368.69 亿 t,占货物运输总量的 76.8%;货物运输周转量 66771.25 亿 t·km,占货物运输总周转量的 34%,同比 2016 年分别增长 10.3%和 9.3%。

3.公共交通

截至 2017 年底,全国拥有公共汽电车运营线路 56786 条,同比增加 3997 条;运营线路总长度 106.9 万 km,同比增加 8.82 万 km。其中,公交专用车道 10914.5km,同比增加 1136.7km;BRT 线路长度 3424.5km。全年完成城市客运量 1272.15 亿人次,同比下降 1.0%。其中,公共汽电车完成 722.87 亿人次,同比下降 3.0%;BRT 客运量 21.96 亿人次,同比增长 24.4%;公共汽电车运营里程 355.20 亿 km,同比下降 0.9%;巡游出租汽车完成客运量 365.40 亿人次,同比下降 3.2%。

(三)道路运输总体情况

1.道路运输就业基本保持稳定

截至 2016 年,全国共有道路运输从业人员 2897.7 万人。道路运输业作为劳动密集型行业,为社会公众提供了广阔的择业、就业和创业机会,具体情况见表 1-1。

2016 年道路运输从业人员总体分布(单位:万人) 表 1-1

从业人员类别	道路旅客运输	道路货物运输	站场经营	机动车维修经营	机动车性能检测	机动车驾驶员培训	汽车租赁	其他相关业务	合计
从业人员数量	322.4	2107.4	41.7	277.6	5.4	111.6	6.4	25.2	2897.7

2.市场集中度进一步增加

2016 年,全国从事道路旅客运输的业户为 4.1 万户,同比减少 4.7%。其中,道路旅客运输企业 1.2 万户,同比增加 9.1%;个体运输户 3.0 万户,同比减少 6.3%。全国道路旅客运输经营业户平均每户所拥有的车辆数为 20.5 辆,道路旅客运输企业中拥有车辆数在 10 ~ 49 辆/户的比例最高,旅客运输市场的运输资源集中度进一步提升。另外,客运班线以中短途班线为主。2016 年,全国班车客运呈现全面下滑态势,全国共开通客运班线 17.8 万条,同比减少 1.7%;平均日发班次 154.8 万次,同比减少 6.1%。其中,400km 以下的客运线路 161594 条,占比达到 90.8%。

道路货物运输业户数持续下降,从事道路货物运输的经营业户为 679.1 万户,经营业户同比减少 39.1 万户,其中个体户同比减少 37.7 万户,主体结构进一步呈现规范化的发展趋势。但是,主体结构仍以个体户为主,占比为 91.5%。道路货运经营业户平均每户拥有的货车数量为 1.99 辆,且 85.5% 的货运企业拥有车辆数不足 10 辆。

3.道路运输安全形势

由于道路运输生产过程处于开放、动态的道路交通环境之中,受人、车、路和气象等不确定因素影响,道路运输始终是安全风险高、管理任务重的行业。现阶段,我国道路交通安全整体基础还比较薄弱,诱发安全事故的深层次问题还没有从根本上得到解决,我国仍然处在道路交通事故的多发期和易发期。

2016 年,全国道路运输行业发生交通事故 212846 起,其中机动车发生交通事故 192585 起,分别比 2015 年增加 13.35%、13.20%;交通事故死亡人数 63093 人,其中机动车交通事故死亡人数 58803 人,分别比 2015 年增加 8.74%、8.33%;交通事故导致的直接财产损失达 120760 万元,其中由机动车交通事故直接造成的财产损失达 114586 万元,分别比 2015 年增加 16.46%、15.83%,道路运输安全形势依然严峻。

二、浙江省道路运输行业现状

2017 年,浙江省公路通车里程达 12 万 km,其中高速公路通车里程达 4154km,道路运输发展迅猛,运输量增长明显。据统计,截至 2017 年底,浙江省机动车保有量达到 1698 万辆,位列全国第 6 位,其中汽车 1397 万辆,新增 138 万辆,同比增长 11%,已连续 8 年增量突破百万辆。另外,浙江省机动车驾驶员 2078 万人,位列全国第 6 位。

(一)道路运输依然保持主体地位

1.道路旅客运输

受高速铁路的快速发展以及网络预约出租汽车、私人小客车保有量大幅度增长等因素影响,道路旅客运输市场竞争更加激烈,道路旅客运输生产呈现旅客运输量、旅客运输周转量同步下降的情况。截至 2017 年底,浙江省公路完成客运量 8.06 亿人次,占旅客运输总量的 74.77%;旅客运输周转量 431.56 亿人·km,占旅客运输周转的 39.37%,同比 2016 年分别减少 3.0% 和 7.2%。

2.道路货物运输

2017 年,受全国经济增长速度变化、经济结构调整和物流需求结构变化等诸多因素影响以及浙江省地理环境和道路特点的制约,浙江省道路货物运输需求依然旺盛。浙江省公路完成货运量 15.2 亿 t,占货物运输总量的 62.81%;货物运输周转量 1821.21 亿 t·km,占货物运输总周转量的 18.02%,同比 2016 年分别增长 13.4% 和 12.0%。

(二)道路运输安全形势

2017 年,浙江省共发生道路运输事故 216 起,死亡 228 人,虽然同比 2016 年分别下降 9.24%、9.88%,但是道路运输安全形势依然非常严峻。

第二节 道路运输企业安全管理概述

作为国民经济的重要基础产业,道路运输凭借其灵活、方便、快捷、覆盖面宽等特点,已经成为现代交通运输体系的重要组成部分,是国民经济高速、健康、持续发展的生命线。运输安全是道路运输最基本的要求,是道路运输企业取得经济效益的前提,也是国家安全管理部门、道路运输管理部门、道路交通参与者共同的责任。

一、道路运输企业安全管理概念及意义

(一)道路运输安全管理的基本概念

1.安全生产

"安全生产"有以下几种不同的解释:

(1)在《辞海》中,安全生产被定义为:"安全生产是指为预防生产过程中人身、设备事故,形成良好的劳动环境和工作秩序而采取的一系列措施和活动。"

(2)在《中国大百科全书》中,安全生产被定义为:"安全生产是指在保障劳动者在生产过程中的安全的一项方针,也是企业管理必须遵循的一项原则,要求最大限度地减少劳动者的工伤和职业病,保障劳动者在生产过程中的生命安全和身体健康。"

(3)在《安全科学技术词典》中,安全生产被定义为:"安全生产是指企业事业单位在劳动生产过程中人身安全、设备安全和产品安全等。"

从上面的定义可以看出,尽管每个定义的字面意思不尽相同,但其实质内容都是一致的,即都突出了安全生产的本质是要在生产过程中防止各种事故的发生,确保设备和人身安全。概括起来说,安全生产是指:为达到保证生产、经营活动中的人身安全和财产安全而采取的生产全过程的预防措施和活动。

2.道路运输安全管理

管理的概念可表达为:管理就是人们根据事物的客观规律,运用知识和技能,为组织制定目标,协调所有的资源,并引导人们更为有效地完成组织目标的过程。

这一概念表明,管理贯穿组织制定目标到组织实现目标的全过程活动中,即管理具有明确的目标;管理是指特定的人或群体,管理人员是具有特殊作用的人,他们引导、推动、协调其他人的活动和发掘其他人的潜力,其任务在于指导其他人的活动,即管理是与他人一起并通过其他人来更为有效地完成工作;管理者必须综合运用知识和技能,不受任何专业的限制与束缚,协调资源,引导人们的行动,通过一系列管理职能来实现管理。而上述这些都必须根据事物的客观规律来进行,管理就是按照客观规律来设计和维持一种环境,使共同工作的人们用尽可能少的人力、物力、财力投入去实现组织目标的动态过程。

道路运输企业安全管理是指交通运输管理部门及企业自身利用各种资源和方法对企业的生产过程进行监控、引导,促进企业安全生产的管理过程。具体来说就是道路运输行政管理部门根据相关法律、法规和规范性文件,在管辖范围内,对道路运输企业的客货运输、汽车维修以及各种相关运输服务项目的各类安全技术标准、安全操作规程和从业人员的技术素质进行审核、指导、协调、服务、监督、检查和培训,防止企业在生产过程中产生旅客及其他人员伤亡事故及货物发生损坏、灭失等安全事故。

总之,道路运输安全管理要使道路运输生产过程在符合安全要求的物质条件、技术保障和工作秩序下进行,防止人身伤亡和车辆、货物损毁及各种危险事件发生,从而保障人们的生命、财产安全,促进国民经济持续、稳定、健康地发展。

3.道路运输企业安全管理

道路运输企业安全管理指道路运输企业认真执行道路运输法规、规范和标准,坚持"安全第一、预防为主、综合治理"的方针,按照"安全第一、协调发展,预防为主、综合治理,落实责任、强化考核,科技支撑、依法保障"的原则,建立"管生产必须管安全,谁主管谁负责"的安全生产管理责任制,采取科学有效手段,制定切实可行的措施,把交通事故消灭在萌芽状态,确保人身和财产安全,最大限度地为社会提供安全、及时、经济、方便、舒适的运输服务。

(二)道路运输安全管理的作用和意义

1.道路运输安全管理的作用

(1)通过有效的安全管理,创造良好的运输条件,使道路运输设备发挥最大的效能,尽可能地提高运输工具的完好率和工作率,使运输企业和国家获得最大的经济效益和社会效益。

(2)通过采用各种有效的措施和手段,确保行车安全,最大限度地减少人员伤亡和财产损失,维护运输企业和道路运输行业质量信誉,保障人民生命财产安全。

(3)通过加强道路运输安全管理,防止犯罪分子利用车辆作案,维护社会治安,保障政治文明、物质文明和精神文明建设的顺利进行。

2.道路运输安全管理的意义

安全管理工作是一项十分重要的工作,而作为国民经济大动脉的交通运输,更是安全管理工作中的重中之重。因此,抓好道路运输安全管理对于确保旅客和其他人员人身安全、保障货物安全、完好位移,提高运输企业的经济效益和社会效益,维护运输企业的良好信誉和形象,保障社会稳定,具有十分重要的意义。

(1)安全管理是社会发展的必然要求。

生产活动是人类社会最基本的活动。自古以来,人类为了向自然界汲取物质财富,就必须与自然界作斗争。人类劳动使人从自然界获得的物质财富越来越多,推动了社会的进步;同时自然界也常给人类以"报复",各类事故的相应发生,直接威胁着人类的安全和生产劳动的顺利进行。人与自然斗争的实践教育了人类,使人类增加了对自然灾害的认识,同时也增长了抵御和控制灾害的能力。学会保护自己是人类从事社会生产劳动的基本需要,这是社会发展的客观规律。违背了它,就要遭到自然界的惩罚。

安全管理是劳动者在生产过程中追求最多物质财富和最佳自我保护的具体行为。道路运输企业在生产组织过程中,为了不断满足旅客和货主的合理需求,就必须创造一个安全、舒适的乘坐和装载环境,同时也为运输部门的驾乘人员、服务人员提供更好的劳动条件,使其劳动热情与积极性得到最大限度的发挥。

(2)安全管理是道路运输行业的兴旺之本和效益之路。

道路运输行业要搞好生产,除了要有良好的装备和先进的科学技术外,更重要的是要有一支包括一大批认真负责的安全管理人员在内的、训练有素、勇于创新的行业管理和企业职工队伍,一种百折不挠、顽强拼搏的团队精神。有了这一支安全管理的精兵强将,运输行业才会出现迎来送往、安全有序,操作规范,运输市场协调发展的良性营运机制,才能使旅客出行、货物位移、各项服务处处充满安全感,才能使运输行业生机勃勃,营运效益节节上升。所以说,加强安全管理,是道路运输行业的兴旺之本、效益之路。

(3)安全管理是社会稳定的重要因素。

现代科学技术的发展,不断给人类带来更加丰富的物质和文明,但同时也给人类招来许多新的威胁和危害。新材料、新能源、新技术、新工艺被不断应用,工业向大型化、连续化、自动化发展,交通向集约化、高速化发展,人们在享受丰富多彩的现代生活的同时,与环境和安全的矛盾也越来越多。尤其是现阶段正处在企业体制转换,新旧车型交替,能源成分变化,先进与落后的生产力并存,市场结构调整,人员素质差距拉大,国际贸易开放,市场竞争越来越激烈的情况下,这种环境会不断给道路运输行业和企业的安全管理工作带来新的课题,如果不加以妥善处理,不仅容易导致事故的发生,还会激化矛盾,影响社会安定。

二、道路运输企业安全管理影响因素

道路运输安全生产工作,事关人民群众生命财产安全,事关改革、发展、稳定的大局。根据《中华人民共和国安全生产法》(以下简称《安全生产法》),我国建立了生产经营单位负责、职工参与、政府监管、行业自律和社会监督的机制,在实施过程中不仅有利于提高企业积极性,还有利于培育和提升社会公众的安全意识,对我国国民经济的发展有较大的推动作用。但是,我国道路运输交通安全形势日趋严峻,给企业和国民经济造成了巨大的生命财产损失。道路运输安全管理工作还存在较多的问题,而产生道路交通安全的风险构成因素是多方面的,主要包括人的因素、车辆的因素和道路环境的因素等。

(一)人的因素

人的因素是唯一的主观因素,它包含驾驶员和行人两方面的责任,但驾驶员的因素占主导地位,在交通事故发生原因中占比很高。在驾驶中违章操作,不遵守交通规则超速行驶、疲劳行驶、强行变道等违规行为,以及安全意识和法律意识淡薄是人的因素构成的重要内容。

另外,道路运输企业对从业人员教育培训管理不到位,一些从业人员不能严格遵守行业的安全管理规定,仍然"我行我素、上有政策、下有对策",在一些上、下班时间段,或者是在监管盲区,超员、超速、串线、站外揽客现象时有发生。

(二)车辆的因素

车辆是现代道路运输企业主要的生产工具,车况的好坏、车辆的性能优劣等直接影响着道路运输的安全。车辆性能不佳、机件失灵或零部件损坏,均可成为直接导致交通事故的因素。车辆因素主要与维修不善密切相关,很多运输企业和驾驶员从经济利益和节省时间的角度考虑,部分道路运输企业的车辆技术管理流于形式,仅仅按主管部门的要求做到了定期检测和维护。在车辆工具安全性能管理方面,还存在安全功能不完善、车辆安全指标不清晰等问题。在日常管理方面,车辆发车前,不能严格进行例行检查,做到例检合格后发车;驾驶员不能严格落实对车辆的"一日三检",不能及时有效地发现车辆的安全隐患;同时没有加强临近报废车辆的技术管理的系列措施,使车辆带病上路,导致发生道路运输事故。

(三)道路环境的因素

道路环境对交通安全存在着显著影响,主要表现为不能满足汽车正常行驶时驾驶员在视觉、心理、反应等方面的需要。道路因素主要包括道路设计、道路质量、道路绿化以及与周围建筑的协调等。天气条件与交通安全同样有着密切的关系,恶劣的天气条件会使道路路面摩擦系数下降、驾驶员视线受阻、驾驶员心理变化较大,容易导致发生交通事故。在安全管理工作中,不可忽视环境因素对安全的影响,日常管理工作中的线路勘验、安全交代卡等都是针对环境因素进行的管理工作。

第二章 道路运输企业安全管理基础知识

第一节 安全资金投入与科技创新

资金投入是企业安全生产的基础,科技创新是企业安全生产的潜力。道路运输企业应加强安全资金投入,为企业安全生产提供资金保障,加强科技创新,为企业安全生产提供科技保障。

一、安全资金投入

《安全生产法》第二十条规定,生产经营单位应当具备的安全生产条件所必需的资金投入,由生产经营单位的决策机构、主要负责人或者个人经营的投资人予以保证,并对由于安全生产所必需的资金投入不足导致的后果承担责任。有关生产经营单位应当按照规定提取和使用安全生产费用,专门用于改善安全生产条件。安全生产费用在成本中据实列支。

安全投入是人力、物力、财力的总和,具体包括:安全职能人员配备,安全与卫生技术措施的投入,安全设施的维修及改造的投入,安全教育及培训的花费,个体劳动防护及保健费用,事故救援及预防事故伤亡人员救治花费等。安全资金投入是安全活动得以进行的必要条件。首先,安全保护了人,人是生产中最重要的生产力要素。其次,安全维护和保障了生产资料和生产环境,使技术的生产功能得以充分发挥,而且安全投资可以带来经济效益。

安全投入分为主动投入和被动投入两种,其中主动投入是指安措费、劳保费、保健费、安全奖等;被动投入是指职业病诊治费、赔偿费、事故处理费、维修费等。

(一)安全资金提取标准

根据《企业安全生产费用提取和使用管理办法》(财企〔2012〕16号)相关要求,交通运输企业以上年度实际营业收入为计提依据,按照以下标准平均逐月提取:

(1)普通货运业务按照1%提取。

(2)客运业务、危险品等特殊货运业务按照1.5%提取。

企业在上述标准的基础上,根据安全生产实际需要,可适当提高安全费用提取标准。

新建企业和投产不足一年的企业以当年实际营业收入为提取依据,按月计提安全费用。

(二)安全资金使用范围

根据《企业安全生产费用提取和使用管理办法》相关要求,交通运输企业安全资金应当按照以下范围使用:

(1)完善、改造和维护安全防护设施设备支出(不含"三同时"要求初期投入的安全设施),包括道路、水路、铁路、管道运输设施设备和装卸工具安全状况检测及维护系统、运输设施设备和装卸工具附属安全设备等支出。

(2)购置、安装和使用具有行驶记录功能的车辆卫星定位装置、船舶通信导航定位和自动识别系统、电子海图等支出。

(3)配备、维护应急救援器材、设备支出和应急演练支出。

(4)开展重大危险源和事故隐患评估监控和整改支出。

(5)安全生产检查、评价(不包括新建、改建扩建项目安全评价)、咨询和标准化建设支出。

(6)配备和更新现场作业人员安全防护用品支出。

(7)安全生产宣传、教育、培训支出。

(8)安全生产适用的新技术、新标准、新工艺、新装备的推广应用支出。

(9)安全设施及特种设备检测检验支出。

(10)其他与安全生产直接相关的支出。

(三)安全资金使用原则

(1)企业提取安全费用应当专户核算,年度结余结转下年度使用,当年计提安全费用不足的,超出部分按正常成本费用渠道列支。集团公司经过履行内部决策程序,可以对所属企业提取的安全费用按照一定比例集中管理,统筹使用。

(2)企业利用安全费用形成的资产,应当纳入相关资产进行管理。

(3)企业应当为从事高压、易燃、易爆、剧毒、放射性、高速运输、野外等高危作业的人员办理团体人身意外伤害保险或个人意外伤害保险。所需保险费用直接列入成本(费用),不在安全费用中列支。企业为职工提供的职业病防治、工伤保险、医疗保险所需费用,不在安全费用中列支。

(4)企业由于产权转让、公司制改建等变更股权结构或者组织形式的,其结余的安全费用应当继续按照本办法管理使用。

(5)企业调整业务终止经营或者依法清算的,其结余的安全费用应当结转本期收益或者清算收益。

(四)安全资金的管理

企业提取的安全资金应当专户核算,按规定范围安排使用,不得挤占、挪用。年度结余资金结转下年度使用;当年计提安全费用不足的,超出部分按正常成本费用渠道列支。

企业应当建立健全内部安全费用管理制度,明确安全费用提取和使用的程序、职责及权限,按规定提取和使用安全费用。企业应当加强安全费用管理,编制年度安全费用提取和使用计划,纳入企业财务预算。企业年度安全费用使用计划和上一年安全费用的提取、使用情况,按照管理权限报同级财政部门及行业主管部门备案。

企业提取的安全费用属于企业自提自用资金,其他单位和部门不得采取收取、代管等形式对其进行集中管理和使用,国家法律、法规另有规定的除外。

(五)安全资金使用监督和保障

企业应当严格遵守安全费用管理制度,明确安全费用使用、管理的程序、职责及权限;企业安全生产费用的提取使用要接受安全生产监督管理部门和财政、审计部门的监督。年度终了,企业要在年度财务报告中说明安全生产费用提取和使用的具体情况。

企业安全费用的投入,由企业的决策机构、主要负责人予以保证,并对由于安全生产所需要的资金投入不足导致的后果承担责任。

企业的决策机构、主要负责人不依照规定保证安全生产所需的资金投入，致使企业不具备安全生产条件的，责令限期改正，提供必需的资金;逾期未改正的，责令运输企业停产停业整顿。有以上违法行为，导致发生安全生产事故，构成犯罪的，依法追究刑事责任;尚不够刑事处罚的，对运输企业的主要负责人给予撤职处分。

(六)安全资金投入效益实现

安全效益是安全条件的实现，是对社会(国家)、对集体(企业)、对个人所产生的效果和利益。安全的直接效果是能够减轻生命与财产损失，另一重要效果是保障经济功能得到充分发挥，这是安全的增值能力。

安全经济效益是通过安全资金投入实现安全条件，在生产和生活过程中保障技术、环境及人员的能力和功能，为社会经济发展所带来的利益。安全的非经济效益也是安全的社会效益，是指安全条件的实现，对国家和社会发展、企业或集体生产的稳定、家庭和个人幸福所起的积极作用。

"1元事前投资等于5元事后投资"，这是安全经济学的基本规律，也是指导安全经济活动的重要基础。这个规律也告诉我们，预防性的投入产出比大大高于事故整改的产出比。

(七)违法行为行政处罚

《安全生产违法行为行政处罚办法》(国家安全生产监督管理总局令第77号)对安全生产投入的行政处罚作出了明确规定:生产经营单位的决策机构、主要负责人、个人经营的投资人(包括实际控制人，下同)未依法保证下列安全生产所必需的资金投入，致使生产经营单位不具备安全生产条件的，责令限期改正，提供必需的资金，并可以对生产经营单位处1万元以上3万元以下罚款，对生产经营单位的主要负责人、个人经营的投资人处5000元以上1万元以下罚款;逾期未改正的，责令生产经营单位停产停业整顿:

(1)未按规定缴存和使用安全生产风险抵押金的;

(2)未按规定足额提取和使用安全生产费用的;

(3)国家规定的其他安全生产所必需的资金投入。

生产经营单位主要负责人、个人经营的投资人有前款违法行为，导致发生生产安全事故的，依照《生产安全事故报告和调查处理条例》的规定给予处罚。

二、科技创新

科技创新是原创性科学研究和技术创新的总称，是指创造和应用新知识和新技术、新工艺，采用新的生产方式和经营管理模式，以及开发新产品，提高产品质量，提供新服务的过程。

知识社会环境下的科技创新包括知识创新、技术创新和现代科技引领的管理创新。知识创新、技术创新与管理创新相辅相成。知识创新是技术创新和管理创新的文化基础，没有新的理论学说和公理体系，不可能有技术创新和制度创新，技术创新反过来又为知识创新和管理创新奠定了必要的物质基础;管理创新则为知识创新和技术创新提供必要的微观和宏观环境。技术创新是社会发展的"硬件"，而知识创新和管理创新则是社会进步的"软件"，它们对国家的发展和社会进步起着关键性的作用，是社会进步的动力源。

（一）科技创新的意义

在世界经济发展的浪潮中，企业科技创新能力的高低，直接决定着企业的生存和发展，决定着企业的成长路径，决定着企业市场竞争力的强弱，决定着企业对经济社会贡献度的大小。面对知识经济时代，企业应积极抓住发展机遇，迎接挑战，争取实现跳跃式发展，将科技创新最终转化为企业快速发展的动力和竞争力。企业发展只有坚持自身的模仿创新模式和以市场为导向的技术创新模式，坚持"自主研发"和"拿来主义"并行，才能打造出拥有自身特色的核心竞争力，这对于道路运输企业是值得借鉴的。

（二）科技创新的应用

1. 联网联控系统

为加强全国重点营运车辆动态监管工作，规范道路运输车辆动态监督管理行为，落实运输企业监控主体责任，提升道路运输安全管理水平，交通运输部组建了全国重点营运车辆联网联控系统（以下简称"联网联控系统"）。重点营运车辆是指旅游客车、包车客车、三类以上班线客车和危险货物运输车辆。

联网联控系统是指由各级道路运输管理机构和相关企业建立的依托卫星定位系统技术的营运车辆动态监管、监控体系。联网联控系统包括全国道路运输车辆动态信息公共服务平台（以下简称"全国平台"）、地方政府（省级、地市级、县级）监管平台、运输企业监控平台、社会化监控平台。该平台的运行指标如下：

（1）车辆入网率：指截至某一统计时点至少一次向上级平台传输动态信息的车辆数占本辖区内或本企业重点营运车辆总数的比例。

（2）车辆上线率：指统计期间内向上级平台正常上传数据的车辆数占本辖区内或本企业重点营运车辆入网数的比例。

（3）平台断线率：指统计期间内下级平台与上级平台之间数据传输中断时间总和占统计期间总时长（以 min 为单位）的比例。

（4）数据不合格率：指统计期间内下级平台上传的车辆数据存在车牌号、车牌颜色、时间、经度、纬度、速度、方向、海拔等不合格数据的条数占上报条数的比例。

（5）车辆在线时长率：指统计期间内车辆在线时间总和（以 min 为单位）占统计期间运营总时长的比例。车辆运营总时长可从客运联网售票系统、客运站电子报班系统、旅游包车管理系统、危险化学品电子运单系统及其他信息系统中统计获取；车辆在线总时长可从联网联控系统统计获取。

（6）平台查岗响应率：指统计期间内政府监管平台不定期向企业监控平台下发查岗指令，监控人员在收到查岗指令后及时（5min 之内）响应，查岗响应次数占查岗次数的比例。查岗次数每天不低于一次。

（7）超速车辆率：指统计期间内按照公安机关交通管理部门设定的车辆限速标准，上报超速信息的车辆数占本单位统计期间内上线重点营运车辆数的比例。

（8）超速车辆处理率：指统计期间内上报超速信息并得到企业及时处理的车辆数占本单位上报超速信息的重点营运车辆数的比例。

（9）疲劳驾驶车辆率：指统计期间内按照公安交通管理部门设定的驾驶员连续驾驶时间限制标准，上报疲劳驾驶信息的车辆数占本单位统计期间内上线重点营运车辆数的比例。

（10）疲劳驾驶车辆处理率：指统计期间内上报疲劳驾驶信息并得到企业及时处理的车辆数占本单位上报疲劳驾驶信息重点营运车辆数的比例。

（11）车辆实时在线率：指某一统计时点实时连接并正常上传动态信息的车辆数占本辖区或本企业重点营运车辆入网数的比例。

要保证平台的良好运转，道路运输企业应建立相应的考核体系，具体内容包括：

（1）制度建设情况，包括本企业监控平台的建设、使用和管理工作，监控平台运行维护管理与考核办法；卫星定位装置的安装、使用及维护制度；监控人员岗位职责及管理制度；交通违法动态信息处理和统计分析制度；突发事件应急处理制度等。

（2）监控人员的配备情况，包括人员配备数量情况，人员教育培训情况，工作岗位职责和工作流程的执行情况。

（3）车辆实时监控情况，包括车辆入网率、车辆上线率、车辆在线时长率、超速车辆率、超速车辆处理率、疲劳驾驶车辆率、疲劳驾驶车辆处理率。

（4）监控平台运行情况，包括平台断线率、数据不合格率、平台查岗响应率。

（5）车辆数据保存情况，违法驾驶及处理信息存档情况（其中动态监控数据应当至少保存6个月，违法驾驶信息及处理情况应当至少保存3年）。

2. 营运车辆 GPS 信息系统

世界上许多国家的实践表明，采用技术手段和措施能有效防范和及时发现交通事故、挽救生命、减少损失。GPS 车辆定位监控管理系统的应用，使道路运输企业对驾驶员在路上行车状况的全过程实施监控成为可能，有效地控制了驾驶员的疲劳驾驶、超速、超载等违法行为，对预防重特大道路交通事故的发生具有重大意义。

营运车辆 GPS 信息系统综合利用 GPS 全球卫星定位技术、GSM/GPRS/公用移动通信网络、GIS 电子地图技术和计算机网络技术，由车载终端和企业监控平台（中心）构成，已广泛应用于"两客一危"营运车辆的安全管理。营运车辆 GPS 信息系统主要能实现以下功能：

（1）超/低速报警功能。可在不同的路段，设定不同的报警速度，车辆持续超/低速行驶若干时间（可设定）后终端自动向中心报警，同时可向中心上传报警前一定时间的行车记录备查。

（2）疲劳驾驶报警功能。当车辆连续驾驶超过和中途休息少于规定的时间时，终端先语音提示后向中心报警。

（3）在线式行车记录仪功能。中心可随时无线提取车辆行驶记录，包括经度、纬度、方向、速度、时间、日期，传感器状态，车辆状态，报警状态。

（4）偏离道路报警。若车辆不按规定的线路行驶，终端将自动向中心报警。

（5）安全语音提示功能。车辆持续超速和进入事故多发地、弯道、陡坡等危险路段时，可通过蜂鸣器或语音提示驾驶员注意行车安全。

（6）紧急求助功能。车内设有紧急求助按钮，当车辆发生被劫、抢和交通事故需紧急求助时，可按下紧急求助按钮向中心报警求助。

（7）图像传输功能。终端可配红外夜视摄像头，无论白天或黑夜，均可自动或由中心控制拍摄、存储、传输车内状态图像，防止超载和逃票。

（8）危险品运输车辆禁止驶入和停留时间报警功能。在危险品运输车辆的线路管理上，当危险品运输车辆进入设定的禁止驶入和停留时间区域时(如进入人口密集区或路段),自动向中心报警,并自动提示驾驶员。

(9)危险品运输车辆进入特定区域的断电功能。终端独有的防爆功能,可使得危险品运输车辆进入特点区域后,自动断电,待离开该区域后,自动通电,恢复为正常运行状态。

(10)危险品运输车辆特定报警功能(需加装传感器)。如加装温度传感器、气体传感器等,可针对车辆运输过程中的有毒气体泄露等异常情况及时向中心报警;罐(槽)、爆炸品、剧毒品车辆前后配备双摄像头,可在行驶中可观察车辆设备情况。

此外,还有信息查询功能。查询、显示、打印超速车辆的车号、速度、超速运行时间、里程功能,其超速、违章运行的轨迹用红色或醒目颜色标注。

3. G-BOS(客车智慧运营系统)

G-BOS 主要是通过通用分组无线服务技术(GPRS)、全球定位系统(GPS)、地理信息系统(GIS)三项技术的结合,为客户提供客车全生命周期管理服务。G-BOS 是客车信息化的里程碑式产品,是特力马(Telematics)领域的最新技术。在我国东南沿海发达地区,G-BOS系统已经在公共汽电车、旅游客运等领域中有所应用。G-BOS 主要具备以下功能:

(1)车辆身份信息。车载设备内记录了所有该车辆重要部件的型号及生产厂家信息,当车辆发生故障时,除了为维修人员提供准确的配件指导外,还能为远程排除故障提供重要帮助。

(2)倒车视频监视及行车记录仪。车载设备提供了完整的行车记录仪功能和倒车视频功能,免去了车辆出厂后加装的费用及安全隐患。

(3)紧急救援协助。在紧急情况下,按下报警按键,客服中心开始监听车辆驾驶室声音,并视情况决定是否联系当地的紧急救援协助机构,如警方、医疗、消防等,以便救援队伍迅速抵达车辆所处的确切位置。

(4)油量的精准控制。车载设备从 CAN 总线中采集发动机瞬时喷油量,同时从油箱中采集油位数据(需要安装油位传感器),通过两个数据的对比,可以准确掌握是否有盗油情况,并准确定位被盗的时间和地点。

(5)车辆实时跟踪历史轨迹回放等位置监控功能。实时跟踪、历史轨迹回放、电子栅栏、偏线警告、多车同图监视。

(6)被盗车辆定位。G-BOS 还能保护车辆的安全。如果车辆被盗,系统会立即向公安部门报告车辆被盗,然后对被盗车辆进行定位。

(7)驾驶员行为分析。G-BOS 可自动采集驾驶员的一举一动,驾驶员的所有动作经量化后被导入数据库,通过数学模型分析,给出一个量化的标准,并可以根据不同的管理需要,给不同的参数并赋予不同的权重。大量的使用经验证明,排名靠后的驾驶员,不但其车辆损耗高,同时安全隐患也大,需要对此类驾驶员及时进行教育。

4. 智能安防系统

交通安全是当今社会的一大焦点问题,每年世界上因为交通事故而带来的巨大损失,其中由于驾驶员失误引发的交通事故占 70%以上。目前,驾驶员还是主要依靠自己的感官刺激来进行判定,在过去几年中,由于机动车数量的迅速增加,道路交通情况变得越来越复杂,这使得驾驶员需要具备传感器、控制器和制动器那样的能力。为减轻驾驶员压力,提升驾驶安全性,道路运输企业开始使用智能安防系统。

(1)防碰撞预警系统。

研究表明,在车辆上安装前向报警器系统可以减少约 62% 的追尾碰撞。安全车距保持及智能车道保持等机动车驾驶安全辅助系统可以降低驾驶员的劳动强度,从而提高行车安全性。

防碰撞预警系统就是一种主动防护技术,它的主要功能是协助驾驶员用来观察直接视野无法观察到的车辆邻近交通区域。这套系统能够向驾驶员提供间接视野信息,并通过语音播报等辅助安全驾驶,为驾驶员提供车辆的工作情形与车外环境变化等相关资讯并进行分析,且预先向驾驶员警告可能发生的危险状况,让驾驶员提早采取因应措施,避免发生交通意外。

目前,很多防碰撞预警系统同时带有防疲劳预警,还可以和部标机连接起来,实现平台监管和查询,满足"两客一危"运输车辆的需求。

防碰撞系统的主要功能包含:

①前车碰撞预警:在任何车速下都检测前方车辆,当要和前方车辆发生追尾事故时,及时发出紧急警报提示驾驶员,可有效避免追尾事故的发生。

②车道偏移预警:自动识别车道,通过 GPS 辅助达到一定车速时检测两边车道,当车辆偏移了车道(没有提前打转向灯)时发出警报提醒驾驶员,可有效减少因越过车道而引发的事故。

③车距时距监测:在一定车速以上,通过 GPS 辅助,当检测到前方有车辆时,测算前方车距并实行数据分析,测算碰撞模拟时间显示跟车时距,当时间减少时,提示驾驶员减速以保持车距,防止发生追尾。

④驻车滑动预警:实现驻车滑动近距离保护,在停车或排队等待等超低速情况下,敏感监测与前车的距离变化,分析危险系数,及时发出警报,以防因车辆滑动或无意起动造成的碰撞。

⑤限速标志识别:自动识别路边限速标志,做出显示提示,当车速高于限速标志限制的速度时,提醒驾驶员减速。

⑥路边行人预警:针对我国路面模拟情景开发,检测车前方路边靠近的行人,由于行人行走方向和速度都灵活多变,此警示可提前提醒驾驶员避让行人,防患于未然,保护行人、自行车的安全。

⑦行人碰撞预警:通过深度学习算法检测车前方行人和自行车,当车辆与行人/自行车将会发生碰撞时及时发出警报提醒驾驶员,可有效避免事故的发生。

(2)疲劳驾驶预防系统。

疲劳驾驶是指驾驶员在一段时间的驾车之后所产生的反应水平下降,导致不能正常驾车行驶的现象。驾驶员产生疲劳后,其心理状态也会发生各种各样的变化,如视力下降,致使注意力分散、视野逐渐变窄;思维能力下降,致使反应迟钝、判断迟缓、动作僵硬、节律失调;自我控制能力减退,致使易于激动、心情急躁或开快车等。疲劳驾驶预警系统的功能是,一旦驾驶员精神状态下滑或进入浅层睡眠,该系统会依据驾驶员精神状态指数分别给出语音提示、振动提醒或电脉冲警示,警告驾驶员已经进入疲劳并同时自动记录相关数据,以便日后查阅、鉴定,其作用就是监视并提醒驾驶员自身的疲劳状态,减少驾驶员疲劳驾驶的潜在危害。

早在20世纪90年代,对于疲劳程度测量方法的研究就有了很大的进展,许多国家已开始了疲劳驾驶车载电子测量装置的开发研究工作,至今,比较有代表性的成果如下:

①德国SAFEAU研制的打瞌睡驾驶员侦探系统——DDS(the Drowsy Driver Detection System)。该系统采用多普勒雷达和复杂的信号处理方法,可获取驾驶员烦躁不安的情绪活动、眨眼频率和持续时间等疲劳数据,用以判断驾驶员是否打瞌睡或睡着。该系统可制成体积较小的仪器,安装在驾驶室内驾驶员头顶上方,完全不影响驾驶员正常的驾驶活动。

②转向盘监视装置——S. A. M.(Steering Attention Motor)。该装置是一种监测转向盘非正常运动的传感器装置,适用于各种车辆。转向盘正常运动时传感器装置不报警,若转向盘4s不运动,S. A. M.就会发出报警声直到转向盘继续正常运动为止。S. A. M.被固定在车内录音机旁,转向盘下面的杆上装有一条磁性带,用以监测转向盘的运动。使用S. A. M.并不意味延长驾驶时间,而是要提醒驾驶员驾车时不要打瞌睡。另外,S. A. M.与录像机配合使用可以为保险公司提供证据。

③日本研制的DAS2000型路面警告系统。该系统是一种设置在高速公路上用计算机控制的红外线监测装置,当行驶车辆摆过道路中线或路肩时,向驾驶员发出警告。

④反应时测试仪——PVT(the Psychomotor Vigilance Test)。该测试仪可根据驾驶员对仪器屏幕上随机出现的光点的反映(光点出现时敲击键盘)速度测试驾驶员的反应时,用以判断其疲劳程度。

⑤日本研制的电子"清醒带"。使用该"清醒带"时,可将其固定在驾驶员头部,将其一端的插头插入车内点烟器的插座,装在带子里的半导体温差电偶使平展在前额部位的铝片变凉,消除驾驶员的睡意,使其精神振作。据说戴上这种"清醒带",可以24h无睡意。"清醒带"使用电压为12~14V,电流为500mA,十分安全,国内已开始生产和销售这种装置。

5. 未来展望

科技进步正在成为推进经济发展的重要推动力,对我国经济发展的贡献率已经上升到56.2%。与互联网、移动互联网一样,人工智能(Artificial Intelligence,简称AI)是基础能力。AI并不是单一的技术或者赛道,它将融入现有的生产中,在垂直领域加深数字化的影响,影响所有和数据相关的领域。深度学习算法使机器拥有自主学习的能力,被应用于语音、图像、自然语言处理等领域开始纵深发展,带动了一系列的新兴产业。通过AI提高生产力以及创造全新的产品和服务,这是经济竞争和经济升级的迫切需求。

从技术层面来看,机器人、自然语言处理(NLP)、计算机视觉与图像(CV)、语音识别、自动驾驶等技术领域是AI产业热门的分支,创业热情火爆,技术突破及应用创新层出不穷。现在应用型AI已经渗透到了各行各业,多种技术组合后打包为产品或服务,改变了不同领域的商业实践,使垂直领域AI商业化进程加速,掀起一场智能革命。

未来,智能安防系统将逐步向智慧安防系统转变,AI将逐步被运用到道路运输企业,无人驾驶将逐步登上舞台。

第二节　职业健康管理

职业健康,有些国家称之为"工业卫生"或"劳动卫生"。目前,较多国家倾向于使用"职业卫生"这一术语,我国统一采用职业安全健康一词,简称"职业健康"。

一、职业健康管理基本要求

为了预防、控制和消除职业病危害,防治职业病,保护劳动者健康及其相关权益,促进经济社会发展,根据《中华人民共和国宪法》制定了《中华人民共和国职业病防治法》(以下简称《职业病防治法》)。《职业病防治法》定义的职业病是指企业、事业单位和个体经济组织等用人单位的劳动者在职业活动中,因接触粉尘、放射性物质和其他有毒、有害因素而引起的疾病。

《职业病防治法》对用人单位在职业病防治方面的要求作出了明确的规定。

第四条规定,劳动者依法享有职业卫生保护的权利。用人单位应当为劳动者创造符合国家职业卫生标准和卫生要求的工作环境和条件,并采取措施保障劳动者获得职业卫生保护。

第五条规定,用人单位应当建立、健全职业病防治责任制,加强对职业病防治的管理,提高职业病防治水平,对本单位产生的职业病危害承担责任。

第七条规定,用人单位必须依法参加工伤保险。

第二十一条规定,用人单位应当采取下列职业病防治管理措施:

(1)设置或者指定职业卫生管理机构或者组织,配备专职或者兼职的职业卫生管理人员,负责本单位的职业病防治工作;

(2)制定职业病防治计划和实施方案;

(3)建立、健全职业卫生管理制度和操作规程;

(4)建立、健全职业卫生档案和劳动者健康监护档案;

(5)建立、健全工作场所职业病危害因素监测及评价制度;

(6)建立、健全职业病危害事故应急救援预案。

第二十二条规定,用人单位应当保障职业病防治所需的资金投入,不得挤占、挪用,并对因资金投入不足导致的后果承担责任。

第二十三条规定,用人单位必须采用有效的职业病防护设施,并为劳动者提供个人使用的职业病防护用品。

第三十四条规定,用人单位与劳动者订立劳动合同时,应当将工作过程中可能产生的职业病危害及其后果、职业病防护措施和待遇等如实告知劳动者,并在劳动合同中写明,不得隐瞒或者欺骗。

第三十五条规定,用人单位的主要负责人和职业卫生管理人员应当接受职业卫生培训,遵守职业病防治法律、法规,依法组织本单位的职业病防治工作。

为贯彻落实《职业病防治法》,中华人民共和国卫生部和国家安全生产监督管理总局先后发布了多个文件,如《工作场所职业卫生监督管理规定》(国家安全生产监督管理总局令第 47 号),《用人单位职业健康监护监督管理办法》(国家安全生产监督管理总局令第 49 号)等,对用人单位在职业病防治方面的要求作出了更加具体的规定。

二、道路运输企业职业健康管理要求

从减少道路运输安全生产活动中职业危害、改善作业环境、遏制重特大职业危害事故、保障道路运输行业的劳动者健康出发,对道路运输行业职业健康管理考察至少应关注以下重点。

1. 开展职业健康宣传

针对从事道路运输经营的范围存业危害开展职业卫生教育,根据职业危害程度提供符合防治职业病要求的职业病防护措施和个人使用的职业病防护用品,改善工作条件。

2. 规范劳动安全卫生管理

《中华人民共和国劳动法》(以下简称《劳动法》)关于用人单位在职业安全卫生方面的权利义务的规定如下:

(1)用人单位必须建立、健全劳动安全卫生制度,严格执行国家劳动安全卫生规程和标准,对劳动者进行劳动安全卫生教育,防止劳动过程中的事故,减少职业危害。

(2)用人单位必须为劳动者提供符合国家规定的劳动安全卫生条件和必要的劳动防护用品,对从事有职业危害作业的劳动者应当定期进行健康检查。道路运输企业应当根据关键岗位的特点,分类制定安全生产操作规程,并监督员工严格执行,推行安全生产标准化作业。对危险性大的生产设备设施必须取得国家有关颁发的许可证后,方可投入运行。对从事有毒有害作业人员应定期进行身体健康检查,提供的劳动防护用品经过政府劳动部门安全认证合格的劳动防护用品。

3. 保证员工正常工作时间和休息放假

根据《劳动法》《国务院关于职工工作时间的规定》,国家实行劳动者每日工作时间不超过 8h,平均每周工作时间不超过 40h 的工时制度。用人单位应当保证劳动者每周至少休息一日。

用人单位由于生产经营需要,经与工会和劳动者协商后可以延长工作时间,一般每日不得超过 1h;因特殊原因需要延长工作时间的,在保障劳动者身体健康的条件下延长工作时间每日不得超过 3h,但是每月不得超过 36h。

道路运输企业应当根据自身经营需要合理安排驾乘人员休息,同时建立防止疲劳驾驶的相关制度。关心驾乘人员的身心健康,定期组织进行体检,为道路运输创造良好的工作环境,合理安排运输任务,防止疲劳驾驶。

第三节　预防预控方法与应对措施

安全生产是道路运输企业各项工作中的重中之重,"安全第一、预防为主、综合治理"是安全管理工作一贯坚持的方针,做好安全生产预防预控就是做好企业安全管理工作的主要途径。预防预控工作的好坏,直接关系安全管理的质量,它是安全生产的保障,只有做好此项工作,防患于未然,道路运输企业才能避免事故发生或减少事故损失,实现安全生产。

一、安全生产预防预控要点与方法

事故的发生可能导致人员及财产损失,并危及环境。安全第一,保护企业员工的生命财产安全与健康,是道路运输企业的责任和任务,也是实现企业可持续发展和经济效益的基本条件,是企业各项工作根本基本所在。只有实现安全生产,才能减少发生事故带来的经济损失、信誉损失和由此产生的负面效应;只有实现安全生产,广大员工才有安全感,才能增强企业凝聚力,提高企业的信誉,才可以最终获取经济效益和社会效益。

减少事故、消除事故是安全生产的直接目的,也是安全生产标准化的主要目标。避免事故发生的根本途径在于消除风险,降低风险程度,降低危险程度的有效手段在于事故的预防和预控,即采取技术和管理手段,通过预防预控措施,在既有的技术水平、人力资源基础上,以合理的成本保证最佳的安全水平。

事故预防预控包括两部分内容,即对事故的"防"和"控",前者是指通过采用技术和管理的手段使事故不发生,而后者则是通过采用技术和管理的手段,使事故发生后不造成严重后果或使损失尽可能地减少。如安装火灾报警、喷淋装置,实施应急疏散计划和措施则是在火灾发生后控制火灾损失的手段。

危险是绝对的,安全是相对的。在道路运输生产经营上客观存在各种不安全因素,既有人的不安全行为,也有物的不安全状态,还有管理上的缺陷,只有设法防止事故发生,控制事故发展,才能最大限度地实现安全生产。

(一)安全生产预防预控要点

1.安全生产责任制

安全生产责任制就是对道路运输企业的各级领导、各个部门、各类员工所规定的,在他们各自职责范围内对安全生产应负责任的制度。认真落实企业安全生产责任,健全完善并严格执行企业安全生产规章制度和技术标准,严禁发生违章指挥,违规作业,违反劳动纪律的"三违"行为。安全生产责任制是明确企业各级负责人各职能部门管理人员,各岗位从业人员在道路运输行业中应负的安全职责的制度。安全生产渗透到企业各个部门和层次的工作,只有明确分工,各司其职,各负责任,协调一致,才可能实现。因此,安全生产责任制是企业中最基本的一项企业制度,是所有劳动保护、安全生产规章制度的核心。这一制度能够使安全生产工作从组织领导上统一起来,把"管业务必须管安全,管生产经营必须管安全"的原则从制度上固定下来,这样才能做到"事事有人管,层层有专责",才能使各级和广大员工分工协作,共同努力,认真负责地把工作做好。

2.企业管理制度

企业应该通过建立健全安全管理制度,以制度管安全,规范员工的行为,才能使安全管理达到制度化、规范化、标准化。只有采用科学的管理,依靠技术进步,才能保证员工在劳动过程中的安全与健康。企业安全生产规章制度是企业规章制度的重要组成部分,是企业的安全生产法规,是统一全体职工从事安全生产的行动准则,它可以限制和约束职工在生产环境中的"越轨"行为。

企业安全管理制度是国家交通安全生产法律、法规、规范、标准在道路运输企业的延伸和细化,是对道路运输的客观规律的反复认识,是用生命和鲜血为代价换来的经验总结,它是依据国家法规、标准制定的,也是根据企业实现稳定和均衡生产的需要,考虑生产技术、生产过程、环境条件等因素而形成的企业员工的安全行为规范。

3. 安全意识

员工安全意识淡薄和安全素质不高是安全生产最大的隐患。培育安全意识,提高员工素质在安全文化建设中尤为重要。在道路运输企业中,要把道路运输企业安全精神文明,包括安全价值观、安全理念、安全规章制度转化为员工的自觉行为,从思想上从意识上防患于未然。从理论上讲,任何事故都是可以预防的,掌握安全生产的主动权,最高境界就是预防,而提高员工安全意识,增强员工安全素质,就是最有效的预防。

员工具备较强的安全意识,是有效预防事故发生的基础。只有全体员工自觉地参与安全管理,自觉遵守安全操作规程,自觉维护自身的生命安全,才能实现安全生产。企业员工只有真正了解所在安全环境的危险因素,才可能在日常工作中有意识地做到“三不伤害”(不伤害自己、不伤害他人、不被别人伤害)。

4. 安全技能

安全技能既是保障自身安全的需要,也是保障企业安全的需要。掌握一定的安全技能可以减少事故发生,降低事故造成的损失,而部分事故的原因正是因为人员安全技能不过关而造成的。

5. 设施设备

设施设备是企业生产的重要工具,企业生产离不开设施设备。

6. 安全隐患

安全隐患指生产经营单位违反安全生产法律法规、规章、标准、规程、安全生产管理制度的规定,或者其他因素在生产经营活动中存在的可能导致不安全事件或事故发生的物不安全状态,人的不安全行为,生产环境的不良和生产工艺、管理上的缺陷。安全隐患是导致道路运输企业事故发生的重要原因。

隐患不除,灾祸难免。隐患排查是一项长期的常规性安全措施,只有平时注重防范,才能够杜绝重大事故发生。

7. 危险源

危险源是可能导致死亡、伤害、职业病、财产损失、工作环境破坏或这些情况组合发生的根源或状态。危险源的存在是可能导致伤害或疾病等的主体对象,或者是诱发主体对象导致伤害或疾病。虽然危险源是酿成事故的潜在因素,但不一定会构成事故或事故隐患,而事故却一定是对危险因素控制失效造成的。当危险源的所有有害因素得到有效控制时,保证构成危险源的危险物质和能量不会意外释放,或者即便发生了意外事故,也可通过迅速、有效的应急控制措施,避免和减少事故损失。做好对危险源的安全监控,能非常有效地遏止道路运输生产经营中的恶性事故发生。

8. 突发事件

突发事件就是“天灾人祸”,指突然发生,造成或者可能造成严重社会危害,需要采取应急处置措施予以应对自然灾害、事故灾难、公共卫生事件和社会安全事件。在道路运输企业中,只有做好对突发事件的预防工作,对危机采取果断措施,为危机赢得主动,才能预防和减少自然灾害、事故灾难、公共卫生和社会安全事件及其造成的损失,保证人民群众生命财产安全,维护社会稳定发展。

(二)安全生产预防预控方法

1.完善行业安全管理体系

道路运输企业要认真落实企业安全主体责任,认真履行安全生产物质保障、资金投入、机构设置和人员配备、教育培训、事故报告和应急救援等责任,明确对履行安全生产主体责任导致的后果负责。建立健全企业安全管理机构,建立与道路运输生产经营密切相关的安全管理组织,明确各级安全管理人员及其职责,确保安全管理人员胜任安全工作。

各部门、各人员严格实行安全生产"一岗双责""一责双管"和"一把手负责制",落实所属安全管理责任,推行双目标责任考核,跟踪督促落实年初签订的安全生产目标责任书和安全任务指标,切实将安全责任落实到实处,不断完善安全管理制度体系,使得人人都懂得自己的安全责任,真正做到各司其职,各负其责,彻底消除安全死角,清理安全隐患。特别是要加强从业人员——驾驶员的安全责任落实,确保运营车辆技术状况良好,依法经营,自觉遵守交通规则,服从指挥,做到文明行车、安全礼让,无违章、无事故。

2.建立各项安全规程、制度,确保落实

为了在道路运输企业中贯彻落实国家的安全生产方针、政策、法律、法规和技术标准等,企业必须结合本单位的道路运输的特点和实际,建立健全安全生产规章制度,如《驾驶员上岗培训制度》《驾驶员安全管理制度》《车辆安全管理规定》《车辆安全操作制度》《车辆强制维护管理制度》《事故处罚规定》《安全隐患整改制度》《安全例会制度》等,从而统一规范职工的思想和行为,保护职工合法权益,保障国家和集体财产的安全,促进企业生产的发展。

但是,企业制定的各项安全管理制度即使再全再细,如果贯彻落实不好也是一句空话。因此,要保证制度的贯彻和执行还必须有贯彻落实制度的措施。

(1)企业第一责任人要以身作则。《安全生产法》规定,生产经营单位的主要负责人是安全生产的第一责任人,只有第一责任人以身作则带头执行安全生产管理制度,才能落实安全生产责任制。这对提高其他管理人员的安全意识,执行安全生产管理制度是至关重要的。

(2)建立健全安全管理机构。企业要建立健全安全管理机构,及时修订、补充完善安全管理制度,保证安全管理制度有针对性、可操作性和完善有效。同时,要加强对安全管理制度的宣传和学习,使劳动者掌控安全管理制度的内容,提高劳动者对安全管理制度的认知程度,懂得安全管理制度是保证劳动者的安全健康,从而变被动地执行安全管理制度为自觉遵守安全管理制度。

(3)加强监督和检查。企业要保证安全管理制度的彻底落实,企业领导要定期组织检查安全管理制度的落实情况,对各项安全管理制度执行得好的单位要及时给予表扬、奖励,对安全管理制度落实不到的单位要及时地提出批评,对多次指出不改的单位要给予处罚,并及时追踪制度的执行效果,适时地加以修改、补充。

(4)发挥全体劳动者的作用。要充分发挥劳动者的积极性,调动劳动者在工作中相互监督,严格遵守各项安全管理制度,这样才能保证安全管理制度的落实。

(5)赏罚分明。道路运输企业应对安全生产奖罚并行,从而不断提高劳动者进行安全生产的自觉性,调动劳动者的积极性和创造性,防止和纠正违反法律、法规和劳动纪律的行为。

企业只有建立安全生产奖罚的办法,做到有奖有罚、奖罚分明,才能鼓励先进,督促落后。

3. 开展安全教育培训,全面提高安全意识、安全技能

安全教育培训是事故预防与控制的重要手段之一,道路运输企业从企业法人及决策层,再至管理人员,以及一线生产岗位人员和从业人员都要树立"安全第一、预防为主、综合治理"的观念,通过安全教育全面提升道路运输企业的全体员工的安全意识和安全技能,时刻在思想上提醒自己"不怕一万,就怕万一"。

(1)安全教育培训包括安全教育和安全培训两大部分。道路运输企业可以对企业各级员工开展安全思想教育,安全技术知识工作,安全技能教育。培训形式可以不拘一格,如安全月活动、班前班后会、安全例会、安全墙报、正规教学等都是传播安全知识良好的途径。

(2)安全思想教育是安全教育的基础。安全思想教育的目的是提高员工搞好安全生产的自觉性、责任心、积极性,意在培养员工的安全素质和安全意识,包括安全意识教育、安全生产方针政策教育和法纪教育。针对道路运输经营生产活动中反映出来的不利生产的各种思想、观点、想法等所进行的经常性的说服和疏导工作也是安全思想教育。比如,安全管理人员对驾驶人员的不良驾驶行为、对油库管理人员的不良工作习惯进行劝导等。

(3)安全技术知识教育。安全技术寓于生产技术之中,是人们在日常生活中总结积累起来的知识的一部分。安全技术知识教育使员工重点掌握自己和与己相关的岗位必须具备的安全知识提高员工安全素质,增强岗位作业的安全可靠性。专业安全技术知识比较深入,其中包括安全技术知识,工业卫生技术知识,以及根据这些技术知识和经验制定的各种安全操作技术规程等。对于道路运输企业,其内容涉及货运站中的锅炉、起重机械的控制、危险品运输中危险品的装卸等。

(4)安全技能教育。安全技术教育的重点是安全技能教育。安全技能包括岗位操作的重点、难点、注意事项,危险情况应变措施等。安全技能教育不仅要靠老师讲授,更主要靠演示和练习才能掌握。道路运输企业应针对道路运输中的实际情况,就生产、安全应知应会的通用知识编成教材,组织学习、考评,务必使人人过关。对不同岗位所涉及的专业安全知识培训,应以实践操作培训为主。对重大危险源,还应组织开展事故预防及应急演练,并将以往类似岗位发生的具体案例作为关键内容进行经常性培训。企业还必须建立完善的培训机制,必须将岗前、岗中及年度安全培训纳入工作计划,配套建立与安全生产技术相关的激励机制,鼓励员工不断提高安全技能水平。

4. 治理安全隐患

安全检查是道路运输企业发现隐患、消除隐患、防止事故、改善劳动条件和环境的重要措施,是企业预防安全生产事故的一项重要手段。道路运输企业应对企业危险源等重点单位进行经常性检查、专业性检查、季节性检查、专项性检查和群众性检查等,对于检查出的隐患,应及时消除。

道路运输企业要依法经营,确保道路运输车辆技术状况良好,配备有效安全设施设备;要抓好夜班车、长途卧铺客车、危险货物运输车辆安全监管,将个体运营户逐步纳入公司化管理,予以规范;针对在公共交通工具上发生的暴力事件,配合公安部门进一步强化道路运输的安全防范措施;加大营运车辆卫星定位系统和行车记录仪的安装力度,加强车辆动态安全监控,从源头上防止和杜绝群死群伤重特大事故的发生。抓好以"两客一危"车辆为重点的客运站、货运站的安全隐患排查治理,确保营运车辆技术状况良好,严格落实客运站"三不

进站,六不出站"制度。

杜绝无证无照进行运输经营、超载超限超员运输、非法夹带危险化学品运输等法违法行为,严肃处理各类违规违章现象。

认真做好事故预想,制订好反事故措施计划与安全技术劳动保护措施计划。做好重要节假日和重大活动期间以及寒潮大风、冰雪凝冻、台风、洪涝等极端天气下的道路运输安全保障。

5. 发动全员广泛参与

只有发动全员参与"安全第一、预防为主、综合治理",才能真正落实安全工作。

保障全员参与,企业管理者应真正参与进来,由他们自上而下推动,安全工作才能彻底深入。企业内部自上而下重视安全生产,是预防事故发生的一个必要条件。企业应成立由主管领导挂帅的安全生产委员会,下属各层级的安全工作应统一纳入监管,形成全员参与的格局,使安全工作应始终处于受控状态,做到政令畅通。

管理者在执行强制性的安全措施的同时,应把员工的自主管理引入到安全工作中来。具体方式可以结合生产实际状况定期举行改善议案活动,由员工们把存在的安全问题写成提案(安全建议书),提交给安全管理职能部门汇总、分析、解决。

管理者应以消灭现场中存在的危险源和问题点为安全工作主要着眼点,对现存和潜在安全问题进行整改,最终达到消除事故隐患的目的。管理者要以身作则,自觉贯彻"安全第一、预防为主、综合治理"的方针。

6. 积极开展安全活动

安全部门应当成为安全生产活动的积极组织者,用精神和物质相结合的办法鼓励员工上进,并开展经常性的、内容丰富的、形式多样的安全活动,如安全宣传月、安全竞赛活动、安全技术革新活动、安全大检查、事故隐患清查整改活动、应急演练、文明生产活动等。

7. 建立事故档案和事故报告制度

建立事故档案和事故报告制度是制定事故防范措施的重要依据。建立事故档案和事故报告制度,是寻找事故发生规律,防止事故发生,检验事故防范措施的重要方法,应该实事求是、坚持不懈地遵守和执行。总而言之,在实际应用时应使安全管理、安全教育与培训、安全生产技术这三个方面互相配合,取长补短,才能预防、控制事故的发生。

二、危险源与安全隐患治理

(一)危险源

1. 危险源定义

危险源是指可能导致死亡、伤害、职业病、财产损失、工作环境破坏或这些情况组合的根源或状态。

危险源是指一个系统中具有潜在能量和物质释放危险的、可造成人员伤害的根源或状态,在一定的触发因素作用下可转化为事故的部位、区域、场所、空间、岗位、设备及其他位置。危险源的实质是具有潜在危险的源点或部位,是爆发事故的源头,是能量、危险物质集中的核心,是能量传出或爆发的地方。危险源存在于确定的系统中,不同的系统范围,危险源的区域也不同。例如,在道路运输企业中加油站就是一个危险源,而在一个企业系统中,货运站存储危险货物的仓库是危险源;在一个车队系统中,高速行驶的机动车是危险源。因此,分析危险源应按系统的不同层次来进行。

危险源这一概念来源于系统安全理论。系统安全理论始于美国,是目前安全生产领域应用最为广泛、最为重要的现代事故预防理论和方法体系。该理论认为,系统(行业中)存在的危险源是事故发生的原因。其中,可能意外释放的能量是事故发生的直接原因。在道路运输行业中,道路运输安全是安全生产领域的重要分支,生产安全问题不容忽视。引入危险源概念,就是帮助企业和从业人员更好地辨识行业中的风险,并做到有效预防,从而遏制重特大事故的发生。

2. 危险源分类

根据危险源在事故发生中所起的作用不同,可将危险源划分为根源危险源(又称"第一危险源")和状态危险源(又称"第二危险源")。

(1)根源危险源。根据能量意外释放论,事故是能量或危险物物质的意外释放,作用于人体的过量的能量或干扰人体与外界能量交换的危险物质是造成人员伤害的直接原因。于是,把系统中存在的、可能发生意外释放的能量或危险物质称作根源危险源。实际工作中,往往把产生能量的能量源或拥有能量的载体看作根源危险源来处理。

高速行驶的机动车发生道路交通事故,会造成人员伤亡、财产损失或者环境破坏,造成这些不良后果的根本原因,主要是高速行驶的机动车遇到阻隔,能量意外释放,并产生较大的破坏力,因此它是导致伤害的根本,是根源危险源。

(2)状态危险源。在生产、生活中,为了利用能量,让能量按照人们的意图在生产过程中流动、转换和做功,就必须采取屏蔽措施约束、限制能量,即必须控制危险源。约束、限制能量的屏蔽能够可靠地控制能量,防止能量意外地释放。然而,实际生产过程中绝对可靠的屏蔽措施并不存在。在许多因素的复杂作用下,约束、限制能量的屏蔽措施可能失效,甚至可能被破坏而发生事故。导致约束、限制能量屏蔽措施失效或破坏的各种不安全因素称作状态危险源,包括人、物、环境三个方面。

在道路运输企业系统中,除了行驶的机动车,企业中的加油站,货运站场中存放危险货物的仓库,锅炉房,极端自然灾害如泥石流、地震等根源危险源外,一种机动车机械电路故障(如轮胎爆胎),或是在加油站中吸烟的顾客、锅炉操作员工的一次误操作、驾驶员的疲劳驾驶导致短时间瞌睡、冰雪路面、一次交通事故的占道车辆、不遵守交通规则闯红灯的电动自行车、过马路猛跑的行人等,都会导致根源危险源对他人和自身造成伤害。以上这些人、物、环境的不安全因素就是状态危险源。

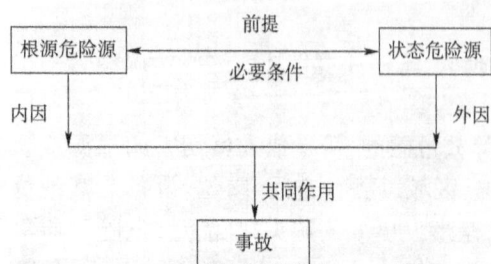

图2-1 两类危险源关系

根源危险源是客观存在的,防范事故的重点是控制状态危险源。两类危险源的关系如图2-1所示。

3. 危险源与事故发生的关联性

事故的发生是两类危险源共同作用的结果。一方面,根源危险源的存在是事故发生的前提,没有根源危险源就谈不上能量或危险物质的意外释放,也就无所谓事故;另一方面,如果没有状态危险源破坏对根源危险源的控制,也不会发生能量或危险物质的意外释放。状态危险源的出现是根源危险源导致事故的必要条件。

在事故的发生、发展过程中,两类危险源相互依存、相辅相成。根源危险源在发生事故时释放出的能量是导致人员伤害或财物损坏的能量主体,决定事故后果的严重程度,比如高速行驶的机动车;状态危险源出现的难易决定事故发生的可能性的大小,比如驾驶员疲劳驾驶、出现瞌睡,而导致无意识操作和误操作,甚至昏睡。两类危险源共同决定了危险源的危险性。

对状态危险源的控制应该在根源危险源控制的基础上进行,与根源危险源的控制相比,状态危险源是一些围绕根源危险源随机发生的现象,对它们的控制更为困难。状态危险源出现越频繁,发生事故的可能性越大。例如,驾驶员的无意识操作、误操作、昏睡导致了行驶的机动车发生交通事故,若驾驶员未疲劳驾驶,事故则可以避免。

4. 危险源辨识

进行危险源辨识的目的就是通过对系统的分析,界定出系统中的哪些部分、区域是危险源,其危险的性质、危害程度、存在状况、危险源能量与物质转化为事故的转化过程规律、转化的条件、触发因素等,以便有效地控制能量和物质的转化,使危险源不至于转化为事故。利用科学方法对生产过程中那些具有能量、物质的性质、类型、构成要素、触发因素或条件以及后果进行分析与研究,作出科学判断,为控制事故发生提供必要的、可靠的依据。

辨识道路运输企业中的危险源,就是找出生产经营活动中存在哪些根源危险源和状态危险源。危险源识别包含两个过程:识别、确定特性。识别危险源是为了确定系统中存在哪些危险因素,确定危险源特性是为了根据其性质采取相对应的控制措施,使根源危险源得到有效控制,处于相对安全的状态,同时消除状态危险源。

(二)安全隐患

1. 安全隐患的定义

安全隐患是指生产经营单位违反有关安全生产的法律、法规、规章、标准、规程等的规定,或者其他因素在生产经营活动中存在的可能导致不安全事件或事故发生物的不安全状态、人的不安全行为和管理上的缺陷。

安全隐患来自管理不当的危险源。在道路运输企业中,加油站这个危险源是比较常见的。众所周知,加油站是禁止抽烟、接打电话的,因为汽油、柴油是挥发性物质,其挥发出来的油达到爆炸浓度后,遇火即会爆炸。在此例中,汽油、柴油本身的特性,使加油站成为一个危险源,在危险源范围内发生行为违章,便会产生安全隐患。所以安全隐患一般来说都是源于对危险源管理不当,如果没有了危险源,安全隐患也就不复存在了。安全隐患是由人的不当行为造成的,经过治理是可以完全消除的。

2. 安全隐患与危险源的关系

一般来说,危险源可能存在安全隐患,也可能不存在安全隐患,对于存在安全隐患的危险源一定要及时加以整改,否则随时都可能导致事故发生。

实际中,对安全隐患的控制管理总是与一定的危险源联系在一起,因为没有危险的隐患也就谈不上要去控制它;而对危险源的控制,实际就是消除其存在的安全隐患或防止其出现安全隐患。

在安全工作中涉及人的因素问题时,采用的术语有"不安全行为"和"人失误"。不安全行为一般指明显违反安全操作规程的行为,即安全隐患,这种行为往往直接导致事故发生,例如不断开电源就带电修理电气线路而发生触电等。人失误是指人的行为结果偏离了预定的标准,例如误开阀门使有害气体泄漏等。不安全行为、人失误可能直接破坏对根源危险源的控制,造成能量或危险物质的意外释放;也可能导致物的不安全因素出现问题,物的不安全因素问题进而导致事故发生,例如超载起吊重物造成的钢丝绳断裂,发生重物坠落事故。

物的不安全因素问题可以概括为物的不安全状态和物的故障(或失效)。物的不安全状态是指机械设备、物质等明显不符合安全要求的状态,例如车辆的制动系统老化。在我国的安全管理实践中,往往把物的不安全状态称作"隐患"。物的故障(或失效)是指机械设备零部件等由于性能低下而不能实现预定功能的现象。物的不安全状态和物的故障(或失效)可能直接使约束、限制能量或危险物质的措施失效而发生事故。例如,电线绝缘损坏发生漏电;管路破裂使其中的有毒有害介质泄漏等。有时,一种物的故障可能导致另一种物的故障,最终造成能量或危险物质的意外释放。例如,锅炉的泄压装置故障,使容器内部介质压力上升,最终导致容器破裂。物的不安全因素问题有时会诱发人的因素问题;人的因素问题有时会造成物的因素问题,实际情况比较复杂。环境因素主要指系统运行的环境,包括温度、湿度、照明、粉尘、通风换气、噪声和振动等物理环境,以及企业和社会的软环境。不良的物理环境会引起物的不安全因素问题或人的因素问题。例如,潮湿的环境会加速金属腐蚀而降低结构或容器的强度;工作场所强烈的噪声影响人的情绪,分散人的注意力而发生人失误。企业的管理制度、人际关系或社会环境影响人的心理,可能造成人的不安全行为或人失误。

安全隐患与状态危险源都是由人、物、环境所造成的不安全因素,他们都能导致事故发生。因此,在实际中有时不严格区别这两个概念。

(三)道路运输企业不安全因素

道路运输行业中存在多种多样的危险源,有根源危险源,有状态危险源,还存在各式各样的安全隐患。为了便于分析和理解,本书把状态危险源和安全隐患称为不安全因素,主要包括五大类,详见表2-1。在这些不安全因素中,有的可能直接导致事故发生,如车辆故障等;有的可能是事故发生的深层次原因或根本原因,如企业管理不完善等。无论哪种不安全因素,只要其存在,就有可能导致事故发生。

不安全因素分类及其主要内容 表 2-1

不安全因素	主要内容
人的不安全行为	驾驶员、其他交通参与者、其他岗位人员
物的不安全因素	装备设施本身(车辆、锅炉等的技术状况)
道路的不安全因素	典型道路、特殊路段、路面通行条件
环境的不安全因素	夜间、特殊天气、自然灾害
道路运输企业安全管理不完善	安全管理(制度不完善)

1. 旅客运输企业与货物运输企业

在旅客运输企业与货物运输企业中,由于生产经营性质的原因,不安全因素大部分存在于道路运输过程中。

（1）驾驶员、其他交通参与者的不安全行为。

在道路运输过程中，人员方面的不安全因素一般包括驾驶员性格和心理缺陷，驾驶员生理异常，驾驶过程中违规驾驶、错误操作、注意力分散及其他交通参与者的不安全行为等。

①驾驶员性格、心理缺陷。驾驶员的性格、心理缺陷主要表现为驾驶员个性存在缺点，如易激动、急躁、懒惰、侥幸、自负、自卑、马虎大意等，这些因素容易使驾驶员出现危险的驾驶行为，进而酿成事故。驾驶员许多违规驾驶、操作错误、注意力分散等不安全行为都与其本身的个性缺陷有着或多或少的联系。因此，驾驶员弥补缺陷、克服缺点，对于安全行车至关重要。

②驾驶员生理异常。驾驶员生理异常主要表现为疾病、药物不良反应、疲劳、酒后不适等，每年因驾驶员生理异常引发的交通事故时有发生。驾驶员生理异常危险源及其具体表现见表2-2。

驾驶员生理异常危险源及其具体表现　　　　　　　　　　　　　　表2-2

危险源分类	危　险　源	具　体　表　现
驾驶员生理异常	疲劳	长时间驾驶使驾驶员出现瞌睡、注意力不集中、反应变慢等疲劳状态，容易使驾驶员产生无意识操作和错误操作，甚至昏睡
	药物不良反应	驾驶员服用某些药物后出现反应迟钝、嗜睡、兴奋等不良反应，不利于安全行车，易引发事故
	疾病	驾驶员在行车过程中出现心脏病、脑出血、耳病、头痛头晕、急性肠胃炎等疾病，失去对车辆的操控能力，易引发事故
	饮酒后行动、意识迟缓	驾驶员饮酒后上路驾驶，因眩晕、恶心、反应迟钝等原因，对路况的观察和判断能力减弱而导致事故

③驾驶员违规驾驶。驾驶员违规驾驶是指驾驶员违反《中华人民共和国道路交通安全法》（以下简称《道路交通安全法》）及相关法律法规规定，选择有潜在风险的驾驶行为，主要特征为一般性违规和攻击性、报复性违规，详见表2-3。

驾驶员违规驾驶危险源及其具体表现　　　　　　　　　　　　　　表2-3

危险源分类	危　险　源	具　体　表　现
驾驶员违规驾驶	一般性违规，不指向他人	为了赶时间，驾驶员抢黄灯通过路口；驾驶员逆行、违法停车、超速行驶一般违规，酒后驾驶、违法倒车、违法掉头、违法会车、违法牵引、违法装载、货车超载、客车超员等
	违规行为指向他人，具有攻击性、报复性	故意和前面车辆靠得很近，以示意前面的驾驶员提高车速或赶紧让路
		对妨碍自己行驶的车辆，如行驶缓慢或对"加塞车辆"感到非常气愤，使劲按喇叭、爆粗口表示不满，甚至故意超车后紧急制动
		强行超车
		强行变更车道

④驾驶员操作错误。驾驶员操作错误主要包括危险性错误和无危害性错误。危险性错误指容易直接造成交通事故的行为，无危害性错误是指错误行为在当前一般不会直接导致

交通事故的行为。无危害性错误对安全行车也有很大影响。驾驶员操作错误危险源及其具体表现见表2-4。

驾驶员操作错误危险源及其具体表现　　　　表2-4

危险源分类	危　险　源	具　体　表　现
驾驶员操作错误	危险性错误,如操作不当,操作失误	在湿滑的路面上紧急制动,或车辆侧滑时紧急制动、急打转向盘
		有紧急情况时,错把加速踏板当制动踏板
		变更车道,没有观察后视镜
		由主路驶入辅路时,没有注意视觉盲区内的行人、非机动车
		转弯时未注意车辆内外轮差,车轮落入边沟等

⑤驾驶员注意力分散。在行车过程中,驾驶员要不断地观察外界信息,集中注意力非常重要。行驶速度为90km/h的车辆1s可以驶出25m。所以,即使几秒的注意力分散也非常容易引发交通事故。驾驶员注意力分散诱发原因分为主观原因和客观原因。主观原因注意力分散是由驾驶员自身不安全驾驶行为引起的,而受外界事物和环境影响引起的注意力分散称为客观原因注意力分散。驾驶员注意力分散危险源及其具体表现见表2-5。

驾驶员注意力分散危险源及其具体表现　　　　表2-5

危险源分类	危　险　源	具　体　表　现
驾驶员注意力分散	主观原因	驾驶员在驾驶过程中接打电话、走神、与人热烈交谈、观察其他交通事故或者过度关注新奇事物等
	客观原因	高速公路环境单一,驾驶员注意力无法持续集中等

⑥其他交通参与者的不安全行为。在道路运输过程中,其他交通参与者的不安全行为同样是引发事故的重要因素。驾驶员稍有疏忽便有可能导致严重的交通事故,详见表2-6。

其他交通参与者的不安全行为危险源及其具体表现　　　　表2-6

危险源分类	危　险　源	具　体　表　现
其他交通参与者的不安全行为	违反交通规则	其他机动车驾驶员逆向行驶、违规占道行驶、违法超车、超速行驶、酒后驾驶等
		行人、骑自行车人、骑电动自行车人不按交通信号灯通行、逆向行驶、违规占用机动车道行驶等
		竞技驾驶等
	行人不自知、不自觉	老年人行动迟缓,行走时不注意观察路况,遇到危险情况来不及躲避
		儿童行为不自知,不具备道路安全意识,嬉戏打闹
		其他交通参与者在经过路口时,因忽视危险而突然出现
		行人打伞遮挡住视线,不顾及周围车辆等
	专注于其他事物	行人边走边交谈、接打电话或听音乐,忽视车辆靠近
		路面施工工人专注于施工工作
		道路维护人员专注于清理道路工作等

（2）车辆、行李物品及货物的不安全因素。

在道路运输过程中,车辆、行李及货物也是不安全因素,主要表现在车辆本身特点引发的行车不安全因素,车辆结构、技术状况的不安全状态及车内物品、车载货物的不安全因素三个方面。

①车辆本身特点的不安全因素。道路运输车辆本身结构、行驶特点等与其他机动车存在很大差异,如果驾驶员不了解这些差异,不注意这些差异性和特殊性给运输安全带来的风险,交通事故便有可能发生,详见表2-7。

车辆本身特点的不安全因素危险源及其具体表现　　表2-7

危险源分类	危 险 源	具 体 表 现
结构存在风险	车体庞大(车身较长、较宽、较高),满载总质量大	转弯、倒车、停车、超车等占多车道
		重心高、容易侧翻
		遇软路肩、危桥易压垮道路设施
	车身存在视觉盲区	驾驶员看不到盲区内行人、其他机动车等
行驶特点存在风险	与其他车辆之间存在速度差	高速公路上小客车与大型货车、大型客车的设计车速及限制行驶车速不同,存在绝对速度差,迫使其他车辆频繁变更车道、超车,风险随之加大
	内外轮差大	转弯时碰撞、刮蹭内侧行人、其他车辆等
	加速性能差	加速慢,被后车追尾
	惯性大、制动距离长	前方有紧急情况,不能及时减速停车

②车辆结构、技术状况的不安全状态。车辆技术状况的不安全状态注意包括车辆技术状况不良和安全装置失效,详见表2-8及表2-9。

技术状况不良因素危险源及其具体表现　　表2-8

危险源分类	危 险 源	具 体 表 现
技术状况不良	制动系统劣化或失效	不能及时制动
	转向系统工作不良或失效	不能按意图转向
	照明、信号装置故障	前照灯损坏,照明受到影响,夜间时驾驶员无法观察路况
		转向灯不亮,转向意图不能传递等
	侧向稳定性差	车辆在横向坡道行驶,或进行超车、转弯灯操作时,易发生侧翻
	车辆悬架、减振系统缺陷	车辆经过坑洼路面时,颠簸严重,使驾驶员或乘客感觉不适,还可能使装载的货物掉落
	车速表故障	驾驶员不能准确掌握行驶速度
	轮胎磨损严重、有裂纹或扎入杂物	车辆在行驶过程中行驶附着力不够,制动距离延长
		易发生爆胎等
	发动机故障	车辆无法起动
		车辆抛锚、应急停车,影响其他车辆通行
		车辆中途熄火,无法正常操控

安全装置失效因素危险源及其具体表现 表2-9

危险源分类	危 险 源	具 体 表 现
主动安全装置失效	后视镜损坏	后视镜损坏,驾驶员观察道路交通情况受到影响
	刮水器失效	雨雪天刮水器无法使用,视线受影响
	喇叭失效	喇叭不响,其他驾驶员或交通参与者听不到车辆靠近的信号
	遮阳板掉落	驾驶员眼睛被太阳光直射,影响观察
	制动防抱死系统等安全装置失效	车轮抱死、车辆侧滑
被动安全装置失效	安全气囊损坏	车辆发生碰撞等事故时,安全气囊不能弹出,驾驶员头部直接撞到转向盘或前风窗玻璃上
	安全带损坏	车辆发生碰撞等事故时,无法束缚驾驶员或乘客,致使其受伤
	保险杠损坏	发生碰撞事故,无法吸收、缓和外界冲击力、防护车体
	座椅安全头枕损坏或掉落	紧急制动或车辆发生事故时,驾驶员头部得不到保护,颈椎易受伤害
	风窗玻璃损坏	影响驾驶员视野,易使驾驶员受伤
	灭火器、警告标志、安全锤、应急门开关等损坏或缺失	出现紧急情况,无法及时有效处理

③车内物品、车载货物的不安全因素。在行车过程中,乘客所携带的行李物品、装载的货物等,如摆放和装载的位置、方法不合适,会对车内人员人身安全及行车安全带来一定风险。除此之外,车中湿滑的地板、破损的座椅等也可能对人的安全构成威胁,详见表2-10。

车内物品、车载货物的不安全因素危险源及其具体表现 表2-10

危险源分类	危 险 源	具 体 表 现
(客车)行李物品存在危险	乘客行李、随身物品存在危险或摆放方式和位置不合适	乘客携带危险品上车未被发现,易产生危险后果
		放在行李架上的物品掉落而砸伤乘客
		放置在椅子下的行李部分露出而绊倒乘客
(货车)货物装载存在危险	装载的货物重心过高	车辆的稳定性降低,转弯时车辆易侧翻
	货物偏载(过于靠前、靠后,过于偏离中心线等)	
	超载	车辆负载过大,转弯、下长坡时使车辆制动失效
		车辆负载过大,易引发爆胎、传动轴断裂、钢板弹簧断裂等车辆结构损坏,引发事故
		车辆负荷过重,致路面损毁、桥梁垮塌等
其他	客车地板、台阶湿滑	客车刚刚经过清洁或雨雪天,致使车内地板、上下车台阶湿滑,使乘客摔倒
	座椅损坏	座椅损坏后露出尖锐金属架,碰伤驾驶员或乘客
		座椅扶手损坏成缺失,不能保护乘客

(3)道路的不安全因素。

道路的不安全因素主要包括典型道路的不安全因素、特殊路段的不安全因素及路面通行条件不良。

①典型道路的不安全因素。从事长途运输或在山区运输的驾驶员经常在高速公路、山区道路等典型道路上行车。高速公路行车速度高、山区道路弯多坡长等特点,会影响行车安全。因此,驾驶员应了解其中的危险因素。典型道路的不安全因素及其具体表现见表2-11。

典型道路的危险源及其具体表现 表2-11

危险源分类	危险源	具体表现
高速公路	相对封闭、控制出入、单向行驶、无平面交叉、路况好、车速高、车流量大	速度高,制动停车距离长,易发生连环撞车事故
		车辆在高速公路上长时间高速行驶,驾驶员极易疲劳,车辆性能也易发生变化
		长时间在高速公路上驾驶,驾驶员对速度的感知能力下降,易超速行驶
		客货运输车辆重心较高、速度快,遇突发情况极易侧滑、侧翻
		平直路面在阳光照射下易产生"水面"效应,对安全行车产生干扰
山区道路	连续上下坡	车辆连续上下坡转弯频繁制动易导致制动失灵
		车辆上下坡导致发动机温度过高或换挡不当,引起熄火或溜车
	路窄、弯急	山体遮挡,无法全面观察来车情况
		控制不合适,车辆驶出路外
		超车、会车危险性大等
	安全防护设施不完善	车辆易冲出道路
	山体滑坡	阻挡道路或直接造成事故
	云雾缭绕	秋冬季节或高海拔山路常有云雾,导致驾驶员视线受影响,无法全面观察路况

②特殊路段的不安全因素。交叉路口、隧道、桥梁、城乡接合部及临时修建道路等特殊路段的外观、构建及特征与一般路段有很大差异,车辆经过时容易出现事故,驾驶员必须提高警惕。特殊路段的危险源及其具体表现见表2-12。

特殊路段的危险源及其具体表现 表2-12

危险源分类	危险源	具体表现
临时修建道路	建设等级较低、沉降不足、平整度差	车辆易倾翻、沉陷
	周边地形复杂及交通情况混乱	畜力车、人力车、低速汽车、摩托车等频繁出现,带来风险;无道路交通标志标线,车辆、行人随意行走,带来风险
交叉路口	车辆、行人汇集,交通流量大,行驶轨迹交叉	驾驶员忽视盲区,易碰撞、剐蹭交叉路口其他车辆、行人等

危险源分类	危 险 源	具 体 表 现
隧道	长隧道内照明差,可见度低	驾驶员未开启前照灯、车辆抛锚易引发碰撞事故
	隧道较窄、限制高度	驾驶员强行超车,易引发撞车事故
		超高货车易碰撞出入口
	隧道口结冰	车辆容易失控,发生侧滑
	隧道出入口明暗变化	驾驶员出现短暂"失明",无法观察道路信息
	出口横风	影响驾驶员对车辆的操控
立交桥环岛	方向多、出口多、车流量大	易迷失方向、选择错误道路
		错过出入口
桥涵	路宽限制	车流量大或路面情况不良(如湿滑、结冰等),车辆易驶出桥面、坠落桥下等
	限制轴重	重载大型车辆载重超过限制,使桥梁垮塌
	横风影响	较大横风影响车辆的正常行驶
路旁有高大的建筑或树木的道路	驾驶员视线被遮挡	驾驶员容易忽略路口拐入的车辆、闯入的行人或骑车人,易发生碰撞事故
	交通信号灯、标志灯被遮挡	驾驶员未注意到被遮挡的信号灯,误闯红灯;驾驶员未注意到被遮挡的标志,发生危险
城乡接合部路段	各种交通工具汇聚,人车混杂	三轮车、畜力车、骑车人、行人多,驾驶员无法全面观察,易发生碰撞、刮蹭事故
	交通安全实施不完善	交通信号标志标线缺乏或毁损,通行无指示,易发生碰撞等事故
	临时市场占道经营	买卖双方不注意来往车辆
	交通参与者安全意识差	交通参与者不懂交通规则,或没有遵守交通规则的习惯,给驾驶员安全行车带来威胁

③路面通行条件不良。在施工路面、障碍路面、涉水路面及冰路面等道路上行驶,危险性较高,驾驶员要格外注意安全,详见表2-13。

道路通行条件不良因素危险源及其具体表现　　　　　　表2-13

危险源分类	危 险 源	具 体 表 现
施工道路	道路中断或变窄	行车道减少,车辆急减速
		通行车辆多,通行速度突然变慢,车辆不及时减速易发生追尾等事故
	路面有沙石	车辆制动距离延长或弯道易侧滑
	施工标志不明显或未设置	距离施工地点很近时才发现道路有施工,应急处置不当易引发事故

危险源分类	危险源	具体表现
路障	道路上有掉落或卸载的货物	未发现路障,躲避不及,易发生事故;躲避路障时,与其他车辆发生轨迹交叉等
	故障车未及时移开或交通事故车辆停在路中	
	农作物占道晾晒	
冰雪路面	路面摩擦系数低、平整度差	车辆易发生侧滑
	对阳光的反射率极高	大雪后地面反射日光,刺激眼睛,导致雪盲症,影响正常观察
涉水路面(如漫水桥、积水道路等)	水过深	未查清水情即涉水行驶,易使车辆熄火、电气设备受潮
	水下有泥沙	车辆打滑或陷于水中
	水中有尖锐物	车胎被尖锐物扎破
	水流速度快	车辆行驶轨迹发生偏移或被冲走
凹凸路面	路面凹凸不平	车辆倾簸,使驾驶员或乘客不适,或使货物掉落
		车辆长时间在凹凸不平路面行驶,性能易下降等
	路面有较大凸起、深坑等	由于道路失修或局部地壳活动使路面出现凸起和深坑,躲避不及易引发事故

(4)夜间、特殊天气及自然灾害的不安全因素。

夜间、特殊天气及自然灾害等特殊环境改变了车辆的正常行驶环境,危险性较高,易引发事故。驾驶员要充分了解这些危险源的特点及风险。

①夜间的不安全因素。驾驶员必须认识到夜间驾驶环境的特殊性,提高警惕,防止危险发生,详见表2-14。

夜间驾驶环境危险源及其具体表现　　　　　　　　　　　　　表2-14

危险源分类	危险源	具体表现
夜间	行驶环境黑暗	路灯损坏,视线受影响
		视野范围变小、视距变短
		会车时,其他车辆开远光灯,产生炫目
		夜间行驶易疲劳等

②特殊天气的不安全因素。特殊天气主要包括雨雪天气、大雾天气和高温天气等。特殊天气常常给安全行车带来很大威胁。在特殊天气条件下行车,驾驶员应充分了解特殊天气的特点及其存在的风险。特殊天气行车的危险源及其具体表现见表2-15。

特殊天气的危险源及其具体表现　　　　　　　　　　　　　　　表 2-15

危险源分类	危险源	具体表现
雨天	光线昏暗,能见度低	视线受影响,无法清晰观察路况
	常伴有雷电、大风	雷电劈倒或大风刮倒路边树木,形成路障或砸中过往车辆
	路面湿滑、泥泞	降雨使得道路塌陷或变得松软,车辆容易陷入
		车辆发生侧滑
		使车辆制动距离延长
	气温低于0℃时,形成冻雨	车辆制动距离延长
		车辆侧滑
	水网地区路面积水反光	远处驶来的车辆误以为是正常道路,容易高速驶入,易发生侧滑
雪天	视线不良	驾驶员视线被影响,无法清晰观察路况
	路面被积雪覆盖或有融雪	车辆起动时,车轮打滑,起动困难
		车辆行驶过程中易发生侧滑
		车辆在平坦、两侧无建筑和树木、积雪覆盖的道路行驶,辨识不出分道线等
大雾天气	能见度低	驾驶员看不清路况,导致追尾事故频发,且易发生连环追尾
		驾驶员长时间雾中驾驶,注意力持续集中,易疲劳等
高温天气	温度过高	驾驶员易疲惫、困倦、脾气暴躁
		轮胎压力高,易发生爆胎
		车辆电气元件、(货车)货物易自燃
		水温过高,损坏发动机
		制动易失效等

③自然灾害的不安全因素。驾驶员需要了解自然灾害的特点及可能对道路交通造成的影响,正确应对自然灾害。自然灾害的危险源及其具体表现见表 2-16。

自然灾害的危险源及其具体表现　　　　　　　　　　　　　　　表 2-16

危险源分类	危险源	具体表现
沙尘暴	风力大	被大风吹起的物体易击中车辆,使车辆偏离行驶路线
	能见度低	飞扬的沙尘阻挡驾驶员视线
	路面有沙土	路面布满沙土,易导致车辆侧滑
台风	风力能量巨大,常伴有暴雨	路边树木、广告牌等被刮倒,易砸中汽车或阻碍交通;使车辆偏离行驶路线或倾翻
地震	能量大,破坏性大	车辆在行驶过程中突发地震,路面出现裂缝,车辆易掉入裂缝;易被倒塌的建筑物等砸中,发生撞车等事故
泥石流、山体滑坡	爆发突然,来势凶猛,破坏力大	车辆躲避不及易被泥石掩埋;泥石流、山体滑坡使交通瘫痪
雹灾	来势凶猛,时间短,强度大,常伴有狂风骤雨	冰雹、降雨、大风影响视线,地面湿滑,车辆易发生撞车等事故

2.危险货物运输企业

危险货物运输企业除了具有与旅客运输企业、货物运输企业相同的驾驶员不安全因素、车辆行李物品及货物的不安全因素、道路不安全因素、夜间特殊天气及自然灾害的不安全因素外,由于其运输的货物具有爆炸、易燃、毒害、腐蚀等特性,在运输、装卸和储存过程中,容易产生其他的不安全因素,详见表2-17。

危险货物运输企业危险源及其具体表现   表2-17

危险源分类	危 险 源	具 体 表 现
设施设备	未设立警示标志	不能进行及时有效的提醒,不利于避免重大事故的发生
从业人员	未随车配备押运员,未定时停车检查	不能及时、有效地纠正、解决行车过程中出现的安全隐患
设施设备	未配备与危险货物的性质相适应的应急处理器材和安全防护设施设备	

3.客运站与货运站

客运站与货运站的危险源及其具体表现,具有部分相同点,详见表2-18。

客运站与货运站危险源及其具体表现   表2-18

危险源分类	危 险 源	具 体 表 现
消防设备	消防设备失效	不能及时有效将火灾事故消灭在初始阶段
安检仪	设备故障安检人员擅自离岗	"三品"蒙混进站上车,极易引发严重事故
场地	人车众多拥挤	易发生安全事故

(四)危险源和不安全因素的管理

本书所述的危险源是指道路运输企业中存在的根源危险源。

1.危险源管理

危险源一般可从三方面进行控制,即技术控制、人行为控制和管理控制。

(1)技术控制,即采用技术措施对固有危险源进行控制,主要技术有消除控制防护隔离、监控、保留和转移等。比如对加油站安装摄像头,24h监控是否发生异常情况。

(2)人行为控制,即控制人为失误,减少人的不正确行为对危险源的触发作用。人为失误的主要表现形式有操作失误、指挥错误、不正确的判断或缺乏判断、粗心大意、厌烦、懒散、疲劳、紧张、疾病或生理缺陷、错误使用防护用品和防护装置等。对人行为的控制首先是加强教育培训,做到人的安全化,其次应做到操作安全化。

(3)可采取以下管理措施,对危险源实行控制。

建立健全危险源管理的规章制度。危险源确定后,在对危险源进行系统危险性分析危险源重点控制实施细则、安全生产责任制的基础上建立健全各项规章制度,包括检查制度,信息反馈制度,安全操作规程,操作人员培训考核制度、日常管理制度,交接班制度,危险作业审批制度,异常情况应急措施,考核奖惩制度等。

明确责任、定期检查。应根据各危险源的等级,分别确定各级的负责人,并明确他们应负的具体责任。特别是要明确各级危险源的定期检查责任。除了作业人员必须每天自查外,还要规定各级领导定期参加检查。对于低级别的危险源也应制订出详细的检查安排计划。

要对照检查表对危险源逐条逐项检查。按规定的方法和标准进行检查,并做好记录。对于导致事故发生者,要依法追究其责任。规定各级领导人员参加定期检查,增强他们的安全责任感,体现管生产必须管安全的原则,也有助于及时发现和解决重大事故隐患。专职安全技术人员要对各级人员实行检查的情况定期检查、监督并严格进行考评,以实现管理的封闭。

加强对危险源的日常管理。要严格要求作业人员贯彻执行有关危险源日常管理的规章制度。安排好安全值班交接班,按安全操作规程进行操作;按安全检查表进行日常安全检查以及危险作业经过审批等。对于所有活动,均应按要求认真做好记录。领导和安全技术部门要定期严格检查考核,一旦发现问题,应及时给予指导教育,并根据检查考核情况进行奖惩。

抓好信息反馈并及时整改隐患。要建立健全危险源信息反馈系统,制定信息反馈制度并严格贯彻实施。对检查发现的事故隐患,应根据其性质和严重程度,按照规定分级实行信息反馈和整改,做好记录,一旦发现重大隐患应立即向安全技术部门和行政第一领导报告。信息反馈和整改的责任应落实到人。对信息反馈和隐患整改的情况,各级领导和安全技术部门要进行定期考核和奖惩。安全技术部门要定期收集、处理信息,及时提供给各级领导研究决策,不断改进危险源的控制管理工作。

加强危险源控制管理的基础建设工作。危险源控制管理的基础工作除建立健全各项规章制度外,还应建立健全危险源的安全档案和设置安全标志牌。应按安全档案管理的有关内容要求建立危险源档案,并指定由专人保管、定期整理。应在危险源的显著位置挂安全标志牌,标明危险等级,注明负责人员,按照国家标准的安全标志表明主要危险,并注明防范措施。

严格危险源控制管理的考核评价和奖惩措施。应对危险源控制管理的各方面工作制定考核标准,并力求量化,划分等级。定期严格考核评价,给予奖惩。逐年提高要求,促使危险源控制管理水平不断提高。

对于道路运输企业来说,必须严格遵守加油站用户进站加油注意事项——严禁烟火。严禁在加油站内从事可能产生火花性质的作业,如不准在站内检修车辆,不准敲击铁器等。所有机动车辆均须熄火加油。小型拖拉机、摩托车等进站前要熄火,并不得在站内发动。严禁携带一切危险品入站。

客运站、货运站内的动力设备危险因素大,安全要求高,动力设备所生产或传导的物质或介质一般具有高温、高压、易燃、易触电等特性。动力设备在生产运行中会产生污染环境、损害职工健康的废气、废水、废渣和噪声。道路运输企业应指派专人对动力设备进行操作、维修,定期检测、维护,及时消除不安全因素,保证设备运行状态良好。

2. 不安全因素治理

在道路运输企业中,由于行业特点的原因,有少部分的危险因素来自根源危险源,绝大部分来自状态危险源,也可以说是安全隐患。

根据道路运输企业的生产经营实际情况,提高全体人员,特别是从业人员的安全素质、安全意识非常重要。经常性开展自查自纠工作是道路运输企业安全治理不安全因素的主要方式。

企业应制定排查方案,明确排查目的、范围,选择合适的排查方法。排查方案制定的依据应包括有关安全生产的法律、法规要求,设计规范、管理标准、技术标准、企业的安全生产目标等。排查的范围应包括所有生产经营相关的场所、环境、人员、设备设施和活动,比如危险货物运输车辆的专用停车区域。在排查方法上,企业应根据安全生产的需要和特点,采用综合检查、专业检查、季节性检查、节假日检查、日常检查等不同方式。在道路运输企业中,特别是春节、"五一""十一"等重要节假日,冬季和夏季到来前,发生重大交通事故后,均应针对不安全因素进行排查治理。

(1)治理要求。

①道路运输企业应重视对运输经营活动的现场排查。在运输经营现场更能贴近生产经营实际,有利于在运输经营过程中发现事故隐患,并及时进行纠正和修订完善相关管理制度,实现安全管理与运输经营的紧密结合。道路运输经营现场事故隐患排查遵守三项基本原则:一是重大事故隐患未彻底整改,不应该重新从事运输经营活动;二是运输经营过程中出现事故隐患,必须立即暂停运输经营,进行事故隐患整改;三是交班时,必须将事故隐患向下班交代清楚。

②对于道路运输事故不安全因素的治理,应按照"及时消除"的原则,对于能够立即整改的一般安全隐患,由企业立即组织整改,及时纠正。如通过卫星定位系统提醒和警告驾驶员控制好车速,采用视频监控设备防止客车超员和驾驶员疲劳驾驶,用安检仪对旅客行李进行安检,防止违禁物品上车。对于不能立即整改的,应组织制订安全治理方案,依据方案及时进行整改。对于自身不能解决的重大安全隐患,道路运输企业应立即停产停业,上报行政主管部门,及时进行人员疏散、加强安全警戒等相应措施,并制定预案,依据有关规定进行整改,做到整改措施、责任、资金、时限和预案"五到位"。

道路运输企业在事故隐患治理过程中,应当采取相应的安全防范措施,防止事故发生同时进行分析评估,确定隐患等级,按照事故隐患的等级进行登记,建立事故隐患信息档案。

③企业应当每季、每年对本单位不安全因素排查治理情况进行统计分析,并向安全监管监察部门和有关部门报送书面统计分析表。统计分析表应当由生产经营单位主要负责人签字。

(2)治理方法。

道路运输企业应当组织安全生产管理人员和其他相关人员,根据本单位的生产经营特点,紧密结合道路运输企业的特点和事故规律,明确排查内容,定期排查。

①旅客运输企业、货物运输企业不安全因素的治理。

驾驶员的不安全行为。对驾驶员进行不安全因素排查的重点内容包括驾驶资格、从业资格、参加安全学习和培训情况、驾驶操作规范性、安全意识和身体心理条件、违法事故信息以及交通违法行为的处理。

道路运输企业应确保驾驶员的身体、精神状况和情绪适宜驾驶车辆,通过询问驾驶员作息与睡眠、近期工作与生活、是否饮酒和服用药物等情况,确定驾驶员是否符合安全行车的安全生理基本要求。叮嘱驾驶员安全第一,谨慎驾驶,不超载、不超速、安全行车、文明行车。针对在安全告诫过程中发现的驾驶员存在的问题,安全管理人员应及时上报,采取相应的措施。特殊情况下,不能现场对驾驶员进行安全告诫的,应通过电话、短信及其他有效途径进行安全告诫。

车辆本身、道路、夜间和自然灾害等不安全因素。对营运车辆本身不安全因素排查重点内容包括车辆技术档案、车辆安全技术检验和维护、修理记录,车辆实际安全技术状况突发车载安全装置和应急设备是否齐全有效。

对通行条件不安全因素排查的重点内容包括道路通行条件和事故多发点,车辆与道路条件的适应性,道路交通状况及规律,乘客的不安全因素,货物的不安全因素等。

对环境因素不安全因素的排查的重点内容包括营运车辆运行地区的气候、气象规律以及特殊天气下的应急设备设施的配备等。

对于以上客观存在不可改变的不安全因素,道路运输企业要定期对驾驶员开展法律法规、典型交通事故案例警示、技能训练、应急处置等安全教育培训。通过安全教育和培训,使驾驶员树立牢固的安全意识,认识和把握道路运输中事故因素及其发生规律,正确理解和掌握有关安全制度,掌握安全操作规程和事故应急处置知识和方法。驾驶员在行车过程中,应严格执行安全操作规程,在保证道路运输安全同时,企业可以调整运行线路和运行时间,防止行车事故的发生。

对于车辆技术状况达不到安全行车要求等类似的不安全因素,道路运输企业应该严格管理,严禁达不到安全行车要求的车辆参加生产经营。车辆应定期进行维护和审验,驾驶员应做好日常"三勤三检"工作,确保营运车辆技术状态良好。

②对危险货物运输企业不安全因素的治理。

在道路危险货物运输中,必须使用专用车辆运输危险货物,除驾驶员外,专用车辆上当另外配备押运人员,押运人员应当对运输全过程进行监管,定时停车检查,确保危险货物无泄漏。企业应确保车辆技术状况良好,并配备有效的、与运输的危险货物相应的安全装备设施。

③对客运站、货运站不安全因素的治理。

站场内的设备设施应定期检修,保证不影响正常安全生产。确保消防器材完好有效。加强站场员工安全意识,坚守自身岗位,对客运站场的"三不进站,六不出站"要坚决落实,严禁乘客携带违禁物品上车。站场内配备专职安保人员,维持站内秩序,保证站场通行状态良好。无论是以上的根源危险源,还是不安全因素,道路运输企业都要根据其特性,根据事故预想制定相应的应急预案,并告知从业人员和相关人员在紧急情况下应当采取的应急措施,以在事故发生时能及时进行救援,减少人员伤亡和财产损失。应急预案是危险源控制中的重要组成部分,道路运输企业必须制定,并定期检验和评估其有效程度,以便必要时进行修改。同时,要把有关应急救援知识以安全教育和培训的形式及时告知从业人员和相关人员,以便在紧急情况下采取应急措施。

道路运输企业必须将本单位重大危险源及有关安全措施、应急措施报告有关地方的安全生产监督管理部门和有关部门,以便政府及其有关部门能够及时掌握有关情况。一旦发生事故,政府及其有关部门可以调动有关方面的力量进行救援,以减少事故损失。

三、突发事件应对要求与措施

(一)突发事件的定义

突发事件是指突然发生,造成或者可能造成严重社会危害,需要采取应急处置措施予以应对的自然灾害、事故灾难、公共卫生事件和社会安全事件。

突发事件一般依据突发事件可能造成的危害程度、波及范围、影响力大小、人员及财产损失等情况,由高到低划分为特别重大(Ⅰ级)、重大(Ⅱ级)、较大(Ⅲ级)、一般(Ⅳ级)四个级别,并依次采用红色、橙色、黄色、蓝色来加以表示。

突发事件具有如下共同特征:

(1)突发性。突发性是突发事件的主要特征,突发事件能否发生,于何时、何地、以何种方式爆发以及爆发的程度等情况,人们都始料未及,难以准确把握。突发事件从始至终都处于不断变化过程当中,往往毫无规则,不能事先准确预测和确定,使突发事件预防机制的建立困难重重。

(2)紧迫性。突发事件的发生突如其来或者只有短时预兆,事态发展迅速,必须立即采取常态的紧急措施加以处置和控制,否则将会造成更大的危害和损失。

(3)严重性。突发事件的发生往往会导致人员伤亡,财产损失和环境破坏,具有较大危害,而且这种危害还体现在社会公众领域,事件本身会迅速引起公众关注,进而渗透到社会的各个层面,造成公众心理恐慌和社会秩序混乱。突发事件的危害范围和破坏力越大,造成的影响和后果就越严重。

(4)社会性。突发事件起因千差万别,如地震、火灾、瘟疫、暴乱等,但其作用对象不是个人,而是社会公众,至少是一个特定单位或区域内的一群人。因此,防范突发事件需要公众支持和参与。

在道路运输企业中,突发事件一般有交通事故、危险化学品道路泄漏事故、火灾、客运站旅客滞留等。

(二)突发事件应对要求

突发事件的应对应遵从以下原则:

(1)以人为本,减轻危害;

(2)统一领导,分级负责;

(3)社会动员,协调联动;

(4)属地先期处置;

(5)依靠科学,专业处置;

(6)鼓励创新,迅速高效。

1. 健全落实应急制度

道路运输企业要加快应急管理制度的制定。由于突发事件的不确定性,要把应急管理纳入规范化、制度化、法制化轨道,跟上突发事件的发展要求。确保突发事件应急人员、装备、资源、通信、应急预案的落实。

2. 提高员工危机意识和应急能力

加强员工应急知识和相关法律法规的培训学习,提高安全意识和自救、互救能力。

3. 应急队伍

建立专业的或兼职的应急救援队伍,联合培训、联合演练,提高协同应急能力。

4. 应急装备

应急装备是用于应急管理与应急救援的工具、器材、服装、技术力量等,如消防车、监测仪、防化服、隔热服等,它们是应急救援的有力武器与重要保障。利用应急装备可以高效处置事故、保障相关人员生命安全、减少财产损失、维护社会稳定。

5. 应对保障

应对保障主要包括物资储备保障、经费保障、通信保障。

6. 隐患、危险源排查和治理

突发事件发生前的预防是突发事件管理的重点,预防是突发事件管理中最简便、成本最低的方法。做好监测、预测工作,及时收集各种信息,并对这些信息进行分析、辨别,有效觉察潜伏的危机,对危机的后果事先加以估计和准备,预先制订科学而周密的危机应变计划对危机采取果断措施,为危机处理赢得主动,从而预防和减少自然灾害、事故灾难、公共卫生和社会安全事件及其造成的损失。

7. 应急预案

应急预案应针对各级各类可能发生的事故和所有危险源制定专项应急预案和现场应急处置方案,并明确事前、事发、事中、事后的各个过程中相关部门和有关人员的职责。应急预案主要包括综合应急预案、专项应急预案、现场处置方案。制定完善的应急预案对应急管理工作有重要指导作用,能以最快的速度发挥最大的效能,有序实施救援,尽快控制事态发展,降低紧急事件造成的危害,减少事故损失和人员伤亡。

8. 应急演练

应急演练是指针对情景事件,按照应急预案而组织实施的预警、应急响应、指挥与协调、现场处置与救援、评估总结等活动,通过应急演练,可以检验预案的实用性、可用性、可靠性;可以取得实战经验以修改应急预案的缺陷与不足,提高预案可操作性;可以检验员工是否明确自己的职责和应急行动程序,以及反应应急队伍的协同反应水平和实战能力;可以提高人们避免事故、防止事故、抵抗事故的能力,提高对事故的警惕性。

9. 加强协调

加强协调,积极配合,对突发事件迅速作出反应,道路运输企业应建立突发事件应急反应机制,明确各部门的职责,将部门协调行动制度化,以保障各部门和领导在第一时间对危机作出判断,迅速反应,政令畅通,各部门协调配合,临事不乱。各部门要树立大局意识和责任意识,不仅要加强对本部门的应急管理,落实好自己责任范围内的专项预案,还要按照总体应急预案的要求,做好纵向和横向的协同配合工作。

(三)突发事件的应对措施

道路运输企业发生突发事件后的措施可归纳为以下三点。

1. 现场控制

在针对突发事件的应对措施中,对现场的控制是必不可少的,其目的是防止进一步蔓延扩大,使人员伤亡与财产损失降低到最低程度。由于事故发生的时间、环境和地点不同,因而其现场有不同的环境与特点,所需控制的手段及应急资源也不相同,这些差别决定了在不同的事故现场应采取以下不同的控制方法：

（1）警戒线控制法。

（2）区域控制法。

（3）遮盖控制法。

（4）"以物围圈"控制法。

（5）定位控制法。

2.现场状态与情境评估

任何处置工作的开展都必须以对现场形势的准确评估为前提，快速反应的原则不是单纯强调速度快，而是要保证处置工作的高效率。应急处置人员到达现场后，为了有效地进行现场控制，应首先获取现场的准确信息，对所发生的事故进行及时准确的认识与把握，避免盲目处置而造成事态蔓延和更大的损失。应急处置人员应对以下状态和情境进行评估：

（1）事故的性质。

（2）现场潜在危害监测。

（3）现场情景与所需的应急资源。

（4）人员伤亡情况。

（5）经济损失与可能造成的社会影响。

（6）周围环境与条件的评估。

（7）现场应急处置与安排。

突发事件的现场处置需要根据类型、特点和规模作出紧急安排。大多数事故的现场处置包括设置警戒线、应急反应人力资源组织与协调、应急物资设备的调集、人员安全疏散、现场交通管制、现场以及相关场所的治安秩序维护、对信息和新闻媒介的现场管理、对现场受害人作出分类处理等。

3.突发事件的事后恢复与重建

在突发事件的危害基本得到控制和消除后，应及时停止应急措施，组织开展事后恢复和重建工作，以减轻突发事件造成的损失和影响，尽快恢复生产、生活、工作和社会秩序，妥善解决处置突发事件过程中引发的矛盾和纠纷。

（四）道路运输企业突发事件应急处置

在道路运输企业中，对于突发事件的处理，一般遵从以下流程：

（1）道路运输企业的首要任务就是控制和遏制事故，防止事故扩大到附近的其他设施或地方，减少人员伤害或财产损失。

（2）将突发的事件或紧急状态迅速通知企业相关安全人员。

（3）对于特大、重大、较大的突发事件，及时向上级部门和当地人民政府报告，取得政府主管部门和专业救援机构的指导和支持，积极配合专业的应急救援机构的工作，尽量减少人员伤亡和财产损失。

（4）关闭、转移、隔离相关的危险设施设备或系统。

（5）紧急状态关键时期，授权披露有关信息，指定一名高级管理人员作为该信息的唯一出处，防止发生信息误导。

1. 交通事故

(1)事故发生后,事故现场有关人员应当立即向本单位负责人报案;单位负责人接到报案后,应当按照国家有关规定执行上报流程。

(2)配合救援机构,开展救援工作,尽量减少人员伤亡和财产损失。

(3)企业指派相关负责人处理事故。

(4)在公安机关交通管理部门的指导下,同受害人沟通,依照国家相关规定进行赔偿,并向保险公司索赔。

2. 危险物品泄漏事故

(1)疏散与隔离。在危险货物储运过程中,一旦发生泄漏,首先要疏散无关人员,隔离泄漏污染区。如果是易燃易爆危险品的大量泄漏,则必须拨打119火警电话,请求消防专业人员救援,同时要保护、控制好现场。

(2)切断火源。切断火源对危险品泄漏处理特别重要,如果泄漏物是易燃物,则必须立消除泄漏污染区域内的各种火源。

(3)个人防护。参加泄漏处理人员应对泄漏品的化学性质和反应特性具有充分的了解,要于高处和上风处进行处理,并严禁单独行动,要有保护人员。必要时,应用水枪、水炮掩护。要根据泄漏品的性质和毒物接触形式,选择适当的防护用品,加强应急处理中的个人安全防护。

(4)泄漏控制。在统一指挥下,关闭阀门,应根据实际情况,采取措施堵塞和修补裂口防止进一步泄漏,另外,要防止泄漏物扩散,殃及周围的建筑物、车辆及人群;万一控制不住泄漏口,要及时处置泄漏物,严密监视,以防火灾爆炸。

(5)泄漏物的处置。要及时将现场的泄漏物进行安全可靠处置。

3. 火灾

(1)及时通知企业领导,拨打119火警电话。

(2)及时接通火灾报警装置或火灾事故广播,组织人员、车辆等疏散,在安全条件下转移、隔离重大危险源。

(3)停止运行相关装置(风机、防火阀等),防止火灾扩大。

(4)选择正确有效的方法灭火或配合专业消防人员灭火。

(5)火扑灭后,将消防装置恢复到正常运行状态。

4. 客运站旅客滞留

(1)组织相关人员对滞留旅客进行安抚解释工作,安排滞留旅客有序候车。

(2)及时调度备用车辆,尽快运输旅客。

(3)在事故灾难(交通事故、火灾、危险货物运输中危险化学品泄漏等)、自然灾害或者公共卫生事件发生后,道路运输企业应报告上级有关部门,配合组织营救和救治受害人员,疏散、撤离,并妥善安置受到威胁的人员以及采取其他救助性措施;迅速控制危险源,标明危险区域,封锁危险场所,划定警戒区,以及其他控制措施;禁止或者限制使用有关设备、设施,关闭或者限制使用有关场所,中止人员密集的活动或者可能导致危害扩大的生产经营活动以及采取其他保护措施等。

(4)在社会安全事件发生后,道路运输企业应报告上级有关部门,强制隔离使用器械相互对抗或者以暴力行为参与冲突的当事人,妥善解决现场纠纷和争端,控制事态发展;对特定区域内的建筑物、交通工具、设备、设施以及燃料、燃气、电力、水的供应进行控制;封锁有关场所、道路;查验现场人员的身份证件;限制有关公共场所内的活动等。

(五)应急演练

1.应急演练的定义

应急演练指针对情景事件,按照应急预案而组织实施的预警、应急响应、指挥与协调、现场处置与救援、评估总结等活动。情景事件指针对生产经营过程中存在的危险源或危险、有害因素而设定的突发事件。

应急演练是对实际突发事件应急救援过程的模拟,包括常规的应急处置流程和设定的关键事件等,其目的是检验应急预案、应急装备、应急基础设施、后勤保障等。通过演练,一是检验预案的实用性、可用性、可靠性;二是取得实战经验以修改应急预案的缺陷与不足,提高预案可操作性;三是检验员工是否明确自己的职责和应急行动程序,以及反映应急队伍的协同反应水平和实战能力;四是提高人们避免事故、防止事故、抵抗事故的能力,提高对事故的警惕性。

2.应急演练的分类

按照应急演练的内容不同,可将其分为综合演练和专项演练;按照演练的形式不同,可将其分为现场演练和桌面演练;按照演练的目的不同,可将其分为检验性演练和研究性演练。

(1)综合演练。根据情景事件要素,按照应急预案检验包括预警、应急响应、指挥与协调、现场处置与救援、保障与恢复等应急行动和应对措施的全部应急功能的演练活动。

(2)专项演练。根据情景事件要素,按照应急预案检验某项或数项应对措施或应急行动的部分应急功能的演练活动。

(3)现场演练。选择(或模拟)生产建设某个工艺流程或场所,现场设置情景事件要素并按照应急预案组织实施预警、应急响应、指挥与协调、现场处置与救援等应急行动和应对措施的演练活动。

(4)桌面演练。设置情景事件要素,在室内会议桌面(图纸、沙盘、计算机系统)上,按照应急预案模拟实施预警、应急响应、指挥与协调,现场处置与救援等应急行动和应对措施的演练活动。

(5)检验性演练。不预先告知情景事件,由应急演练的组织者随机控制,参演人员根据演练设置的突发事件信息,按照应急预案组织实施预警、应急响应、指挥与协调、现场处置与救援等应急行动和应对措施的演练活动。

(6)研究性演练。为验证突发事件发生的可能性、波及范围、风险水平以及检验应急预案的可操作性、实用性等,而进行的预警、应急响应、指挥与协调、现场处置与救援等应急行动和应对措施的演练活动。

3.应急演练的基本内容

(1)预警与通知。接警人员接到报警后,按照应急预案规定的时间、方式、方法和途径,迅速向可能受到突发事件波及区域的相关部门和人员发出预警通知,同时报告上级主管部门或当地政府有关部门、应急机构,以便采取相应的应急行动。

（2）决策与指挥。根据应急预案规定的响应级别，建立统一的应急指挥、协调和决策机构，迅速有效地实施应急指挥，合理高效地调配和使用应急资源，控制事态发展。

（3）应急通信。保证参与预警，应急处置与救援的各方，特别是上级与下级、内部与外部相关人员通信联络的畅通。

（4）应急监测。对突发事件现场及可能波及区域的气象、有毒有害物质等进行有效监控并进行科学分析和评估，合理预测突发事件的发展态势及影响范围，避免发生次生或衍生事故。

（5）警戒与管制。建立合理警戒区域，维护现场秩序，防止无关人员进入应急处置与救援现场，保障应急救援队伍、应急物资运输和人群疏散等的交通畅通。

（6）疏散与安置。合理确定突发事件可能波及的区域，及时、安全、有效地撤离、疏散、转移、妥善安置相关人员。

（7）医疗与卫生保障。调集医疗救护资源，对受伤人员合理验伤并分级，及时采取有效现场急救及医疗救护措施，做好卫生监测和防疫工作。

（8）现场处置。应急处置与救援过程中，按照应急预案规定及相关行业技术标准采取的技术与安全保障措施。

（9）公众引导。及时召开新闻发布会，客观、准确地公布有关信息，通过新闻媒体与社会公众建立良好沟通。

（10）现场恢复。应急处置与救援结束后，在确保安全的前提下，实施有效洗消、现场清理和基本设施恢复等工作。

（11）总结与评估。对应急演练组织实施中发现的问题和应急演练效果进行评估总结，设施恢复等工作，以便不断改进和完善应急预案，提高应急响应能力和应急装备水平。

（12）其他。根据相关行业（领域）安全生产特点所包含的其他应急功能进行演练。

4. 应急演练计划

（1）应急演练计划的要求。应急演练计划应以道路运输企业安全生产应急预案为基本依据，针对可能发生的突发事件，着重提高初期应急处置和协同救援的能力。演练频次应满足应急预案的规定，演练范围应有一定的覆盖面。

（2）应急演练计划的内容。针对道路运输企业安全生产特点，对应急演练活动进行整体规划，编写应急演练年度计划，内容通常包括演练的目的、类型、形式、时间、地点、内容、参与演练的部门、人员、演练经费预算等。

5. 应急演练的实施

（1）熟悉演练方案。应急演练领导小组正、副组长或成员召开会议，重点介绍有关演练的计划安排，了解应急预案和演练方案，做好各项准备工作。

（2）安全措施检查。确认演练所需的工具、设备、设施以及参演人员到位。对应急演练安全保障方案以及设备、设施进行检查确认，确保安全保障方案的可行性，安全设备、设施的完好性。

（3）组织协调。应在控制人员中指派必要数量的组织协调员，对应急演练过程进行必要的引导，以防出现发生意外事故。应在应急演练方案中对组织协调员的工作位置和任务作出明确的规定。

（4）紧张有序地开展应急演练。应急演练总指挥下达演练开始指令后，参演人员针对情景事件，根据应急预案的规定，紧张有序地实施必要的应急行动和应急措施，直至完成全部演练工作。

第四节　事故调查与处理

一、事故信息报告

道路运输企业在道路运输经营活动中一旦发生安全生产事故，要依照国家有关道路交通事故上报要求进行报告，以便及时进行救援和事故责任调查。

（一）事故信息报告要求

1.时间和程序要求

按照《生产安全事故报告和调查处理条例》的规定，事故信息上报分为事故单位和政府有关部门两方面进行。

企业安全生产事故信息报告时间和程序要求。事故发生后，事故现场有关人员应当立即向本单位负责人报告；单位负责人接到报告后，应当于 1h 内向事故发生地县级以上人民政府安全生产监督管理部门和负有安全生产监督管理职责的有关部门报告。

情况紧急时，事故现场有关人员可以直接向事故发生地县级以上人民政府安全生产监督管理部门和负有安全生产监督管理职责的有关部门报告。

政府有关部门对企业安全生产事故信息报告时间和程序要求。安全生产监督管理部门和负有安全生产监督管理职责的有关部门接到事故报告后，应当依照下列规定上报事故情况，并通知公安机关、劳动保障行政部门、工会和人民检察院安全生产监督管理部门和负有安全生产监督管理职责的有关部门，逐级上报事故情况，每级上报的时间不得超过 2h。

（1）特别重大事故、重大事故逐级上报至国务院安全生产监督管理部门和负有安全生产监督管理职责的有关部门。

（2）较大事故逐级上报至省（自治区、直辖市）人民政府安全生产监督管理部门和负有安全生产监督管理职责的有关部门。

（3）一般事故上报至设区的市级人民政府安全生产监督管理部门和负有安全生产监督管理职责的有关部门。

（4）安全生产监督管理部门和负有安全生产监督管理职责的有关部门依照相关规定上报事故情况，应当同时报告本级人民政府。国务院安全生产监督管理部门和负有安全生产监督管理职责的有关部门以及省级人民政府接到发生特别重大事故、重大事故的报告后，应当立即报告国务院。

（5）必要时，安全生产监督管理部门和负有安全生产监督管理职责的有关部门可以上报事故情况。

2.报告事故信息内容

报告事故应当包括下列内容：

（1）事故发生单位概况。

（2）事故发生的时间、地点以及事故现场情况。

（3）事故的简要经过。

（4）事故已经造成或者可能造成的伤亡人数（包括下落不明的人数）和初步估计的直接经济损失。

（5）已经采取的措施。

（6）其他应当报告的情况。

事故报告后出现新情况的，应当及时补报。自事故发生之日起 30 日内，事故造成的伤亡人数发生变化的，应当及时补报。道路交通事故、火灾事故自发生之日起 7 日内，事故造成的伤亡人数发生变化的，应当及时补报。

3.道路运输安全生产事故信息报告相关法规

为加强交通运输行业安全生产监督管理，及时、准确、完整地反映交通运输行业安全生产事故情况，交通运输部发布了《交通运输部办公厅关于做好 2017 年道路运输行业行车事故统计工作有关事项的通知》（交办运〔2017〕5 号），根据道路运输行业安全监管需要，按照《中华人民共和国统计法》有关规定，对《道路运输行业行车事故统计报表制度》进行了修订，该制度对道路运输安全生产事故信息报告提出以下几方面要求：

（1）统计范围为统计范围为城市公共交通企业、出租汽车企业及个体运输业户、道路运输企业及个体运输业户（以下简称"运输经营者"）在运输活动中所发生的行车事故（以下简称"运输行业行车事故"）。

（2）实施机关，由各级交通运输主管部门或道路运输管理机构组织实施，各地发生运输行业行车事故后，应按照本制度的要求及时上报。

运输经营者发生运输行业行车事故后，应当迅速报告事故发生地和运输经营者所属地交通运输主管部门或道路运输管理机构。事故发生地和运输经营者所属地交通运输主管部门或道路运输管理机构接到报告后应当及时报告省级交通运输主管部门或道路运输管理机构。

（3）报告时间。各省级交通运输主管部门或道路运输管理机构对辖区内所属运输经营者所发生的一次死亡 3 人及以上 10 人以下的行车事故［包括客运班线车辆、旅游车及包车、货运车辆（含危险化学品运输车）、城市公共汽电车、出租汽车、城市轨道交通车辆］，涉及港、澳、台人员和外籍人员死亡的行车事故，造成重大污染的危险化学品（包括剧毒、放射、爆炸品等）运输事故，应当在接到报告后 12h 之内按照《道路运输行业行车事故快报》的表式报交通运输部，并及时续报事故伤亡人数变化、事故调查和处理情况。

各省级交通运输主管部门或道路运输管理机构对辖区内及所属运输经营者所发生的一次死亡 10 人及以上的行车事故，应当在接到报告后 2h 之内按照《道路运输行业行车事故快报》的表式报交通运输部，并及时续报事故伤亡人数变化、事故调查和处理情况。

（4）各省级交通运输主管部门或道路运输管理机构对辖区内所属运输经营者发生的一次死亡 1 人及以上的行车事故，应当按照《道路运输行业行车事故统计表》的表式按月汇总后，于每月 15 日之前将上月的统计表报交通运输部。

（二）事故信息报告

1.事故信息报告程序

（1）超过一般事故等级需向政府上报事故的报告程序。

当道路运输生产经营企业发生涉及达到法定上报等级的人身事故机械设备事放、火灾事故、交通事故、环境污染等事故时,按《生产安全事故报告和调查处理条例》和交通运输部有关交通运输安全生产事故的信息报告的有关规定上报。其事故报告程序如下:

①道路运输生产经营企业班组(车间)发生上述事故,现场指挥人员或作业人员应立即采取适当方式内通知班组(车间)负责人或企业安全部门。

②企业安全部门在接到报告后,应立即向公司负责人报告。

③企业接到报告后,应当于1h内向辖区县级以上人民政府安全生产监督管理部门道路运输管理部门、公安交警等负有安全生产监督管理职责的有关部门报告。

④道路交通事故、火灾事故自发生之日起7日内,事故造成的伤亡人数发生变化的,应于当日续报。

发生道路交通生产安全事故的,事故现场有关人员首先要向公安机关交通管理部门报案,还应当立即向本单位负责人报告。单位负责人接到报告后,应当迅速向事故发生地交通运输主管部门、运输经营者所属地的交通运输主管部门、事故发生地县级以上人民政府安全生产监督管理部门以及负有安全生产监督管理职责的有关部门报告。

道路交通生产安全事故报告的具体程序如下:

①事故现场人员报告,报告的内容包括事故发生的时间、地点、企业名称、运行线路、事故车辆型号、车牌号、姓名、乘客人数、伤亡情况,事故大概经过、已经采取的措施等内容。

危险货物运输过程中发生燃烧、爆炸、污染、中毒或者被盗、丢失、流散、泄漏等事故,驾驶员、押运人员应当立即向当地公安部门和本运输企业或者单位报告,说明事故情况、危险货物品名、危害和应急措施,并在现场采取一切可能的警示措施,并积极配合有关部门进行。

②单位负责人接到报告后,应当于1h内向事故发生地县级以上人民政府安全生产监督管理部门和道路运输管理部门、公安机关交通管理等负有安全生产监督管理职责的有关部门报告。

③事故具体情况暂时不清楚的,负责事故报告的单位可以先报事故概况,随后补报事故全面情况。

(2)不需向政府上报事故报告的程序。

当道路运输生产经营企业发生不涉及达到法定上报等级的轻伤事故、一般机械设备事故、一般火灾事故、一般交通事故、一般环境污染事故报告程序时,其事故报告程序如下:

①道路运输生产经营企业班组(车间)发生上述事故,现场指挥人员或作业人员应立即采取适当方式内通知班组(车间)负责人或企业安全部门。

②企业安全部门在接到报告后,应立即向公司报告。

③企业在接到通知后,应立即组织相关人员组成事故调查组,对事故进行调查、分析与处理。每月底将本月所发生的事故和处理情况(如已处理完毕)以书面报告的形式上报公司安全部门备案。

(3)关于事故迟报、漏报、谎报与瞒报。

生产安全事故发生后,依照下列情形认定迟报、漏报、谎报和瞒报:

①报告事故的时间超过规定时限的,属于迟报。

②因过失对应当上报的事故或者事故发生的时间、地点、类别、伤亡人数、直接经济损失

等内容遗漏未报的,属于漏报。

③故意不如实报告事故发生的时间、地点、初步原因、性质、伤亡人数和涉险人数、直接经济损失等有关内容的,属于谎报。

④隐瞒已经发生的事故,超过规定时限未向安全监管监察部门和有关部门报告,经查证属实的,属于瞒报。

《生产安全事故报告和调查处理条例》规定,对于迟报或者漏报事故的,事故发生单位主要负责人处上一年年收入40%~80%的罚款;属于国家工作人员的,依法给予处分;构成犯罪的,依法追究刑事责任。对于谎报或者瞒报事故的,对事故发生单位处100万元以上500万元以下的罚款;对主要负责人、直接负责的主管人员和其他直接责任人员处上一年年收入60%~100%的罚款;属于国家工作人员的,依法给予处分;构成违反治安管理行为的,由公安机关依法给予治安管理处罚;构成犯罪的,依法追究刑事责任。

2. 道路运输生产经营企业事故信息发布

道路运输生产安全事故的信息和新闻发布,由地方人民政府实行集中、统一管理,确保信息正确、及时传递,并根据国家有关法律法规、规定向社会公布。

二、事故处理

建立高效的事故处理机制,及时准确地处理各类事故,做到事故报告、调查与处理工作的规范化,通过规范化的事故调查、分析与处理工作尽快找出事故原因,制定相应的对策,进而预防事故的发生,是道路运输经营企业安全管理一项重要基础工作。同时,事故处理必须遵循"四不放过"的原则,即事故原因未查清不放过、责任人员未处理不放过、整改措施未落实不放过、有关人员未受到教育不放过。

(一)现场处置

道路运输经营单位发生生产安全事故后,单位负责人接到事故报告后,应当立即启动事故相应应急预案,或者采取有效措施,组织抢救,防止事故扩大,减少人员伤亡和财产损失,现场人员应当妥善保护事故现场以及相关证据。因抢救人员、防止事故扩大以及疏通交通等原因,需要移动事故现场物件的,应当做出标志,绘制现场简图并做出书面记录,妥善保存现场重要痕迹、物证。现场处置的基本要求如下:

道路运输经营单位发生生产安全事故后,单位负责人应及时组织人员严格根据《安全生产法》《道路交通安全法》《中华人民共和国突发事件应对法》及道路应急运输有关规定进行处置。

1. 现场人员的现场处置

停止生产经营活动,采取措施防止事故扩大。如在道路上发生交通事故后,车辆必须首先采取制动措施,避免交通事故损害的进一步扩大,也有利于交通事故的处理和现场证据的固定。

保护事故现场。在发生道路交通事故时,要注意保护现场,这样有利于查清事故原因和认定相关方的责任。事故现场的范围通常是指机动车采取制动措施时的地域至停车的地域,以及受害人行进、终止的位置。对于未造成人员伤亡的交通事故,当事人对事实及成因无争议的,可立即撤离现场或者报告公安机关交通管理部门。

立即抢救伤员。如在发生道路交通事故时,机动车发现受害人受伤,应立即抢救伤员。紧急情况下,可拦截过往车辆或事故车辆直接将伤员送往医院,但要注意保护好现场和有关证据。

及时报案。事故发生后,属于超过一般事故等级需向政府上报的事故,应立即拨打110和122报警电话,如有人员伤亡还应拨打120急救电话,同时报告所属单位及相关管理部门,并及时组织抢救伤员。

2. 事故单位的现场处置

事故单位在公安、消防、卫生等专业抢险力量到达现场前,应启动本单位应急预案立即组织有关应急救援队伍和工作人员营救遇险人员,疏散、撤离、安置受到威胁的人员,控制危险源,标明危险区域,封锁危险场所,并采取其他防止危害扩大的必要措施,妥善保管有关物证,并按照规定及时报告。

当上级政府、部门负责现场指挥救援工作时,事故单位应积极听从指挥,做好抢险救援、现场取证、道路引领、后勤保障、秩序维护等协助处置工作。

事故发生地有关地方人民政府、安全生产监督管理部门和负有安全生产监督管理职责的有关部门接到事故报告后,其负责人应当立即赶赴事故现场,组织事故救援。

事故发生后,有关单位和人员应当妥善保护事故现场以及相关证据,任何单位和个人不得破坏事故现场、毁灭相关证据。

因抢救人员、防止事故扩大以及疏通交通等原因,需要移动事故现场物件的,应当设置标记,绘制现场简图并做出书面记录,妥善保存现场重要痕迹、物证。

(二)事故善后处置

1. 社会救助

事发地各级交通运输主管部门配合当地人民政府,对因参加事故应急处理而致病致残、死亡的人员,及时进行医疗救助。

依据相关规定,对因事故造成生活困难、需要社会救助的人员,配合当地人民政府做好相关救助工作。

2. 安抚家属

对在事故中伤亡的人员及家属,由当地人民政府按照国家有关规定进行安抚、抚恤及善后处理,各级交通运输主管部门以配合为主,做好相关人员的思想稳定工作,消除各种不利因素,确保社会稳定。

3. 物资征用补偿

道路运输生产安全事故物资征用由事发地人民政府负责,并按照国家有关规定进行补偿。对紧急调集、征用的有关单位及个人的物资,在使用完毕或者应急工作结束后,应当及时返还。在调集、征用后被毁损、灭失的,应当按照规定给予补偿或补助。

(三)事故现场处置方案的制订

为迅速、高效、有序地控制灾情、抢救被困人员、救治伤员,减少道路运输生产安全事故造成的损失,所有道路运输生产经营单位必须制订本单位事故现场处置方案,对可能发生的事故处置进行尽可能的规划。现场处置方案制订要求如下:

现场处置方案是针对具体的装置、场所或设施、岗位所制订的应急处置措施。现场处方案应具体、简单、针对性强。现场处置方案应根据风险评估及危险性控制措施逐一编制，做到事故相关人员应知应会,熟练掌握,并通过应急演练,做到迅速反应、正确处置。

现场处置方案的主要内容有以下四个方面。

1. 事故特征的描述要领

事故特征的描述主要包括:

(1)危险性分析,可能发生的事故类型。

(2)事故发生的区域、地点或装置的名称。

(3)事故可能发生的季节和造成的危害程度。

(4)事故前可能出现的征兆。

2. 应急组织与职责

应急组织与职责主要包括:

(1)基层单位应急自救组织形式及人员构成情况。

(2)应急自救组织机构、人员的具体职责,应同单位或车间、班组人员工作职责紧密合,明确相关岗位和人员的应急工作职责。

3. 应急处置的描述要领

应急处置的描述要领主要包括:

(1)事故应急处置程序。根据可能发生的事故类别及现场情况,明确事故报警、各项应急措施启动、应急救护人员的引导、事故扩大及同企业应急预案的衔接的程序。

(2)现场应急处置措施。针对可能发生的火灾、爆炸、危险化学品泄漏、坍塌、水患、机动车辆伤害等,从操作措施、工艺流程、现场处置、事故控制、人员救护、消防、现场恢复等方面制订明确的应急处置措施。

(3)报警电话及上级管理部门、相关应急救援单位联络方式和联系人员,事故报告基本要求和内容。

4. 注意事项的描述要领

注意事项的描述主要包括:

(1)佩戴个人防护器具方面的注意事项。

(2)使用抢险救援器材方面的注意事项。

(3)采取救援对策或措施方面的注意事项。

(4)现场自救和互救注意事项。

(5)现场应急处置能力确认和人员安全防护等事项。

(6)应急救援结束后的注意事项。

(7)其他需要特别警示的事项。

(四)事故分析和教训吸取

安全事故发生后,分析事故、查找原因、吸取教训、杜绝今后再次发生,成为处理事故的"四步曲",而分析事故则是唱好"四步曲"的关键。可以这样说,事故分析得透不透、深不深,是问题找得准不准、原因查得明不明的前提条件,更是能否真正吸取事故教训并制订有针对性预防措施的"必由之路",因此,道路运输经营企业必须要切实把好"事故分析"这一关,确保事故分析客观、公正、具体、深刻,并以此抓住问题的核心,下大力气予以解决,从而达到事半功倍的目的。道路运输经营企业必须定期召开安全事故分析通报会,对于重大事故必须立即召开事故分析会议。

1.事故原因的分析

事故原因通常分为直接原因和间接原因。实际上事故的发生过程先以间接原因为导火索,并由直接原因引发。然后通过"加害"物体作为媒介,进而发生事故,最终导致人员的伤害。

生产事故常呈上述的连锁关系而发生,想要预防事故,必须在中途切断其连锁关系。为此,最好的办法是排除间接原因。如只限于分析直接原因并据此采取预防对策,但间接原因仍存在,这就有再出现直接原因造成事故的可能。为了预防事故的发生,不能只分析直接原因,还要追溯、分析间接原因,必须尽可能地排除根本性的、深远的原因。

(1)事故原因分析的基本步骤。

①整理和阅读调查材料。

②分析伤害方式。按以下几方面进行分析:受伤部位、受伤性质、起因物、致害物、伤害方式、不安全状态、不安全行为。

③确定事故的直接原因。

④确定事故的间接原因。

⑤事故直接原因和间接原因的分析。

(2)对事故直接原因的分析。

事故直接原因主要有两类,即机械、物质或环境的不安全状态和人的不安全行为。

机械、物质或环境的不安全状态主要有三种情形:

①机械、物质或环境的不安全状态(设备、防护、用具有缺陷,环境不良),如防护、保险、信号等装置缺乏或有缺陷,存在防护罩未在适当位置、防护装置调整不当、作业安全距离等防护不当情况;设备、设施、工具、附件有缺陷,如运输作业工具存在设计不当,结构不合安全要求、绝缘强度不够,起吊重物的绳索不合安全要求等;运输作业设备在非常状态下运行,包括设备带"病"运转、超负荷运转等;运输作业工具维修不当、设备失灵。

②人防护用品用具有缺陷,如在运输作业过程中无个人防护用品、用具等。

③生产施工场地环境不良,如在运输作业过程中存在作业场所交通线路的配置不安全、照明光线不良、作业场所狭窄、作业场地杂乱等。

人的不安全行为主要有八种情形:

①操作错误、忽视安全、忽视警告,如未经许可开动关停、移动装卸机器车辆等;或开动关停机器、车辆时未给信号、忽视警告标志、警告信号;存在操作错误、车辆超速、超载运行,酒后或疲劳作业,客货混载等。

②造成安全装置失效,如危险化学品运输车辆专用安全装置拆除、调整错误,造成安全装置失效、安全装置堵塞,失去作用。

③使用不安全设备。

④冒险进入危险场所。

⑤攀、坐不安全位置(如平台护栏、机动车挡板、吊车吊钩)。

⑥在起吊物下作业、停留。

⑦机器运转时加油、修理、检查调整、焊接、清扫等工作。

⑧在必须使用个人防护用品用具的作业或场合中，忽视其使用，如在运输装卸危险货物时，未按要求戴护目镜或面罩、防护手套、呼吸护具，未穿安全鞋等。

（3）对事故间接原因的分析。

事故间接原因可分为技术、教育、身体、精神及管理五类。

①技术原因指工厂的建筑机械装置设计不良；材料选择不合适；制造有误差，检修、维护不好；作业标准不合理等。

②教育原因指因从事作业的人缺乏安全知识或者工作经验不足而造成的事故，如无知、不理解、不熟悉、无经验等。

③身体原因指身体有病，如耳聋、近视、疲劳、醉酒、眩晕、癫痫、恐高、身高及性别不合适等。

④精神原因指人们的错觉、冲动、怠慢、不满、精神不安、紧张、感觉缺陷、反应迟钝、固执、心胸狭窄等性格缺陷及其他精神范畴的缺陷。

⑤管理原因指组织、管理上的缺陷，如管理人员的责任心不强，安全管理机构不健全，安全教育制度不完善；安全目标不明确，安全标准、检查制度不健全，对策实施迟缓、拖延，劳动纪律松弛，隐患整改的投资少等方面存在的缺陷。

实际上，最常见的间接原因有技术原因、教育原因及管理原因三种，管理原因是间接原因中的基础原因。

2. 教训吸取

对事故原因进行分析的主要目的就是选定预防对策。一般来说，防止事故的对策有技术对策、教育对策、医学对策、精神对策和管理对策五种。

（1）技术对策。在进行运输生产作业流程设计、装卸等机械装置或车辆检查设备的安装时，应事先认真考虑潜在的危险地点或危险源，预测可能发生危险及危害程度，并从设计开始就对这些危险因素采取预防对策，在技术上予以解决。从事客货运输经营的，要将保障能力作为企业购置车辆装备一个重参数设计的机械装置或设备，同时通过检修以及维护，使之保持良好状态。

（2）教育对策。安全教育应该可能从岗前教育着手。从职业活动开始就建立对安全工作的良好认识和习惯，并通过持续的教育提高人的安全意识和救护能力。

（3）医学对策。由身体原因引起的事故，用医学对策来解决。要加强企业职业健康管理，根据事故中从业人员的不良症状，采取休养、治疗、脱离工作岗位或者调换工种等方法处理。

（4）精神对策。在针对当事人的心理状态进行心理治疗的同时，在严格纪律的前提下，根据具体情况给予批评教育与惩罚，并在必要时调换工作岗位。

（5）管理对策。首先要强化企业领导对安全工作的责任感，并健全安全管理体制，然后在企业内部自觉地实施安全标准。

3. 事故原因与预防对策的关系

技术、人以及管理的预防对策，分别与直接以及间接原因相关。例如，人的缺陷不一定非通过对人的对策才能解决，在很多情况下是采取技术的对策而得以解决的，因此，必须再次强调一次技术对策的重要性。应当看到,作为直接原因的人的不安全行为,不一定由于作为间接原因的人的缺陷而产生。例如,由于设计不妥之类的技术缺陷而产生不得已的人的不安全行为的现象是很普遍的,此时施以技术对策也可以达到预防不安全行为的目的。

人的对策最重要的是教育对策。技术对策、教育对策以及管理对策是防止事故的三根支柱。事故原因,无论是物还是人,在采取防止对策方面,经常是同时采取技术教育和管理方面对策,并全面加以实施。如果只强调其中的一种对策,实际上起不到防止事故发生的效果。

第五节　安全教育培训与安全文化建设

安全教育是一项系统性、长期性和基础性的工作,是为安全生产提供智力和能力支持的重要手段。安全文化作为现代安全管理的延伸和扩展,对企业安全管理发挥着导向、激励、凝聚、规范等重要功能。

一、安全教育培训

安全教育培训是确保企业员工的安全意识、安全素质得以提升,营造良好安全文化的基础。企业应严格遵守有关部门关于安全的有关规定,建立自上而下的、系统完整的安全教育和培训系统,同时通过自身的管理得到保障和落实。该系统具体包括安全教育培训的类型、安全教育培训的形式和安全教育培训效果的监控。

(一)安全教育培训的基本要求

安全教育培训工作是贯彻"安全第一、预防为主、综合治理"的安全生产方针,实现安全生产和文明生产,提高员工安全意识和安全素质,防止产生不安全行为,减少人为失误的重要途径。《安全生产法》对安全生产教育培训作出了明确规定。

第二十四条规定,生产经营单位的主要负责人和安全生产管理人员必须具备与本单位所从事的生产经营活动相应的安全生产知识和管理能力。

危险物品的生产、经营、储存单位以及矿山、金属冶炼、建筑施工、道路运输单位的主要负责人和安全生产管理人员,应当由主管的负有安全生产监督管理职责的部门对其安全生产知识和管理能力考核合格。考核不得收费。

第二十五条规定,生产经营单位应当对从业人员进行安全生产教育和培训,保证从业人员具备必要的安全生产知识,熟悉有关的安全生产规章制度和安全操作规程,掌握本岗位的安全操作技能,了解事故应急处理措施,知悉自身在安全生产方面的权利和义务。未经安全生产教育和培训合格的从业人员,不得上岗作业。

生产经营单位使用被派遣劳动者的,应当将被派遣劳动者纳入本单位从业人员统一管理,对被派遣劳动者进行岗位安全操作规程和安全操作技能的教育和培训。劳务派遣单位当对被派遣劳动者进行必要的安全生产教育和培训。

生产经营单位接收中等职业学校、高等学校学生实习的,应当对实习学生进行相应的安全生产教育和培训,提供必要的劳动防护用品。学校应当协助生产经营单位对实习学生进行安全生产教育和培训。

生产经营单位应当建立安全生产教育和培训档案，如实记录安全生产教育和培训的时间、内容、参加人员以及考核结果等情况。

第二十六条规定，生产经营单位采用新工艺、新技术、新材料或者使用新设备，必须了解、掌握其安全技术特性，采取有效的安全防护措施，并对从业人员进行专门的安全生产教育和培训。

第二十七条规定，生产经营单位的特种作业人员必须按照国家有关规定经专门的安全作业培训，取得相应资格，方可上岗作业。

特种作业人员的范围由国务院安全生产监督管理部门会同国务院有关部门确定。

第四十一条规定，生产经营单位应当教育和督促从业人员严格执行本单位的安全生产规章制度和安全操作规程；并向从业人员如实告知作业场所和工作岗位存在的危险因素、防范措施以及事故应急措施。

第五十五条规定，从业人员应当接受安全生产教育和培训，掌握本职工作所需的安全生产知识，提高安全生产技能，增强事故预防和应急处理能力。

要进行安全生产教育，首先要提高生产经营单位管理者及员工的安全生产责任感和自觉性，认真学习有关安全生产的法律、法规和安全生产基本知识；其次是普及和提高员工的安全技术知识，增强安全操作技能，强化安全意识，从而保护自己和他人的安全与健康。

（二）安全教育培训的内容

1.安全思想教育

安全思想教育是安全教育的重点所在，其内容包括安全生产方针、政策、重要意义、劳动纪律、作业纪律、各项规章制度和典型事故案例教育等。通过正反两方面的教育使基层作业人员和各级管理人员牢固树立"安全第一"的思想，强化"预防为主"的意识，正确处理好安全与效率、效益的关系。

2.安全知识教育

安全知识教育一般包括安全生产技术知识和安全管理知识教育，目的是解决应知的问题。前者包括营运生产特点、安全特性、设备性能、各部门作业方法及规范要求、事故成因及预防等，后者主要是针对安全管理人员而进行的安全教育，内容包括安全管理体制和各部门安全管理体系的构成与运作、事故预测与预防、安全系统评价的基本原理和方法。

3.安全技能教育

安全技能教育一般是通过对作业人员进行长期、反复训练及本人实践，把所学到的安全知识转化为动手能力的过程，主要是解决应会的问题。安全技能教育内容包括岗位技能熟练操作，防止误操作，处理异常情况的技术、知识和能力。

4.应急处置教育

应急处置教育一般应包括事故应急处理知识教育、自我保护和自救互援教育、事故现场保护方法教育和事故应急处理演习等。通过上述教育能有效防止事故扩大，为清理事故和迅速恢复正常运输秩序创造有利条件。

（三）安全教育培训效果的监控

对安全教育培训的评价是安全教育培训体系的重要组成部分。安全教育培训是一个持续改进的过程，培训是否已发挥了作用，职工是否掌握了培训的内容，职工是否已经能够判断自己岗位存在的风险,职工是否愿意接受企业安全的方针、接受企业的安全文化,培训内容设计是否合理等问题,必须通过培训效果的评价来控制。

道路运输企业应定期对安全培训的效果进行评价,可以在培训完毕后,通过问卷、总结、组织交流的方式听取职工对培训内容的反馈,可以对培训内容、技能吸收掌握程度,对培训人员获得安全知识的效果进行检验评价,并存入个人培训档案。此外,也可按不同的考核项目,按年、季、月进行逐项考核及检查来评价安全教育的效果。通过评价,对企业的安全教育计划进行修改和完善,找出不足之处,进行针对性地改进和加强,确定下一阶段主要的培训方向。

(四)主要负责人和安全管理人员安全教育培训

道路运输企业的主要负责人和安全生产管理人员,必须具备与本单位所从事的生产经营活动相应的安全生产知识和管理能力。

道路运输企业的主要负责人和安全生产管理人员,应当由主管的负有安全生产监督管理职责的部门对其安全生产知识和管理能力考核合格,并取得安全资格证书后方可任职。

根据《生产经营单位安全培训规定》(国家安全生产监督管理总局令第 80 号)的要求,企业的主要负责人和安全生产管理人员必须具备与本单位所从事的生产经营活动相应的安全生产知识和管理能力。

1.主要负责人培训内容

企业的主要负责人培训内容如下:

(1)国家安全生产方针、政策和有关安全生产的法律、法规、规章及标准。

(2)安全生产管理基本知识、安全生产技术、安全生产专业知识。

(3)重大危险源管理、重大事故防范、应急管理和救援组织以及事故调查处的有关规定。

(4)职业危害及其预防措施。

(5)国内外先进的安全生产管理经验。

(6)典型事故和应急救援案例分析。

(7)其他需要培训的内容。

2.安全生产管理人员培训内容

企业的安全生产管理人员培训内容如下:

(1)国家安全生产方针、政策和有关安全生产的法律、法规、规章及标准。

(2)安全生产管理、安全生产技术职业卫生等知识。

(3)伤亡事故统计、报告及职业危害的调查处理方法。

(4)应急管理、应急预案编制以及应急处置的内容和要求。

(5)国内外先进的安全生产管理经验。

(6)典型事故和应急救援案例分析。

(7)其他需要培训的内容。

3.培训学时

对道路旅客运输企业而言,其主要负责人和安全生产管理人员培训学时根据《道路旅客运输企业安全管理规范》(交运发〔2018〕55 号)规定执行:道路旅客运输企业主要负责人和安全管理人员初次安全生产教育培训时间不得少于 24 学时,每年再培训时间不少于 12 学时。其他道路运输企业主要负责人和安全生产管理人员培训学时按照相关规定执行。

4. 从业人员安全教育培训

企业应当对从业人员进行安全生产教育和培训,保证从业人员具备必要的安全生产知识,熟悉有关的安全生产规章制度和安全操作规程,掌握本岗位的安全操作技能,了解事故应急处理措施,知悉自身在生产方面的权利和义务。未经安全生产教育和培训合格的从业人员,不得上岗作业。

企业使用被劳动派遣者的,应当将被派遣劳动者纳入本单位从业人员统一管理,对被派遣劳动者进行岗位安全操作规程和安全操作技能的教育和培训。劳务派遣单位应当对被派遣劳动者进行必要的安全生产教育和培训。

企业接收中等职业学校、高等学校学生实习的,应当对实习学生进行相应的安全生产教育和培训,提供必要的劳动防护用品。学校应当协助生产经营单位对实习学生进行安全生产教育和培训。

企业应当建立安全生产教育和培训档案,如实记录安全生产教育和培训的时间、内容、参加人员以及考核结果等情况。

5. 特种作业人员安全教育培训

特种作业人员必须按照国家有关规定经专门的安全作业培训,取得特种作业操作证后,方可上岗作业。

特种作业操作证有效期为 6 年,在全国范围内有效。特种作业操作证每三年复审一次。特种作业操作证申请复审或延期复审前,特种作业人员应当参加必要的安全培训并考试合格。安全教育培训时间不少于 8 学时。

二、安全文化建设

安全是企业的生命,创建企业安全文化是新形势下安全管理的必然趋势,是安全管理水平的一种提升,必将对企业的安全生产起到积极的推进作用。企业安全文化是企业在长期安全生产和经营活动中逐步形成的,或有意识塑造的,已为全体职工接受的、遵循的,具有企业特色的安全价值观、安全行为准则、安全知识和技术的综合体现。企业安全文化在企业建设中有着举足轻重的意义。道路运输企业安全文化就是借助企业文化的成果,充分运用文化的导向功能,把长期的生产经营和安全管理过程中形成的具有本行业特点的安全管理经验,提升到物质与精神结合的境界,成为加强和改进企业安全管理的精神动力。安全文化既是一种文化现象,又是企业安全管理的一种理论。

(一)安全文化构成

企业安全文化要素主要由安全习惯、安全理念、安全政策、安全目标、安全行为、安全科学六个要素组成。通过这六个要素间的逐级递变,安全文化能够实现自身的不断循环、改进和提升。

营造企业自身的安全文化,使企业的每一位员工都能自觉地按照安全的要求来规范自己的行为,自觉地把安全放在第一位,这是全面履行安全责任的内在驱动力,也是保证安全目标实现的活的灵魂。通过加强企业安全文化的建设来提升企业的安全管理水平,是对企业传统安全管理工作的一种创新,它超越了传统被动式的安全监督的局限。用安全文化去塑造每一位员工,从更深的文化层面激发员工"关注安全、关爱生命"的本能意识,体现了"预防为主"的安全管理精髓,由此才能确保安全规程的有效实施,提升安全管理的执行力,建立企业安全生产的长效机制。

道路运输企业安全文化包括了四个方面,分别是安全精神文化、安全制度文化、安全行为文化、安全物质文化。

(1)安全精神文化是企业核心安全理念,包括决策层的安全承诺、领导层的安全价值观、员工履行安全工作的态度等。

(2)安全制度文化是包括安全生产责任制度、驾驶员管理制度、车辆管理制度、安全教育和培训制度、安全监督检查制度、安全生产奖惩制度等制度的制度体系。

(3)安全行为文化是包括安全行为规范、安全行为习惯、安全责任落实等的安全行为体系。

(4)安全物质文化是企业为了保证安全而使用的各种保护员工或设备免受伤害的安全工具、器物和物品,即表层安全文化。

(二)安全文化建设

1.安全文化建设的目标

道路运输企业安全文化建设的目标是为道路运输安全营造一个亲和力很强的氛围。道路运输企业安全管理系统中的要素是人、设施(设备、车)和环境,其中最关键的因素是人。人是企业之根本,是管理工作中最活跃、最能动的要素,能否调动职工的积极性,是企业安全管理成败的重要标志。

加强道路运输企业安全文化建设,当前要创新人性化的管理。人性化的管理强调人的主观能动性,对事故的发生,采取科学的态度、实事求是的精神。认识是行动的向导,对事故的正确态度应是从血淋淋的事实中,找出管理者和操作者自身存在的问题,掌握防止事故发生的本领。同时,将经验教训在企业干部职工的头脑中逐步消化、吸收、积累,成为指导安全实践的意识,达到多数人安全生产的目的。这也就是道路运输企业长期实行"安全第一、预防为主、综合治理"的理论升华。

在对待制度的认识上,无规矩不成方圆,要重视规章制度的约束力,但对待制度人性化的管理采取的是与时俱进的态度。多数道路运输企业在安全管理上都有一套规章制度,对这些规章要进行很好的梳理,沿用对安全管理行之有效的,摒弃那些多余无用的,建立适应新的营运环境的新规章制度,使制度真正起到约束人、管理人、促进安全生产的作用。

在宣传教育的认识上,人性化的管理重视宣传形式,管好用好安全文化宣传阵地,如安全劝导牌、提示牌、标语牌和安全宣传栏;同时把宣传教育的形式向互联网等高科技领域拓展,开展网上教育。在教育形式上,一改"我说你听"的传统教育形式,开展电视广播专题、安全文艺演出、安全文艺创作、安全体育比赛、安全理论研讨、事故案例等形式。鼓励行车人员和全体职工参与。在宣传内容上,人性化的管理应少用"严禁""不准",多用"请你注意",力求形象生动,平等对话,富有人情味。

2.安全文化建设的途径

对于安全文化建设,道路运输企业可以从以下三个方面入手。

(1)编制企业安全文化手册。按照企业安全文化的构成不同,企业安全文化手册可以分为安全精神文化篇、安全制度文化篇、安全行为文化篇和安全物质文化篇。大力宣传企业安全文化手册,创造提高安全素养的氛围与环境,提升全员安全意识,使职工将遵守安全行为规范变成自觉自愿的行动。

(2)对企业安全文化进行评估。从文化和管理的角度对企业安全文化的发展状况进行定期评估和动态评估,分析企业安全文化的不足之处,揭示企业安全管理不善的内在原因,进而提出企业在不同阶段安全文化建设的发展方向,加强安全文化建设。

(3)将安全文化建设融合于各项工作之中。在企业中开展安全文化建设,不应该把安全文化看作特别的事务,而要在企业的总体理念、形象识别、工作目标与规划、岗位责任制制定、生产过程控制及监督反馈等各个方面融合进安全文化的内容。在企业中也许看不到、听不到"安全文化的词语",但在各项工作中处处、事事体现安全文化,这才是安全文化建设的实质。

3.安全文化建设的措施

科学技术的高速发展,现代运输设备的技术性能日臻完善,高速公路的大量兴建,公路快速运输系统的初步建成,现代通信、各种监控手段日趋先进,这些条件对提升行车安全固然十分重要,但能掌握、使用、处置这些先进技术设备,对安全生产起决定作用的仍然是人。生产技术程度越高,人的管理地位越显重要。这就需要用先进的企业文化引导职工,加强职工的安全文化修养,培育职工安全自律和他律的意识。

(1)要重视企业职工安全素质的养成教育。道路运输企业要把全员安全培训放在首位。安全培训的目的一是增强职工安全意识,变安全生产"要我干"为"我要干",变"要我管"为"我要管",变少数人管理为全员管理;二是提高全员安全素质,使管理者和操作者都能了解事故发生的规律,掌握先进的安全管理设备,具备妥善处置突发事故的本领。

(2)要重视凝聚各方面力量。党政工团要齐抓共管,各方面都要根据职工不同工种、不同岗位、不同心理特点,从各自工作角度,设计好活动载体,围绕企业安全生产创一流,开展各具特色、富有成效的活动。比如,各个时期的安全竞赛,安全月、安全周的竞赛,党政领导安全嘱咐,家属安全劝导,共青团安全监督等活动。

(3)要重视安全管理队伍的网络化建设。要建立一个以行政领导为中心,向基层营运片区、营运单车辐射的安全管理网络。每一个层面都要有人负责,每一个层面都要做到人员、制度、方案、措施"四落实",每一个层面都要重视安全文化建设;每一个层面都能运用系统工程的原理、方法,分析、评价系统中的安全状态,及时发现、通报系统中的危险性。通过采取综合措施,使系统内发生事故减少到最低限度,真正做到安全生产,人人有责,使安全达到最佳状态。

(4)要重视持之以恒做好安全文化建设。文化的熏陶功能是不能立竿见影的,企业安全文化建设,要做到月有安排、季有打算、年有筹划,每年都有所提高。日积月累,企业安全文化才会显示其独特的功能。

第六节 安全生产管理台账

安全生产管理台账又称安全管理台账,是反映一个单位安全生产管理整体情况的资料记录。加强安全生产台账管理不仅可以反映安全生产的真实过程和安全管理的实际,而且可以解决安全生产中存在的问题,为强化安全控制、完善安全制度提供重要依据,是规范安全管理、夯实安全基础的重要手段,是道路运输企业管理水平和管理人员综合素质的体现。

一、安全生产管理台账建立的意义

安全生产管理台账是道路运输企业安全生产工作活动的详细反映,有助于及时解决安全生产中存在的问题。及时、认真、真实地建立好安全台账,是单位整体管理水平的体现,具有重要意义。

(1)建立安全生产管理台账是安全生产工作开展情况再现的手段。安全生产各项工作是一个动态过程,做过的工作一晃即逝,只有将安全生产工作的活动过程通过台账的文字图片来进行详细反映,从而得以再现安全生产工作中各项管理活动的具体情况。

(2)建立安全生产管理台账是法律法规赋予的一项义务。设立安全生产管理机构、配备安全生产管理人员,建立、健全安全生产责任制,制订安全生产规章制度和操作规程,维护、检测安全设备,对从业人员进行安全生产教育和培训等相应的安全管理活动,都是法律法规规定道路运输企业必须要尽的职责和义务,并且明确要求建立相关档案台账资料来反映这些职责和义务的履行情况。

(3)建立安全生产管理台账是积累安全生产工作经验的需要。安全生产管理台账资料的记录、整理过程,不仅是对过去安全工作的反映过程,同时也是安全生产知识和经验的积累过程。

(4)建立安全生产管理台账是企业规范管理的需要。社会经济的发展和安全生产工作力度的不断加大,对道路运输企业安全生产管理要求也越来越高,规范化管理是提升企业安全生产管理的必要手段。安全生产管理台账能将安全生产工作的各类资料有序归纳,为安全生产工作持续开展提供基础。

(5)建立安全生产管理台账是事故调查分析的需要。通过安全生产管理台账可以了解道路运输企业安全管理、安全设施的相关情况,为事故分析提供必要的数据资料。

二、安全生产管理台账编制注意事项

1. 基本要求

(1)企业负责人要真正从思想上重视,建立台账看上去很简单,真正做好也很不容易,需要投入一定的人力和物力。

(2)负责台账的工作人员要有恒心和毅力,坚持注重点滴积累,积少成多,保证台账内容的充实。

(3)安全管理人员要经常性地深入一线,对安全信息要及时收集整理,不能拖延。对排查出的隐患,不论大小都要重视,都要及时进行处理和登记。

2. 基本原则

安全生产管理台账编制应遵循真实、及时和规范的原则。真实是指台账中收集的信息、数据必须真实,否则将丧失台账建立的意义;及时是指坚持按时记录安全生产相关的数据、措施,时间和内容要求准确;规范是指资料的记录要规范,要能按照要求进行分类,便于查找、归纳和总结。

安全生产管理台账的有效运行要结合实际情况。建立合理的台账、加强培训、提升填写人员的素质和意识，建立行之有效的考核制度并严格执行，这样才能使台账真实、有效地成为安全管理的一种手段，真真正正为安全生产打下坚实的基础。

3.基本内容

(1)建立安全生产管理机构的文件，包括成立安全生产委员会，由董事长或总经理担任主任;成立安全生产领导小组的也应由主要负责人担任组长;成立安全管理组织等，上述情况都应以文件形式公布。

(2)安全生产责任制、岗位职责、安全责任书(以文件公布的各级岗位的责任制、岗位职责和各层各级签订的安全生产责任书)。

(3)安全生产管理制度。

(4)上级部门制定和下发的各类文件、通知、通报和执法文书等。

(5)安全宣传教育培训、学习、活动资料(图片)、新工人(含进城务工人员和临时工等)三级安全教育等。

(6)安全生产检查(巡查)记录。

(7)安全生产会议记录。

(8)特种设施设备及特种作业人员台账。

(9)安全设施设备检测检验相关的资料。

(10)安全评价报告及各类行政许可资料(含达标建设资料)。

(11)危险源点危险物品登记、监控措施等相关资料。

(12)安全费用提取和资金投入相关资料。包括:

①用于安全教育培训、劳保用品购置、安全设施是被维护改造更新、事故隐患排查奖励及整改使用资金的证明材料。

②建立员工职业健康监护档案。

③作业现场职业病危害因素检测。

④工作保险及安责险。

⑤其他有关资料。

(13)事故应急预案(备案)，应急救援器材、队伍及演练资料，事故记录和报告资料，安全事故处理材料。

(14)劳保用品购买、发放登记台账。

(15)其他有关资料。

三、企业安全生产管理基础台账

建立安全生产管理台账是道路运输企业加强安全管理的重要手段，企业可以结合自身管理现状，有针对性地做好台账相关工作。道路运输企业安全生产管理基础台账如下:

(1)安全生产责任制类。

安全生产责任制类台账具体内容如下:

①营业执照，应包含营业执照的正、副本复印件。

②安全生产许可证(或其他许可),应提供安全生产许可证(或其他许可)复印件。

③安全管理机构组成,应包含企业安全管理机构文件及专职安全管理人员任命文件。

④安全生产责任制,应包含企业各级、各部门安全生产责任制;作业人员岗位责任制。企业应制定各级(经理、副经理、车间主任、班组长等),各职能部门(安全部、技术部、财务部等)的安全生产责任制。

⑤安全生产责任书。企业应在每年年初编制安全生产责任书,并层层签订;安全生产责任书应一年一签;企业安全生产第一责任人与各级、各部门负责人、各部门与本部门员工层层签订安全生产责任书。

(2)安全管理规章制度类。

安全管理规章制度类台账具体内容如下:

①安全生产管理网络。企业应建立安全生产管理网络图,安全管理体系网络图应公示。

②安全生产规章制度。企业发布实施的文件及安全生产规章制度文本,具体包括安全生产教育培训制度,安全生产检查制度,事故隐患排查制度,安全生产投入保障制度,具有较大危险因素的生产经营场所、安全设施和设备管理制度,危险作业管理制度,职业卫生管理制度,劳动防护用品配备和管理制度,安全生产奖惩制度,安全生产事故报告和处理制度,门卫制度,其他管理制度等。

企业制定的安全生产规章制度应以文件形式下到各车间、班组(由企业领导、车间负责人、安全管理人员、工会等制定)。

(3)职业安全卫生类。

职业安全卫生类台账具体内容如下:

①企业职业卫生管理机构,主要包含企业成立职业卫生管理机构的文件。企业必须以文件的形式公布,并在文件里明确专职或兼职的职业卫生管理人员,企业职业卫生管理人员要具备相应的职业健康管理能力;文件要下发至各部门和车间、班组;明确本单位的职业病防治工作职责。

②职业病防治计划和实施方案,主要包含年度职业病防治计划、制定职业病防治实施方案、职业病防治计划落实情况记录、年度职业病防治工作总结等。要求年度要有计划、方案,要符合本企业实际情况,每年要根据企业实际情况及时更新。

③职业卫生管理制度和操作规程,主要包含职业病危害防治责任制度,职业性危害警示和告知制度,职业病危害项目申报制度,职业病防治宣传教育培训制度,职业病防护设施维护检修制度,职业病防护用品管理制度,职业病危害监测及评价管理制度,建设项目职业卫生"三同时"管理制度,劳动者职业健康监护及其档案管理制度,职业病危害事故处置与报告制度,职业病危害应急救援与管理制度,岗位职业卫生操作规程,法律法规、规章制度规定的其他职业病防治制度等内容。

针对以上内容,企业应建立职业卫生管理制度,并以文件的形式下发到各部门、车间;制定的相应制度和操作规程应符合企业实际情况;内容要及时更新。

④建设项目"三同时"管理和职业病危害项目申报,主要包含建设项目"三同时"管理档案,包括合同、协议、项目批文等,检查评价、备案、审核、审查和竣工验收资料,职业病危害项目申报表、申报回执。职业病危害项目由企业每年申报一次。

⑤职业病防治经费投入，主要包含职业病防治经费台账，检测、维护记录等。经费投入可以用于为职工配备更衣间、洗浴间、孕妇休息间等卫生设施，配备职业病防护用品，对职业病防护设施检测、维护，以及职业健康监护等。企业要对资金投入不足导致的后果承担责任。

⑥劳动防护用品管理和职业病防护设施，主要包含劳动防护用品发放登记、使用台账等，职业病防护设施台账、维护、更新记录等。企业应按规定发放劳动防护用品，选型应正确；要落实购买索证制度，职业病防护设施要登记建档，定期记录维护、更新情况。

⑦职业健康监护，包括从业人员职业危害健康检查表和作业场所职业病危害检测报告等内容。企业应在从业人员从事职业危害作业之前对其进行健康检查，在从业人员从事职业危害作业过程中定期对其进行健康检查，在从业人员结束职业危害作业时对其进行健康检查。健康检查全部复印件作为从业人员健康档案存档，从业人员健康档案应终身留档。

作业场所职业病危害监测应按国家规定的时限进行检测，遇特殊情况应及时检测，检测应由中介机构实施。检测报告应长期保存，检测结果要进行职业危害告知，即在作业场所和公告栏粘贴职业危害告知牌。

(4)安全教育培训类。

安全教育培训类台账具体内容如下：

①安全教育培训计划，包括安全教育培训计划，分为参加上级主办的培训和本企业举办的培训；安全教育培训记录表，企业应与年初制定本企业全年安全教育培训计划，按计划对从业人员进行安全教育培训，并建立本年度教育培训档案。

②安全管理人员台账，包括安全管理人员名册，主要负责人、分管安全负责人、安全员、危险化学品仓库保管员证件复印件。

企业主要负责人、分管安全负责人、安全员、危险化学品仓库保管员必须参加资格培训后方能从事相应的生产经营活动；企业从业人员超过50人的，应当配备符合规定的专职安全生产管理人员；安全管理人员应及时参加复训，确保证件在有效期内。

③特种作业人员管理，包括特种作业人员名册，特种作业人员证件复印件。

从事特种作业的人员必须参加资格培训后方能上岗；特种作业人员必须定期进行特种作业操作证件的复审，确保证件在有效期内。

④从业人员安全教育，包括主要负责人和安全管理人员培训档案(培训合格资格证书)，新进员工安全教育和"四新"(新工艺、新技术、新材料、新设备)教育培训档案，从业人员再教育培训档案(培训计划、方案、签到，培训记录、培训材料，考核及结果，相关照片等)。

(5)安全检查和事故隐患排查类。

安全检查和事故隐患排查类台账具体内容如下：

①安全检查，包括安全检查表、整改反馈表、隐患排查治理台账。

企业应定期开展安全检查，包括日巡查、周检查和月检查；参检人员必须亲自签名，不得代签；安全检查完成后填写安全检查表，安全检查表原件由安全管理部门留存，复印件按检查表中责任部门(人)数量多少分别下发到责任人或其所在责任部门；责任人或责任部门负责人待整改完毕后填写整改反馈表，原件由责任部门留存，复印件交安全管理部门；安全管理部门接到整改反馈表后组织复查，复查合格并签字后，将安全检查表连同各责任部门上交的整改反馈表一起存档,作为安全检查和隐患整改台账资料。

②重大事故隐患和有限空间作业,包括重大事故隐患记录表、有限空间作业票、作业现场管理资料(图片)和重大事故隐患(有限空间作业)应急预案。

企业应定期进行安全检查,发现重大事故隐患及时记录;整改时或因故未能及时进行整改的,应制定详细的整改计划和安全监控管理措施,确保不发生事故;对一时不能整改完毕的重大事故隐患,除采取临时措施减少隐患危害程度外,还应制定专门的应急预案;有限空间作业必须设置安全监控管理措施。

(6)应急救援预案及应急演练类。

应急救援预案及应急演练类台账具体内容如下:

①应急预案。

②应急预案备案登记。

③应急预案教育培训计划。

④应急预案教育培训演练方案。

⑤应急预案演练记录、影像资料。

⑥应急预案演练评估报告。

⑦应急预案的修订。

企业应制定并实施本企业生产安全事故应急救援预案;应急救援预案应至少一年演练一次;应急预案演练前应组织参演人员进行教育培训,演练后应对演练情况及效果进行评估,编写评估报告,并对应急救援预案进行必要的修订。

(7)事故调查处理类。

事故调查处理类台账具体内容如下:

①现场勘查、调查的情况记录、照片,伤情报告书或诊断、手术证明(复印件)。

②事故分析会记录。

③事故登记表。

④处理结果(公告)。

(8)其他类。

其他类台账具体内容如下:

①安全生产例会。安全生产例会台账包括安全生产会议签到表。安全生产会议的完整记录以及学习的文件、资料应存档,照片应附相关说明,会议通知可以列为附件。

企业安全生产例会台账应注意以下事项:企业应定期召开安全生产会议(一个月至少一次);参与会议人员必须亲自签名,不得代签;会议记录按时记录,每次例会都有记录(手写或电脑录入);会议主持人对会议记录的阅签;要包含会议现场照片。

②特种设备安全管理。特种设备应注册登记,定期检测。台账记录应包括特种设备注册登记证明材料和特征设备定期检测、检验报告。特种设备使用前必须及时报安监部门备案,注册登记后方能投入使用(保存备案和注册存根);企业应掌握特种设备检测、检验周期,对在用的特种设备定期报请资质的单位进行检测、检验,特殊情况要及时检测检验(保存检、测检验资料)。

特种设备安全管理台账含特征设备登记汇总表、特种设备随机资料、特种设备定期检查维护表。特种设备定期检查维护表主要包括锅炉使用情况定期检查表、压力容器使用情况定期检查表、电梯使用情况定期检查表、起重机械使用情况定期检查表、场(厂)内机动车辆使用情况定期检查表。

在建立特种设备台账时,企业应汇总本企业特种设备,实时掌握特种设备的使用情况;企业应为每一台特种设备建立单独的管理台账,包括特种设备注册登记证明材料,特种设备定期检测报告,特种设备随机资料(厂家提供),特种设备日常维护记录;企业应做好特种设备的日常维护,对特种设备进行安全检查,并及时记录台账。

第三章　道路旅客运输企业安全管理

驾驶员郭某驾驶一辆中型客车从灵宝市出发，行驶至连霍高速公路三门峡市境内784km＋480m处，行驶速度约为85.6km/h(该路段限速70km/h)，因遇大雨，且车辆制动系统存在问题，车辆发生侧滑，撞向道路左侧中央隔离墙，随后又冲破道路右侧防护栏，坠入深20m的沟内，造成11人死亡、14人受伤。

事故原因

1. 直接原因

根据事故调查报告，本案例中，中型客车未能按要求进行定期检测、维护，出站前未做车辆例检，车辆制动系统存在隐患。驾驶员郭某不具备道路运输从业资格且超速行驶。乘务员辛某未督促乘客系好安全带，并且事发车辆约40％的安全带存在问题，不能正常使用，出站前辛某也未对乘客安全带情况进行检查，这些因素最终导致这起事故出现严重后果。

2. 间接原因

事故车辆所在企业的安全管理存在严重漏洞和不足。

(1)违法聘用不具备道路运输从业资格的人员作为驾驶员，对驾驶员的管理非常混乱。

(2)安全设施不到位。该中型客车上的安全带损坏未进行更换。

(3)车辆未定期进行检测、维护，使具有安全隐患的车辆上路运营。

(4)安全教育培训不到位。

(5)安全职责不落实。

(6)动态监控工作不落实。

事故防范措施

(1)严格执行相关法律法规要求，建立健全企业安全生产责任制，并落实到位。

(2)建立完善的规章管理制度，包括驾驶员管理制度，车辆维护、维修管理制度，安全教育培训管理制度等，并有效落实执行。

(3)定期对车辆进行检测、维护。

(4)加强安全隐患排查。

(5)加强安全培训教育。

第一节　道路旅客运输企业人员管理

一、安全管理人员管理

(一)专(兼)职安全管理人员配备标准

通常所说的专(兼)职安全管理人员,主要是指处于安全管理执行层的安全管理机构安全管理人员及其他岗位上(兼任)负责安全管理人员,不具备条件设立安全管理机构的,特指从事安全管理的专职安全员或由其他岗位人员兼任安全管理工作的人员。目前,从我国安全生产立法,尤其是道路运输领域安全立法来讲,对企业安全管理人员配置要求并未采取一个绝对量化的标准,而是要求道路运输经营企业应根据管理人员结构状况、企业管理幅度和管理层次、企业经营组织结构、经营活动范围合理配置专职安全管理人员。

《安全生产法》第二十一条规定,矿山、金属冶炼、建筑施工、道路运输单位和危险物品的生产、经营、储存单位,应当设置安全生产管理机构或者配备专职安全生产管理人员。上述规定以外的其他生产经营单位,从业人员超过100人的,应当设置安全生产管理机构或者配备专职安全生产管理人员;从业人员在100人以下的,应当配备专职或者兼职的安全生产管理人员。

结合国家道路旅客运输行业立法和安全管理要求,专(兼)职安全管理人员配备参考标准如下。

1. 道路旅客运输企业

拥有20辆(含)以上旅客运输车辆的旅客运输企业应当设置安全生产管理机构,配备专职安全管理人员,并提供必要的工作条件。拥有20辆以下旅客运输车辆的旅客运输企业应当配备专职安全管理人员,并提供必要的工作条件。

专职安全管理人员配备数量原则上按照以下标准确定:对于300辆(含)以下旅客运输车辆的,按照每30辆车1人的标准配备,最低不少于1人;对于300辆以上旅客运输车辆的,按照每增加100辆增加1人的标准配备。

2. 汽车客运站

汽车客运站应当配备安全生产管理人员,并保持安全生产管理人员的相对稳定。三级以上汽车客运站应当配备专职安全生产管理人员,四级以下汽车客运站配备专职或者兼职安全生产管理人员。专职和兼职安全生产管理人员数量应当适应工作需要。汽车客运站安全生产管理人员应当具备安全生产管理经验,熟悉各岗位的安全生产业务操作规程。

(二)安全管理人员基本能力

1. 一般要求

安全管理人员处在道路旅客运输企业安全管理的执行层,是企业最直接、最重要的安全管理力量。从某种程度上讲,一支好的企业安全管理人员队伍是搞好安全生产的根本前提和基本保证,对于实现并按照"企业负责、行业管理、国家监察、群众监督"的安全管理模式运转意义重大。企业的安全管理人员必须具备必要的思想政治素质、业务素质、良好的心理素质。

（1）思想政治素质。

思想政治素质是指企业安全管理人员在思想观点、政治立场、道德品质等方面必须要具备的基本条件。思想政治素质是企业安全管理人员应该具备的基本素质，是从事企业安全管理工作的首要条件。坚持正确政治方向、树立科学的世界观、人生观，具备崇高的思想境界，是企业安全管理人员应该具有的思想素质的基本内容。企业的安全管理工作是为企业广大员工服务的，关乎企业员工的生命和企业财产安全。在安全管理过程中，需要处理好个人和社会、公与私、贡献和索取、幸福和牺牲等方面的关系。作为安全管理人员必须具备高尚的思想品德，谦虚谨慎，戒骄戒躁，善于开展批评与自我批评，对有利于安全生产的事业要坚决去办，对违反安全管理的违章违纪行为要坚决抵制。当前，在"一切向钱看"的错误思潮影响下，不少的企业重生产轻安全，挤占、挪用安全专项费用，做表面文章，虚假应付，埋下了事故隐患。面对这些棘手问题，安全管理人员就要敢于坚持原则，尽职尽责，无所畏惧地大胆站出来维护人民生命财产的安全。

（2）过硬的业务素质。

业务素质是安全管理人员的看家本领，是安全管理人员应具备的素质。安全管理不仅涉及安全法规、政策，而且还涉及企业生产中安全生产技术规范，事故处理中涉及职工甚至领导的切身利益和声誉，办起事来遇到的麻烦多、阻力大，要做好上面这些工作，管理人员必须具备过硬的业务素质。

业务素质包括政策理论水平、专业技术水平、管理艺术水平三个方面。

①政策理论水平要强。要加强对专业政策理论、安全法规、规章制度的学习，掌握处理问题的政策尺度。

②专业技术水平要精。在加强专业理论知识学习的同时，必须在实际工作中摸索和增长实践知识，提高实际工作能力。在科学技术快速发展的今天，机电设备、工艺流程、企业产品更新换代快，这一切都在鞭策安全管理人员要学习新知识，不断自我"充电"，输入新鲜"血液"，以适应新形势下社会发展的需求。

③管理艺术水平要高。不仅要学习安全管理知识，而且要具备管理才能。要在工作实践中养成细致严谨的工作作风，在掌握安全管理政策、法规知识和专业技术知识的基础上，开阔视野，不断提高发现问题、解决问题的能力。

（3）良好的心理素质。

在安全生产工作中，既要坚决执行国家安全法规和有关的规章制度，又要严格遵守安全纪律，在安全检查特别是隐患整改、督查督办时，往往因企业效益差、资金紧缺以及安全意识不足而导致诸多矛盾，造成一些职工甚至领导对安全管理人员不理解、不支持，轻则埋怨，重则谩骂，甚至打击报复等。因此，安全管理人员要增强心理承受能力，具有良好的心理素质，这样才能正确处理外界和自身原因造成的心理负担和压力。良好的心理素质主要表现为事业心强、责任感强、自信心强和自制力强。

①事业心是指对工作充满热爱的感情，把自己本职工作和单位的利益及人民的生命财产安全紧密联系起来。具备这种品质，才能耐得住清苦的工作环境，才能有勤勤恳恳做好本职工作的决心和信心。

②责任感是指对社会和服务对象所负的道德责任的感情。具备这种高尚的情感，才能

对自己所从事的安全管理工作产生高度的责任感,充分发挥主观能动性和创造性。

③自信心是在工作中具有坚强的意志,有把工作做好的勇气和胆量。拥有必胜的自信心就能坚持原则,毫不动摇地坚持正确观点,理直气壮地检查督办各类安全隐患,按要求进行整改。

④自制力就是遇事沉着冷静,善于控制自己的情绪。具备高素质的自制力,就能严于律己、宽容大度,坚持平稳而积极向上的心境,精力充沛、头脑清醒、善待他人,在安全管理的过程中才能把事做好。

总之,安全管理人员要加强自身素质建设,使自己成为熟悉政策、精通业务、思想敏锐、敢抓敢管的高素质安全管理人才,以较高的理论水平、较强的业务技能、高尚的职业道德,对安全工作实施有效监督和管理,赢得社会的认可和尊敬。

2.道路运输企业安全管理人员的能力要求

(1)熟悉道路运输行业安全生产法律、法规,能够科学地把握法规对企业安全生产条件的要求,积极有效开展道路运输安全生产经营活动,制定和实施有效的安全管理措施,确保道路运输从业人员和运输生产车辆、设施处于安全状态。

(2)能够针对道路运输企业自身实际,科学制定企业的安全管理方针、管理体系标准,创建符合企业自身安全管理实际安全管理控制体系、安全文化体系。

(3)熟悉道路运输行业应急救援管理要求,能够针对性制定企业应急管理预案,并组织开展施救演练活动,事故发生时能够及时组织处理。

(4)熟悉道路运输行业职业安全卫生知识和技术,针对企业安全生产实际开展危险源的识别、评价、控制,建立符合企业自身管理需要的职业健康安全管理体系。

(三)安全管理人员资格要求

道路旅客运输安全管理人员需要了解和掌握道路旅客运输安全生产法规和运输车辆和其他技术装备相关知识和能力,需要能够开展安全管理制度制定、安全检查评比等各种安全活动,客观上需要道路旅客运输企业安全管理人员有较高素质和能力。根据目前国家有关法规、政策要求,企业应对安全管理人员实行任职资格管理,其具体要求如下:

(1)应当具有高中以上文化程度,即安全管理人员文化素质应达到高中(含普通高中、职业高中、中等专业学校、技工学校等)及以上(大专、本科、硕士、博士)学历。道路旅客运输企业的安全生产管理人员必须具备高中以上文化程度,是由道路运输经营安全管理的特殊性决定的。道路运输安全管理是非常专业的一项工作,不仅需要掌握大量安全管理和旅客运输的专业知识,还需要有一定的文化基础和学习能力,要根据工作的需要和形势的变化,不断学习和更新本领域的新知识、新技术和新方法。

(2)具有在道路旅客运输行业三年以上从业经历。道路旅客运输企业的安全生产管理人员首先要熟悉道路运输行业,掌握道路运输的基本知识和实践经验,准确把握道路旅客运输的各项法律、法规和规章制度,才能做好安全管理工作。其次,道路旅客运输企业的安全生产管理人员还应具备必要的社会责任和安全意识,才能主动、认真、负责地做好各项安全生产监督管理工作。这些基本条件和素质要求,需要一定的从业经历才能够满足。

(3)取得任职资格。道路旅客运输企业在聘用企业安全管理人员时,应对其道路运输安全管理业务知识、管理能力进行考察,符合企业安全管理需要的才能允许上岗。需要取得国家职业资格考试认定的,拟聘用的安全管理人员还需要经相关部门统一培训并考核合格后,才能持证上岗。

二、一线作业人员管理

道路旅客运输企业一线生产作业人员众多,他们是道路旅客运输生产管理落实者、执行者,是事故直接的受害者,也是责任追究的第一人。道路旅客运输企业对一线运输生产作业人员管理的好坏直接决定企业安全管理质量和安全管理效果。

道路旅客运输企业一线运输生产作业人员有道路旅客运输驾驶员、道路客运乘务员等。道路客运站一线运输生产作业人员有车辆安检人员、"三品"检查人员等。

(一)道路旅客运输企业一线重点作业人员

1. 驾驶员的岗位职责及能力要求

(1)基本要求。

①认真学习并自觉遵守国家道路交通安全法律、法规及企业各项安全生产规章制度。

②具有较高的安全驾驶责任感和良好的安全行车习惯。

③熟悉和掌握车辆的例行维护和修理技能,能够确保车辆安全技术状况良好和各项设施齐备有效。

④郑重作出"安全驾驶承诺",自觉接受广大旅客监督。

⑤掌握相关道路旅客运输法规、机动车维修和旅客急救基本知识,熟悉道路旅客运输事故应急处置常识。

(2)驾驶员从业条件。

《道路运输从业人员管理规定》(交通运输部令 2016 年第 52 号)第二章第九条规定,经营性道路旅客运输驾驶员应当符合下列条件:

①取得相应的机动车驾驶证 1 年以上;

②年龄不超过 60 周岁;

③3 年内无重大以上交通责任事故;

④掌握相关道路旅客运输法规、机动车维修和旅客急救基本知识;

⑤经考试合格,取得相应的从业资格证件。

(3)出车前。

①有下列情况之一的,驾驶员不得驾驶车辆:饮酒、服用了国家管制的精神药品或者麻醉药品,患有妨碍安全驾驶的疾病、过度疲劳、家庭和社会矛盾影响情绪的。

②严守日常维护操作规程,坚持发车前检查车辆燃(润滑)油、冷却液是否加足,检查安全监控设施设备(GPS 和行驶记录仪)、空调、视听等设施是否完好,确保设施完好有效。不驾驶安全设施不全或者安全技术状况不符合安全技术标准要求和有安全隐患的车辆。

③严格按照驾驶证、从业资格证规定的准驾车型驾驶车辆,认真执行客运作业计划。

④自觉接受安全教育培训和提醒,自觉接受"三不进站、六不出站"安全检查。

(4)行驶中。

①严格按照《车辆运输安全操作规程》驾驶,按照规定的线路、站点、班次、时间运行,不将车辆私自转交他人驾驶。

②不开情绪车、不开冒险车、不开急躁车,不超速超载、不疲劳驾驶、不酒后驾驶、不接打手持电话、不抽烟、不吃东西、不与他人闲谈。

③连续驾驶车辆4h必须停车休息(夜间为2h),休息时间不得少于20min,防止疲劳驾驶。在中途休息时,驾驶员应检查轮胎、轮毂、仪表、灯光等是否正常,确保车辆技术状况完好。

④不得在弯道上超车。在高速公路上行驶时,要注意保持车距,不得长时间占道行驶;不得倒车、逆行,穿越中央隔离带掉头;车辆需驶出高速公路时应提前减速后变道,不得临近出口时突然减速变道;不得在车道内停车上、下旅客。

⑤车辆通过漫水桥、便桥(道)、浮桥、水毁、塌方等危险路段时,应严格遵守"一慢、二看、三通过"的规定停车观察,确认安全后低速通过,必要时让所有旅客下车步行通过,避免发生意外事故。

⑥在山区、停车视距不良或道路状况不良的路段行驶时,应严格遵守"减速、鸣号、靠右行""宁停勿绕""宁停三分不抢一秒"安全行车的规定。不得在弯道上、下陡坡时强行超车。

⑦通过施工作业路段时,应注意警示标志,自觉遵守交通法规,服从交通管理人员的指挥,减速行驶,严禁强行闯关、超速、抢(占)道行驶。如遇塌方、水毁、飞石等路段,危及行车安全或道路情况不明时应果断停车,立即向车属单位和有关单位报告,不得擅自绕行;在不能确保安全的情况下,不得冒险行驶。

⑧发生交通事故时,应保护好现场,积极抢救伤员和保护财产。按规定放置安全警告标志,并迅速向当地交警、交通运输部门及车属单位报告,主动配合有关部门做好事故的调查和处理。

(5)收车后。

①认真填写车辆行驶记录,如实反映行车途中的安全问题,必要时报告车属单位和相关部门。

②做好车辆例行维护和清洁工作。检查车内的安全设施、设备,及时报修车辆故障。

③按时参加安全教育培训和安全生产活动,不断提高安全技能和安全意识道路运输客运企业在加强驾驶员岗位职责及能力要求考核的同时,还要加强对驾驶员作业过程监督控制,具体有以下六点:

a.要加强职业健康管理。关心驾驶员的身心健康,定期组织进行体检,为其创造良好的工作环境。合理安排运输任务,防止疲劳驾驶。利用GPS等管理系统对驾驶员安全行车进行提示,防止出现"三超一疲劳"等不安全行为。

b.加强运行线路安全预警。对运行线路进行安全考察,考察内容包括交通状况、限速情况、气候条件、沿线安全隐患路段等情况。督促驾驶员严格遵守《道路运输驾驶员安全操作规范》,及时注意存在危险路段、时段的安全行车。

c.坚持岗前安全提示告知。坚持在派出任务前对驾驶员进行安全告诫,安全管理人员对出车前进行问询、告知,督促其做好对车辆的日常维护和检查,防止酒后、带病或者带不良情绪上岗,其目的是强化道路运输安全管理,提高驾驶员的安全意识,规范驾驶行为,积极做好事故防范。

d. 建立客运行车日志,记录日常维护、始发点(站)、中途停靠点(站)、终点(站)、停车时间、天气和道路状况及行车中发生的车辆故障、隐患、事故等信息。

e. 加强经营过程中作业行为控制。班线客车要严格按照许可的线路、班次、站点运行,在规定的停靠站点上、下旅客,不得随意站外上客或揽客,不得超员运输。驾乘人员要对途中上车的旅客进行危险品检查,行李堆放区和乘客区要隔离,不得在行李堆放区内载客。客运包车要凭包车客运标志牌,按照约定的时间、起始地、目的地和线路行进,持包车票或包车合同运行,不得承运包车合同约定之外的旅客。驾乘人员要对旅客携带物品进行安全检查。

f. 加强连续作业时间控制。道路旅客运输企业在安排运输任务时,应当严格要求连续驾驶时间不得超过4h,对运行距离长的要加强途中的安全提示,防止超强度作业。驾驶员在24h内累计驾驶时间不得超过8h,特殊情况下可延长2h,但每月延长的总时间不超过36h,每次停车休息时间不少于20min。

对于单程运行里程超过400km(高速公路直达运行里程超过600km)的车辆,应当配备两名以上驾驶员。对于超长线路运行的客运车辆,企业要积极探索接驳运输的方式,创造条件,保证客运停车换人、落地休息。对于长途卧铺客车,企业要合理安排班次,尽量减少夜间运行时间。

2. 车辆安检人员的岗位职责及能力要求

(1)严格按照国家有关规定和企业安全管理要求开展车辆安全检查工作,车辆安检人员必须熟悉车辆结构、检验方法和相关技术标准;经企业考核合格上岗。

(2)建立车辆安全检查信息管理系统,档案化管理安检记录。

(3)车辆进站、回程后,认真听取驾驶员对车辆使用和日常维护情况的汇报,及时进行技术检验。

(4)把安防设施配备(车内安全带、安全锤、灭火器、故障车警告标志等)全面纳入车辆安全范围。达到国家规定的报废标准或者检测不符合国家强制性要求的营运车辆,不得继续从事经营。

(5)按有关规定和标准,对车辆的传动、转向、制动、灯光等涉及行车安全的装置进行认真检查,对松动的螺母、螺栓及时紧固,必要时进行简单的换件与修理。

(6)认真检查道路运输证的车辆二级强制维护记录,督促参营车辆的技术维护和日常维修,提高车辆性能和完好率,确保车辆安全运营。

(7)实行安检派车单。道路旅客运输企业应当对道路旅客运输车辆牌证实行统一管理,建立派车单制度。车辆发班前,企业应对车辆的技术状况进行检查,合格后,由企业签发派车单,由驾驶员领取派车单和车辆运营牌证。

3. 乘务人员岗位职责及能力要求

(1)执行乘务任务前,做好必要的准备工作,如准确掌握客车车型、车座情况,负责车厢内清洁卫生,检查座椅、安全带以及应急安全设施、药品的完好情况,领取班车线路牌和签发的派车单。

(2)组织乘客有序上车,如根据派车单清查乘客人数;检查乘客行李,防止"三品"上车;协助乘客正确摆放行李;开车前做好安全告知,向旅客介绍注意事项及沿途停靠站点;督促乘客正确使用安全带。

(3)途中照料乘客,维护乘车秩序,并协助做好应急安全处置。值乘途中,对中途上车乘客的行李进行检查,禁止"三品"上车。认真清点上车人数,严禁超载。在车辆行驶中报送车辆异常运行的相关信息,如行驶中遇到治安事件、乘客突然生病等。

(4)在汽车客运站组织乘客安全有序上、下车。

4. 动态监控人员岗位职责及能力要求

(1)熟悉单位所经营的线路,对安装有 GPS 车载终端的车辆要做到管理到位、监控到位,对 GPS 的日常使用情况做到心中有数。

(2)每天及时对车辆的运行动态进行监控,并做好相关的监控记录,对因故不能监控的车辆要及时与安装公司进行联系,及时进行维修,保证 GPS 车载终端能正常使用。

(3)对在监控中所发现的超速、超时疲劳驾车、人为损坏 GPS 车载终端等违法行为及时向上级领导汇报,并向全体驾乘人员进行通报。

(4)及时、如实地向有关部门和领导汇报工作动态和进度,积极大胆地提出工作改进方法和合理化建议,详细记录工作日志。

(5)对超速、超时疲劳驾车等违法行为每月要进行归纳、分析和统计,并及时向公司报送 GPS 监控情况的月报表。

(二)汽车客运站一线重点作业人员

1. 车辆安检人员的岗位职责及能力要求

(1)车辆安检人员必须熟悉车辆结构、检验方法和相关技术标准,经企业考核合格上岗。

(2)严格按照《汽车客运站营运客车安全例行检查工作规范》和《汽车客运站营运客车出站检查工作规范》(交运发〔2012〕762 号),对营运客车进行检查。

(3)建立车辆安全检查信息管理系统,档案化管理安检记录。

(4)把安防设施配备(车内安全带、安全锤、灭火器、故障车警告标志等)全面纳入车辆安全范围。达到国家规定的报废标准或者检测不符合国家强制性要求的营运车辆,不得继续从事经营。

(5)对参加营运车辆的驾乘人员进行安全教育,不准带病车辆出车,进出站时凭"报班凭证"上班、出站,严禁超员现象的发生,防止车辆行车中发生交通事故。

(6)认真填写车辆检验记录,做到内容准确、字迹清楚,并及时将车辆检验合格证送交车站调度室,作为安排营运班次的依据。

2. 危险品安全检查人员岗位职责及能力要求

(1)熟练掌握安检机的正确使用方法和禁运物品识别能力。

(2)按规定程序开关安检机,行包安检时必须做到规范化、程序化,礼貌导检,杜绝漏查、漏检。

(3)检查合格的行包必须粘贴合格标签;爱护机器设备,加强日常维护,如有故障,及时通知有关人员维修。

(4)行包安检时,严禁闲杂人员在机器旁围观。

(5)严格交接班制度,机器运转时不能随意离岗;中途有事离岗,须通知值班科长另行安排人员接替。

（6）下班时,应关闭所有电源及机柜。

（7）行包安检时,要提高警惕,发现可疑物品要及时处理并通知有关部门,严禁"三品"进站上车。

（8）对收缴和暂扣物品进行登记,并做好当班检查记录,交值班领导妥善保管。

3.报班人员岗位职责及能力要求

（1）掌握了解车辆、客源动态,合理安排班次,检查车辆配载情况,禁止违规运行。

（2）对不符合安全技术的车辆不予派班,杜绝违章指挥,确保安全生产有序进行。

（3）按规定时间放行班车进入发车区,确保车辆规范停靠,保持车道畅通,对在发车区修车的车辆及时制止。

4.站务人员岗位职责及能力要求

（1）站务人员应具备一定业务知识,熟知安全乘车常识。

（2）发车前,有序地将乘客引导到车上,向乘客宣传安全行车常识和注意事项。

（3）发车前,协助驾乘人员做好安全检查,并提醒驾驶员注意行车安全。

5.出站安检人员安全管理要求

（1）对出站车辆的安全资质进行检查。

（2）上车清点人数,严禁超员车辆出站。

（3）做好出站车辆检查记录,发现有冲岗车辆及时记录并向值班站长报告。

三、现场管理人员管理

现场是各种生产要素的集合,是企业各项管理功能的"聚焦点",现场管理就是对现场各种生产要素的管理和各项管理功能的验证。现场管理最重要的特点就是有序化,即各项管理功能有序化、物流受控有序化和人的行为有序化。有序化的生产经营活动,能够减少管理差错、防止人为失误,极大地提高生产和工作效率。道路旅客运输行业现场安全管理人员主要有班组长、车队长、安全员等,他们是道路旅客运输企业安全生产达标考核重点对象,现场管理人员对安全管理要求的执行情况直接决定了企业基层安全质量的高低。

1.车队长安全生产职责

（1）在经理(或分公司经理)的领导下,全面开展安全运输管理工作,负责对部门人员,特别是驾驶员(乘务员)进行安全知识、法律法规知识的教育与培训。

（2）按照公司制定的安全生产责任制度、安全管理制度和安全生产方针目标,组织制定好本部门相关的安全管理制度和安全技术操作规程。分解公司安全生产目标,并组织实施。

（3）根据安全生产隐患排查制度,定期检查运输车辆的安全工作、定期检查车队安全员对驾乘人员的安全学习情况、车辆驾驶员记录台账,保险、审验、二级维护、承运保险登记台账、车辆行驶里程记录、主要部件变更记录、车辆技术等级及类型级别记录、交通事故记录等,发现隐患及时排除,发现不足及时完善。

（4）根据公司统一部署,定期开展安全检查,对部门工作认真自检自查,发现安全隐患,迅速整改到位。

（5）按照上级的通知要求和公司安全活动的规定,主动参加各级安全生产工作会议,定期召开部门安全生产会议及安全例会,不断改进安全管理方法。

（6）对上级主管部门、公安机关交通管理部门、行业主管部门在安全检查中提出的整改意见,如期回复整改报告,汇报整改结果。

（7）严格审查新增车辆驾驶员和变更驾驶员的从业资格,不符合要求或技术操作达不到规定标准的不予聘用。

（8）加强季节性安全教育,在暑运、冬运、春运期间,对驾驶员开展特别安全教育,时时唤起驾驶员的安全警惕性。

（9）协助安全环保部门、公司专职安全员处理交通运输发生的重大及以上交通事故事宜;积极参与公司组织的事故应急演练;定期组织运输车辆事故应急演练,提高驾驶员(乘务员)在运输途中发生事故的应急处理能力。

（10）积极主动在本部门开展安全标准化和安全文化的建设活动。负责本部门员工的安全绩效考核,完善安全管理工作。

2.班组长安全生产职责

（1）在(车队长、车间主任)的领导下,贯彻执行企业对安全生产的规定与要求,全面负责本班组的安全生产。

（2）组织班组职工学习并贯彻执行公司各项安全生产规章制度、安全技术操作规程,教育职工遵纪守法,制止违章行为,做到"三不伤害",即不伤害他人、不伤害自己、不被他人伤害。

（3）组织并参加安全活动,坚持班前讲安全,班中检查安全,班后总结安全。

（4）负责对新工人(包括实习、代培人员)、转岗人员进行岗位安全教育。

（5）负责班组安全检查,发现不安全因素及时组织力量消除,并报告上级;发生事故立即报告,并组织抢救,保护好现场,做好详细记录。

（6）做好生产设备、安全装备、装置、消防设施、防护器材和应急救援器具的检查维护工作,使其经常保持完好和正常运行。督促教育职工正确使用劳动保护用品,确保身体健康。同时,会正确使用安全设备、灭火器材。

（7）发生事故要立即向上级报告,并组织及时抢救、保护现场;参加事故调查分析,落实整改与防范措施。

（8）在班组积极开展安全标准化和安全文化建设活动,按照企业部署全面推行安全标准化管理。

3.车队安全员安全职责

（1）车队安全员要认真贯彻执行国家道路运输安全管理法规和企业安全生产规章制度,对本单位负安全检查、监督和管理责任。

（2）负责或参与制定运输相关安全管理制度和安全操作规程,并监督执行。

（3）定期检查运输车辆的安全防火设施、罐体固定、信息系统等是否完好,如发现问题和事故隐患,应及时组织人员,制定安全整改措施,落实责任人与整改期限,并检查执行与整改结果。

（4）负责运输车辆的安全设备、灭火器材、防护装置和应急救援器具的管理,掌握实情,发现不足应提出改进和治理建议。

（5）检查督促驾驶员正确穿戴劳动防护用品、规范使用设备与机具,发现违章现象,及时进行教育与纠正。

（6）负责维护保管好运输车、车库、仓储消防器材，定时检查车辆随车防火、防爆设备，确保安全、可靠运行。

（7）定期召开驾驶员道路行驶安全会，认真抓好车队新进人员的岗位安全教育。

（8）车队和单车发生安全事故应及时上报，不得隐瞒、迟报，并按照"四不放过"的原则和程序进行调查处理。

（9）积极参与企业安全标准化和安全文化的建设活动，抓好安全生产基础管理工作，认真、及时填写好车辆行驶安全行车日记，记录好安全管理台账。

四、应急救援人员管理

应急工作事关国民经济发展和社会稳定，交通运输基层应急队伍是交通运输应急体系的重要组成部分，是防范和应对突发事件的基础力量，加强交通运输基层应急队伍建设意义重大。道路运输企业建立健全企业专、兼职应急救援队伍，深化企业应急预案管理、备案、演练工作，加强应急救援物资器材的储备，提升企业救援队伍实战能力。

（一）国家对道路运输企业应急救援队伍建设的基本要求

1.道路运输基层应急队伍建设的基本原则和建设目标

（1）基本原则。按照"统筹规划、规模适度、平急结合、专兼结合、部门负责、社会参与"的原则，加强专业应急队伍与兼职应急队伍、志愿者队伍相结合的交通基层应急队伍建设。

（2）建设目标。建成适应基层道路运输突发事件应对处置需要的应急队伍，形成专职人员持证上岗，兼职人员经过业务培训，不断完善专业抢险与公众参与、地方抢险与军队抢险相结合的道路运输应急救援机制；形成统一领导、协调有序、专兼并存、优势互补、保障有力的道路运输基层应急队伍体系。

2.建成道路运输基层应急救援队伍体系

（1）加强客运场站应急抢险队伍建设。在充分依靠当地公安消防专业应急力量的基础上，督导客运场站，依托专职安全管理员、保安员，挑选一部分青年骨干人员，组建消防、救援等应急队伍。

（2）加强应急运输保障队伍建设。道路运输管理部门要以当地道路旅客运输骨干企业为依托，研究采取与企业签订应急运输保障协议等形式，完善应急运输补偿机制，明确各自的责任和义务，建立应急运输保障车队，完善指挥调度联络和协调机制，保障应急旅客疏散等。

3.完善运输基层应急保障机制

（1）健全队伍运行机制。建立健全基层交通运输应急队伍应急值守、接警处置、日常训练与演练、应急处置评估等机制；特别是加强日常训练与综合演练，强化应急处置评估，不断总结经验、吸取教训，提升基层应急队伍处置突发事件的能力。积极协调公安、消防、气象、通信、民政、军队等有关部门，建立联动机制，实现应急队伍和力量的统一调度、密切协作。

（2）落实经费保障机制。要在地方政府的统一领导下，积极协调财政部门，将基层专业应急队伍的工作经费、应急演练经费等纳入同级财政预算。各级交通运输主管部门以及搜救中心等相关机构要加强与当地财政部门的沟通，逐步完善应急补偿机制，对承担应急运输任务的单位和个人予以合理的经济补偿,造成运输工具、装备损毁的予以合理赔偿,同时要在政策上给予一定支持,保护参与应急运输单位和个人的权益,提高社会力量参与应急工作的积极性。

(3)完善社会动员机制。要加强社会宣传,普及交通运输应急相关知识,提高社会对交通运输突发事件关注度、参与度和支持度。要在地方政府的领导下,建立健全交通运输应急社会动员机制,鼓励公众积极参与和支持交通运输应急处置和应急保障工作,提高突发事件应急处置效率。

(4)强化安全保障机制。要加强安全保障方面的投入,配备必要的安全防护器材和设备,最大限度地保护各类应急行动参与人员的安全。要制定相应的政策,为一线专业应急人员购置必要的人身安全保险,解决其后顾之忧。

(5)加强应急制度建设。根据当地突发事件的实际,制定相应的应急预案或应对方案。建立相应的培训与演练制度,根据应急工作的需要,定期或不定期地开展应急培训工作,加强专业应急力量和指定应急力量的演练,不断提高不同种类应急力量之间的协调配合能力;建立对应急人员的奖励激励机制,提高其参与应急工作的积极性。

(二)企业加强应急救援队伍建设的基本要求

按照"统一指挥,协同作战,分级负责"的原则,纳入行业应急救援体系统一调度、作战和训练,做到"三定一有",即"定指挥、定人员、定制度,有保障"。

1. 定指挥

选择责任心强、业务精的分管领导担任应急救援指挥,具体负责救援队伍的日常培训、演练等工作。

2. 定人员

选择综合素质高、身体条件好、反应速度快、适应能力强的人员作为企业专业应急救援队伍,做到人员相对固定,并登记在册。

3. 定制度

从应急管理、应急指挥的实际需要出发,就应急救援队伍的责任主体、组建形式、人员构成、工作程序和综合保障等作出明确规定,保证应急管理工作步入制度化、规范化轨道。

4. 有保障

要加强安全保障方面的投入,配备必要的安全防护器材和设备,最大限度地保护各类应急行动参与人员的安全。主动为一线专业应急人员购置必要的人身伤害保险,解决其参与应急救援活动后顾之忧。

(三)道路运输企业应急人员培训管理

1. 应急培训的原则和范围

为提高应急救援人员的技术水平与应急救援队伍的整体能力,以便在道路运输事故的应急救援行动中达到快速、有序、有效的效果,经常性地开展应急救援培训训练或演习应成为应急救援队伍的一项重要的日常性工作。应急救援培训与演习的指导思想应以加强基础、突出重点、边练边战、逐步提高为原则。

应急培训与演习的基本任务是锻炼和提高道路运输应急救援队伍在突发事故情况下的快速抢险、及时营救伤员,正确指导和帮助群众防护或撤离,有效消除危害后果、开展现场急救和伤员转送等应急救援技能和应急反应综合素质,有效降低事故危害,减少事故损失。

应急培训应包括企业全员的培训和专业应急救援伍的培训。

2.应急培训的基本内容

应急培训是指对参与应急行动所有相关人员进行的低限度的应急培训,要求应急人员了解和掌握如何识别危险、如何采取必要的应急措施、如何启动紧急情况警报系统、如何安全疏散人群等基本操作,尤其要加强火灾应急培训以及危险物质事故应急的培训。旅客滞留、火灾和撞车、翻车事故是最常见的事故类型,因此,培训中要加强与灭火操作有关的训练,强调不同情形道路运输安全事故的不同应急水平和注意事项等内容,主要包括以下四个方面:

(1)报警。

(2)疏散。

(3)火灾应急培训。

(4)不同水平应急者培训。

在具体培训中,通常将应急者分为五种水平,即初级意识水平应急者、初级操作水平应急者、危险物质专业水平应急者、危险物质专家水平应急者、事故指挥者水平应急者。每一种水平都有相应的培训要求。

第二节 道路旅客运输企业装备设施

一、道路旅客运输车辆及其分类

(一)道路旅客运输车辆及其分类

道路旅客运输车辆是专门为运送旅客设计的,是提供旅客座位或铺位的车辆。

1.道路旅客运输车辆分级

道路旅客运输车辆按照其大小分为:大型客车、中型客车和小型客车。

(1)大型客车,是指横排(不包括通道)可以装置4个及4个以上座位,且座位总数为31座及以上的客车。

(2)中型客车,是指横排(包括通道的可折式座椅)最多只能装置4个座位,座位总数为16~30座的客车。

(3)小型客车,是指横排最多只能装置3个座位,座位总数为15座及以下的客车(包括轿车)。

2.道路旅客运输车辆类型划分

根据《营运客车类型划分及等级评定》(JT/T 325—2018),营运客车分为客车及乘用车两类。客车按车长分为特大型、大型、中型和小型四种。客车类型划分见表3-1。

客车类型划分(单位:m)

表3-1

类型	特大型[a]	大型	中型	小型
车长(L)	$12 < L \leqslant 13.7$	$9 < L \leqslant 12$	$6 < L \leqslant 9$	$L \leqslant 6$
[a]三轴客车				

3．客车等级划分

客车等级划分的主要根据是：客车结构，底盘，配置，主动安全性，动力性，舒适性(车内噪声，空气调节)等。客车等级划分见表3-2。

客车等级划分   表3-2

类型	客车																		
	特大型					大型					中型				小型			
等级	高三级	高二级	高一级	中级	普通级	高三级	高二级	高一级	中级	普通级	高二级	高一级	中级	普通级	高二级	高一级	中级	普通级

（二）车辆装备

1．车辆经常性装备

车辆的经常性装备应符合《机动车运行安全技术条件》(GB 7258—2017)的有关规定，并保证齐全、完好，不得任意增减。

2．车辆临时装备

车辆在特殊运行条件下使用时，应根据需要，配备保温、预热、防滑、牵引等临时性装备。车辆运输超长、超宽、超高或保鲜等特殊物资时，应根据需要增加临时性装备。

（三）车辆运行安全技术条件要求

为了减少车辆技术性能不良造成的交通事故，国家制定了《机动车运行安全技术条件》(GB 7258—2017)，规定了机动车辆(含列车)的整车及其发动机、转向系、制动系、传动系、行驶系、照明和信号装置、安全防护装置等有关运行安全的基本技术要求。

1．整车

(1)车辆标志。车辆需装置能永久保持的产品标牌(商标或厂标)。

(2)漏水、漏洞检查。发动机运转及停车时，水泵缸盖、缸体、暖风装置及所有连接部位应无明显漏水现象。

2．发动机

发动机是汽车的动力装置，要求动力性能良好，运转平衡，无异响，机油压力正常，发动功率不得低于原标定功率的75%；应有良好的起动性能。

3．转向系

汽车的转向盘必须设置于左侧，其他机动车的转向盘不允许设置于右侧。机动车的转向盘应转动灵活，操纵方便，无阻滞现象。机动车应设置转向限位装置。转向系统在任何操作位置上，不允许与其他部件有干涉现象。

4．制动系

车辆应设置足以使其减速、停车和驻车的制动系统，即分别设置行车制动、应急制动、驻车制动装置。三者以某种形式相连，并要保证三个系统中，当一个或两个系统的操作机构的任何部件失效时，其他系统仍具有应急制动功能。

5．照明、信号装置和其他电气设备

机动车的灯具应安装牢靠、完好有效，不允许因机动车振动而松脱、损坏、失去作用或改

变光照方向;所有灯光的开关应安装牢固、开关自如,不允许因机动车振动而自行开关。开关的位置应便于驾驶员操纵。

(四)车辆技术管理

车辆技术管理,是指对运输车辆进行择优选配、正确使用、定期检测、强制维护、视情修理、合理改造、适时更新和报废的全过程综合性管理。车辆技术管理的基本要求是:努力为运输生产活动提供性能优越、使用可靠、高效低耗的运输能力,保持与提高运输生产技术装备水平的先进性和适用性。

1.车辆技术管理组织体系

车辆技术管理的组织体系,应做到上下统一,彼此协调,组织健全,人员精干,技术素质较高。要建立健全车辆技术管理的各级岗位责任制,明确车辆技术管理人员的职责和权限,充分发挥他们的作用,保持队伍的相对稳定。大、中型运输单位,应建立由总工程师负责的车辆技术管理系统。小型运输单位要有名副经理(副厂长)负责车辆技术管理工作。所属车间和车队应配备一定数量的专职技术管理人员,分别负责车辆各项技术管理工作。

2.车辆技术管理原则

(1)安全性原则。加强车辆技术管理,保持车辆技术状况良好,保证运输生产安全,充分发挥车辆的运输效能,降低运行消耗。

(2)先进性原则。车辆技术管理应依靠科技进步,采取现代化管理方法,建立车辆质量监控体系,推广检测诊断和计算机应用等先进技术,开展多种形式的职工教育和专业培训,提高车辆管理水平和技术水平。

(3)经济性原则。在车辆技术管理中,要考虑车辆的购置费用和车辆使用过程中维持运转的费用,以最经济的车辆和最低的运行消耗完成运输生产任务,提高运输生产效益。

(4)适用性原则。车辆技术管理应坚持符合企业运输生产的需要的原则,根据企业营运区域范围内的道路、地理环境、气候等自然、燃料、配件供应等条件,对运输车辆实行择优选配,正确使用,提高车辆使用效率。

3.车辆技术管理内容

(1)车辆的择优选配。对选购车辆进行全面分析,综合评价,力求选配"技术先进、经济合理、生产适用、维修方便"的营运车辆,使车辆投资发挥最大的效益。

(2)车辆的正确使用。一是充分利用,发挥车辆的最大效能,提高车辆运用效率,减少和避免车辆的无形磨损;二是合理使用,根据车辆的性能和运行条件,遵守操作规程和使用制度,避免车辆的损坏;三是加强车辆维护,延长车辆下达磨损时间和使用寿命,加强技术检测,及时排除故障隐患;四是避免超载,带病运行。

(3)车辆的定期检测。一是定期进行车辆综合性能检测;二是定期正确判断车辆技术状况;三是对车辆的维修工作,可起到定期抽查和监督维修质量的作用;四是结合车辆维护进行定期检测。

(4)车辆的强制维护。营运车辆必须按照维护制度规定的维护周期,定期进行强制性的维护。

（5）车辆的视情修理是车辆维修制度的一种进步，体现了技术与经济相结合的原则。

（6）车辆的合理改造、适时更新和报废是提高运输设备技术素质和经济效益的重要手段，管理的重点是车辆改造的合理性和更新报废的适时性。

4. 车辆技术状况等级划分

（1）一级，完好车。新车行驶到第一次定额大修间隔里程的2/3和第二次定额大修间隔里程的2/3以前，汽车各主要总成的基础件和主要零部件坚固可靠，技术性能良好；发动机运转稳定，无异响，动力性能良好，燃料消耗不超过定额指标，废气排放、噪声符合国家标准；各项装备齐全、完好，在运行中无任何保留条件。

（2）二级，基本完好车。车辆主要技术性能和状况或行驶里程低于完好车的要求，但符合《机动车运行安全技术条件》（GB 7258—2017）的规定，能随时参加运输。

（3）三级，需修车。送大修前最后一次二级维护后的车辆和正在大修或待更新尚在行驶的车辆。

（4）四级，停驶车。预计在短期内不能修复或无修复价值的车辆。

5. 车辆技术要求

（1）技术性能符合国家标准《道路运输车辆综合性能要求和检验方法》（GB 18565—2016）的要求。

（2）外廓尺寸、轴荷和质量符合国家标准《汽车、挂车及汽车列车外廓尺寸、轴荷及质量限值》（GB 1589—2016）的要求。

（3）从事高速公路客运❶或营运线路长度在800km以上的客运车辆，其技术等级应当达到行业标准《道路运输车辆技术等级划分和评定要求》（JT/T 198—2016）规定的一级技术等级；营运线路长度在400km以上的道路旅客运输车辆，其技术等级应当达到二级以上；其他道路旅客运输车辆的技术等级应当达到三级以上。

二、汽车客运站

（一）客运站及其分类

汽车客运站是公益性交通基础设施，是道路旅客运输网络的节点，是道路运输经营者与旅客进行运输交易活动的场所，是为旅客和运输经营者提供站务服务的场所，是培育和发展道路运输市场的载体。

按不同的分类标准，客运站可分为不同的类型。

1. 按车站规模分类

（1）等级站：具有一定规模、可按规定分级的车站。

（2）简易车站：以停车场为依托具有集散旅客、售票和停发客运班车功能的车站。

（3）招呼站：道路沿线（客运班线）设立的旅客上落点。

2. 按车站位置和特点分类

（1）枢纽站：可为两种及两种以上交通方式提供旅客运输服务，旅客在站内能实现自由换乘的车站。

---

❶ 指营运线路中高速公路里程在200km以上或者高速公路里程占总里程70%以上的道路客运。

(2)口岸站:位于边境口岸城镇的车站。

(3)停靠站:为方便城市旅客乘车,在市(城)区设立的具有候车设施和停车位,用于长途客运班车停靠、上下旅客的车站。

(4)港湾站:道路旁具有候车标志、辅道和停车位的旅客上落点。

3.按车站服务方式分类

(1)公用型车站:具有独立法人地位,自主经营,独立核算,全方位为客运经营者和旅客提供站务服务的车站。

(2)自用型车站:隶属于输企业,主要为自有客车和与本企业有运输协议的经营者提供站务服务的车站。

(二)客运站级别的划分

根据《汽车客运站级别划分和建设要求》(JT/T 200—2004),客运站划分为五个级别以及简易车站和招呼站。

1.一级客运站

(1)日发送量在 10000 人次以上的车站。

(2)省、自治区、直辖市及其所辖市、自治州(盟)人民政府和地区行政公署所在地,如无 10000 人次以上的车站,可选取日发送量在 5000 人次以上具有代表性的一个车站。

(3)位于国家级旅游区或一类边境口岸,日发送量在 3000 人次以上的车站。

2.二级客运站

(1)日发送量在 5000 人次以上,不足 10000 人次的车站。

(2)县以上或相当于县人民政府所在地,如无 5000 人次以上的车站,可选取日发送量在 3000 人次以上具有代表性的一个车站。

(3)位于省级旅游区或二类边境口岸,日发送量在 2000 人次以上的车站。

3.三级客运站

日发送量在 2000 人次以上,不足 5000 人次的车站。

4.四级客运站

设施和设备符合相关要求,日发送量在 300 人次以上,不足 2000 人次的车站。

5.五级客运站

设施和设备符合相关要求,日发送量在 300 人次以下的车站。

6.简易车站

达不到五级车站要求或以停车场为依托,具有集散旅客、停发客运班车功能的车站。

7.招呼站

达不到五级车站要求,具有明显的等候标志和候车设施的车站。

(三)客运站的主要功能

客运站是公路运输企业生产管理的基层组织,其主要功能如下。

1.运输服务功能

客运站是贯彻执行国家及行业主管部门有关法规,进行旅客运输生产、客流和客运车辆的运行组织,实现道路旅客的合理运输,包括运输生产组织、客流组织、运力组织、运行组织等。

2. 运输组织功能

根据旅客流量、流向、类别等,合理安排营运线路和运力,使运力和运量始终保持相对平衡。

3. 中转、换乘功能

为旅客的中转换乘提供方便,配备相应的场站服务设施,在时间、要求、物耗等方面为中转旅客提供服务,确保旅客能被安全、及时送达目的地。

4. 多式联运功能

承担运输代理,为旅客和车主提供双向服务,选择最佳运输路线,合理组织多式联运。

5. 通信、信息功能

通过计算机及通信设备,使全国公路运输枢纽形成网络,相互衔接,使各种营运信息得以迅速、及时、准确地传递和交换。

6. 辅助服务功能

为旅客和驾乘人员提供食、宿、娱乐、购物一条龙服务。为营运车辆提供停放、加油、检测和维修服务。

(四)客运站主要设施

客运站设施主要由场地设施和建筑设施构成。

1. 场地设施

(1)站前广场。

(2)停车场。

(3)发车位。

2. 建筑设施

(1)站房。

①站务用房。

②办公用房,包括候车厅(室)、售票厅、行包托运厅、综合服务处、站务员室、驾乘人员休息室、调度室、治安室、广播室、医疗救护室、无障碍通道、残疾人设施、饮水室、洗浴室和旅客卫生间、智能化系统用房。

(2)辅助用房。

①生产辅助用房,包括汽车安全检验台、汽车尾气测试室、车辆清洁台、汽车维修车间、材料室、配电室、锅炉房、门卫室。

②生活辅助用房,包括驾乘人员公寓、餐厅、商店。

(五)客运站设施配置要求

根据《汽车客运站级别划分和建设要求》(JT/T 200—2004),汽车客运站的设施配置见表3-3。

汽车客运站设施配置表 表3-3

设 备 名 称		一级站	二级站	三级站	四级站	五级站
场地设施	站前广场	●	●	★	★	★
	停车场	●	●	●	●	●
	发车位	●	●	●	●	★

续上表

		设备名称		一级站	二级站	三级站	四级站	五级站
建筑设施	站房	站务用房	候车厅(室)	●	●	●	●	●
			重点旅客候车室(区)	●	●	●	★	★
			售票厅	●	●	★	★	★
			行包托运厅(处)	●	●	★	—	—
			综合服务处	●	●	★	★	—
			站务员室	●	●	●	●	●
			驾乘人员休息室	●	●	●	●	●
			调度室	●	●	●	★	—
			治安室	●	●	★	—	—
			广播室	●	●	★	—	—
			医疗救护室	★	★	★	★	★
			无障碍通道	●	●	●	●	●
			残疾人服务设施	●	●	●	●	●
			饮水室	●	★	★	●	●
			洗浴室和旅客卫生间	●	●	●	●	●
			智能化系统用房	●	★	★	—	—
		办公用房		●	●	●	★	—
	辅助用房	生产辅助用房	汽车安全检验台	●	●	●	●	●
			汽车尾气测试室	★	★	—	—	—
			车辆清洁、清洗台	●	●	★	—	—
			汽车维修车间	★	★	—	—	—
			材料室	★	★	—	—	—
			配电室	●	●	—	—	—
			锅炉房	★	★	—	—	—
			门卫、传达室	★	★	★	★	★
		生活辅助用房	驾乘人员公寓	★	★	★	★	★
			餐厅	★	★	★	★	★
			商店	★	★	★	★	★

注："●"表示必备;"★"表示视情况设置;"—"表示不设。

（六）客运站设备

客运站设备包括基本设备和智能化系统设备。

1.基本设备

(1)旅客购票设备。

(2)候车休息设备。

(3)旅客购票设备。

(4)行包安全检查设备。

(5)汽车客运站设施配置表。

(6)汽车尾气排放测试设备。

(7)安全消防设备。

(8)清洁清洗设备。

(9)广播通信设备。

(10)行包搬运与便民设备。

(11)采暖或制冷设备。

(12)宣传告示设备。

2.智能系统设备

(1)微机售票系统设备。

(2)生产管理系统设备。

(3)监控设备。

(4)电子显示设备。

(七)客运站设备配置要求

根据《汽车客运站级别划分和建设要求》(JT/T 200—2004),汽车客运站设备配置
见表3-4。

汽车客运站设备配置表   表3-4

设 备 名 称		一级站	二级站	三级站	四级站	五级站
基本设备	旅客购票设备	●	●	★	★	★
	候车休息设备	●	●	●	●	●
	行包安全检查设备	●	★	★	—	—
	汽车尾气排放测试设备	★	★	—	—	—
	安全消防设备	●	●	●	●	●
	清洁清洗设备	●	●	★		
	广播通信设备	●	●	★		
	行包搬运与便民设备	●	●	★		
	采暖或制冷设备	●	★	★	★	★
	宣传告示设备	●	●	●	★	★
智能系统设备	微机售票系统设备	●	●	★	★	★
	生产管理系统设备	●	★	★	—	—
	监控设备	●	★	★	—	—
	电子显示设备	●	●	★	—	—

注:"●"表示必备;"★"表示视情况设置;"—"表示不设。

(八)客运站基本设备配置要求

客运站设备的数量与类别应根据车站生产能力与作业量的大小确定,主要设备尽可能
选用国家定型的标准设备,各智能化系统设备视车站实际情况按需配置。根据《汽车客运站
级别划分和建设要求》(JT/T 200—2004),汽车客运站基本设备的配置要求见表3-5。

汽车客运站基本设备配置要求　　　　表3-5

设 备 名 称	基 本 要 求
行包安全检查设备	能在不开包的情况下准确查出乘客携带的危险品； 可查行李最大尺寸(宽×高):900mm×800mm
汽车尾气排放测试设备	可快速、准确地测定尾气排放是否超标
微机售票系统设备	能迅速、准确地为乘客提供票务查询,预定、售票服务； 满足远程售票作业及对联网对接要求； 方便相关票务信息的传递、交换、储存、处理与统计
安全消防设备	设备齐全、有效； 符合国家安全消防的有关规范及规定
宣传告示设备	设备配置齐全、有效、醒目、美观大方； 一、二级车站应以电子显示方式清晰流动显示
行包搬运与便民设备	能实现轻便快捷安全的搬运作业； 便民设备要与车站工艺流程相匹配、轻巧、方便旅客使用
生产管理系统设备	能够实现客车到站、报站、发班、销班、停车、检验等一体化管理

三、消防、环保与应急设施设备

(一)消防设施设备

《中华人民共和国消防法》(以下简称《消防法》)规定,企业应当履行消防安全职责,按照国家标准、行业标准配置消防设施、器材,设置消防安全标志,要保障疏散通道、安全出口、消防车通道畅通。

1.消防设施及其分类

消防设施是指火灾自动报警系统、自动灭火系统、消火栓系统防烟排烟系统以及应急广播和应急照明、安全疏散设施等。

消防设施一共分为13类：

①建筑防火及疏散设施。

②消防及给水设施。

③防烟及排烟设施。

④电器与通信系统。

⑤自动喷水与灭火系统。

⑥火灾自动报警系统。

⑦气体自动灭火系统。

⑧水喷雾自动灭火系统。

⑨低倍数泡沫灭火系统。

⑩高、中倍数泡沫灭火系统。

⑪蒸汽灭火系统。

⑫移动式灭火器材。

⑬其他灭火系统。

2.消防器材及其分类

消防器材是指用于灭火、防火以及火灾事故的器材。我国通常采用按照充装灭火剂的

— 83 —

种类、灭火器质量、加压方式三种分类方法进行分类。

(1)按充装灭火剂种类不同分类。

①清水灭火器。

②酸碱灭火器。

③化学泡沫灭火器。

④轻水泡沫灭火器。

⑤二氧化碳灭火器。

⑥干粉灭火器。

⑦卤代烷灭火器(灭火剂为卤代烷1211)。

(2)按灭火器质量不同分类。

①手提式灭火器。

②背负式灭火。

③推车式灭火器。

(3)按加压方式不同分类。

①化学反应式灭火器。

②储气瓶式灭火器。

③储压式灭火器。

3. 其他消防设施

除了灭火器外,还有许多必要的灭火设施,如消火栓、水泵结合器、水带、水枪消防泵及消防车等。

(1)消火栓。

①室外消火栓,是一种城市必备的消防装备,尤其在市区或河道较少的地区,更需要安装置备,确保消防需要。消火栓可直接用于扑救火灾,也可以用于消防车取水。

②室内消火栓,是安装在建筑物内的消防供水设备,一般用来扑救室内初起火灾,由报警器、水箱、阀门、水带及水枪组成。

(2)消防泵。

①手抬机动消防泵。

②机动体引泵。

③水龙带、水枪。

水龙带、水枪是与消火栓、消防车等配套使用的最基本的消防器材。

(二)环保设施设备

《中华人民共和国环境保护法》(以下简称《环境保护法》)规定,产生环境污染和其他公害的单位,必须采取有效措施,防止在生产建设或者其他活动中产生的废气、废水、废渣、粉尘、恶臭气体、放射性物质以及噪声、振动、电磁波辐射等对环境的污染和危害。

1. 道路旅客运输车辆环保要求

汽车污染已成为世界的一大公害,汽车排放、噪声污染已经给环境带来了较大的危害,严重危及人类健康。因此,提高道路运输从业人员的环保意识,使其正确维护和驾驶车辆,有利于降低汽车排放和减少空气污染,对行业可持续发展具有重要意义。

(1)汽车维护方面。

①检查空气管道。

②检查阻风门。

③检查排气管。

④检查废气净化系统。

⑤检查是否烧机油。

⑥检查泄漏和胎压。

(2)驾驶习惯方面。

①按经济车速行驶。

②匀速行驶。

③慎踩加速踏板。

④减少发动机空转和冷起动。

⑤加油不宜过满,加完后迅速盖好油箱盖。

2. 道路旅客运输企业环保要求

产生环境污染和其他公害的运输企业应贯彻执行国家环境保护政策、法规的规定,运营期间应制定有关设施、设备维修养护制度,做好固体废弃物和污水、废气收集、处理与排放工作,确保达到排放标准。对经营业务产生的噪声、振动、废气等污染采取相应控制措施,使其达到国家和交通运输行业相关环保要求。

3. 客运站环保要求

(1)污水管理。应按照国家有关规定,对污水严加管理,未经消毒或无害化处理,不准任意排放。

(2)噪声管理。应按照国家有关规定,结合自身的实际情况,对站内噪声的污染源:如装修产生的噪声、中央空调等设备产生的噪声、站内人员或旅客交流产生的噪声采取相应的措施进行控制。

(3)室内空气质量管理。应执行《室内空气质量标准》(GB/T 18883—2002)的相关规定,以保持营业场所内的空气清新。

(4)室内温湿度管理。应按照《室内空气质量标准》(GB/T 18883—2002)的规定执行。对售票厅、候车厅等场所进行温湿度监测,并应根据测量结果采取开启通风设施、调试空调、散热器等措施。

(5)鼓励客运站在营业场所内安装空气质量实时检测系统,监控室内空气质量及温湿度状况,以电子告示牌的方式向旅客公示站内二氧化碳浓度、温度、湿度、风速、天气、噪声、空气质量等信息。

(三)应急设施设备

为有效应对交通运输突发事件,采取应急处置措施,提供应急运输保障,根据《交通运输突发事件应急管理规定》(交通运输部令2011年第9号)和有关法律、行政法规的规定,道路运输企业应当按照有关规划和应急预案的要求,根据应急工作的实际需要,建立健全应急装备和应急物资储备、维护、管理和调拨制度,储备必需的应急物资和运力,配备必要的专用应急指挥交通工具和应急通信装备,并确保应急物资装备处于正常使用状态。

1.应急车辆装备

(1)应急指挥车。

(2)加油车。

(3)应急维修车。

(4)后勤保障车。

2.应急设施设备

(1)应急通信设备。

(2)视频监控平台。

3.应急保障物资

(1)帐篷。

(2)燃料。

(3)安全标志。

(4)车辆防护器材。

(5)常用维修工具。

(6)消防物资。

(7)照明物资。

4.应急保障生活用品

(1)防护衣物(防化服、隔热服等)。

(2)医疗急救药品。

四、防护器材与设备

(一)车辆安全防护装置

1.汽车安全带

(1)长途客车和旅游客车的驾驶员座椅、以及前面没有座椅及前面护栏不能起到必要防护作用的座椅应装备汽车安全带;当(同向)座椅间距大于1000mm且坐垫前面沿座椅纵向不大于600mm的范围内没有能起到防护作用的护栏或其他物体时,也应装备汽车安全带。

(2)卧铺客车的每个铺位均应安装两点式汽车安全带。

(3)汽车安全带应可靠有效,安装位置应合理,固定点应有足够的强度。

2.车外后视镜和前下视镜

(1)机动车应在左右至少各设置一面后视镜。

(2)车外后视镜和前下视镜应易于调节,并能有效保持位置。

(3)安装在外侧距地面1.8m以下的后视镜,当行人等接触后视镜时,应具有能缓和冲击的功能。

3.前风窗玻璃刮水器

(1)机动车的前风窗玻璃应装备刮水器,其刮刷面积应确保驾驶员具有良好的前方视野。

(2)刮水器应能正常工作。

(3)刮水器关闭时,刮片应能自动返回至初始位置。

(4)汽车驾驶室内应设置防止阳光直射而使驾驶员产生炫目的装置,且该装置在汽车碰撞时,不应对驾驶员造成伤害。

4. 安全出口

(1)车长小于6m的客车,在乘坐区的两侧应具有紧急时乘客易于逃生或救援的侧门。

(2)车场不小于6m的客车,如车身右侧仅有一个供乘客上下的车门时,应设置安全门或安全窗。长途客车和旅游客车应设置车顶安全出口。卧铺客车的卧铺布置为上、下双层时,侧窗布置应为上下双排。使用安全门时,应保证不用其他器具即可将其向外推开。安全出口的数量、位置应符合有关规定。

(3)安全顶窗应易于从车内、外开启或移开。安全顶窗开启后,应保证从车内进出的畅通。设施安全顶窗应能防止误操作。

(4)每个安全出口应在其附近设有"安全出口"字样。

(5)乘客们和安全出口的应急控制器应在其附近标有清晰的符号或字样,并注明其操作方法,字体高度不应小于20mm。

5. 安全锤

安全锤采用易于迅速从车内、外开启的装置;或采用安全玻璃,并在车内明显部位装备击碎玻璃的手锤。

6. 消防器材

客车应装备灭火器,灭火器在车上应安装牢靠并便于取用。

7. 三角警告牌

汽车应装备符合《机动车用三角警告牌》(GB 19151—2003)规定的三角警告牌,三角警告牌在车上应妥善放置。

(二)劳动防护设备

劳动防护设备,是以消除或者降低工作场所的危害因素,使其在劳动过程中免遭或者减轻事故伤害及职业危害的个人防护装备。防护设备类型包括防尘、防毒、防噪声、防振动。防非电离辐射、防电离辐射、防生物危害和人机功效学的防护等。

1. 个人劳动防护用品及其分类

个人劳动防护用品,是指为使从业人员在生产过程中,免遭或减轻事故伤害和职业危害而提供的个人随身穿戴的用品。

个人劳动防护用品按照防护部位分为九类:

(1)头部护具类,是用于保护头部,防撞击、挤压伤害,防物料喷溅、防粉尘等的护具,主要有玻璃钢、塑料、橡胶、玻璃、胶纸、防寒和竹藤安全帽以及防尘帽、防冲击面罩等。

(2)呼吸护具类,是预防尘肺和职业病的重要护品。按用途不同可分为防尘、防毒、供氧三类,按作用原理不同可分为过滤式、隔绝式两类。

(3)眼防护具,用以保护作业人员的眼睛、面部,防止外来伤害,分为焊接用眼防护具、炉窑用眼护具、防冲击眼护具、微波防护具、激光防护镜以及防X射线、防化学、防尘灯和眼睛护具。

(4)听力护具。长期在90dB以上或短时在115dB以上环境中工作时,应使用听力护具。听力护具有耳塞、耳罩和帽盔三类。

(5)防护鞋,用于保护足部免受伤害。目前,主要产品有防砸、绝缘、防静电、耐酸碱、耐油、防滑鞋等。

（6）防护手套,用于手部保护,主要有耐酸碱手套、电工绝缘手套、电焊手套、防 X 射线手套、石棉手套等。

（7）防护服,用于保护职工免受劳动环境中的物理、化学因素的伤害。防护服分为特殊防护服和一般作业服两类。

（8）防坠落护具,用于防止坠落事故发生,主要有安全带、安全绳和安全网。

（9）护肤用品,用于外露皮肤的保护,分为护肤膏和洗涤剂两类。

2. 劳动防护用品配备的要求

企业应当按照《个体防护装备选用规范》（GB 11651—2008）和国家颁发的劳动防护品配备标准以及有关规定,为从业人员配备劳动防护用品。企业不得以货币或者其他物品替代应当按规定配备的劳动防护用品,为从业人员提供的劳动防护用品,必须符合国家标准或者行业标准,不得超过使用期限。

3. 劳动防护用品的使用方法

正确选择、使用和维护防护用具是保证从业人员安全与健康的前提。在生产作业中,应根据工作环境和作业类别选用防护用品,按要求正确维护防护用品,从而确保防护用品的防护效果。

（1）使用劳动防护用品前,应首先对其做一次外观检查。检查的目的是认定用品对有害因素防护效能的程度,用品外观有无缺陷或损坏,各部件组装是否严密,启动是否灵活等。

（2）劳动防护用品的使用必须在其性能范围内,不得超限使用;不得使用未经国家指定、经检测部门认可（国家标准）和检测还不到标准的产品;不能随便代替,更不能以次充好。

（3）严格按照使用说明书正确使用劳动防护用品。

第三节　道路旅客运输企业作业现场

一、道路旅客运输作业与安全管理

道路旅客运输作业与安全管理主要包括现场作业管理、运输管理、驾驶员管理和安全值班等。

（一）现场作业管理

根据《道路旅客运输及客运站管理规定》（交通运输部令 2016 年第 82 号）,按经营方式的不同,道路旅客运输主要划分为班车（加班车）客运、旅游客运和包车客运。企业需根据不同的经营方式制定各岗位安全生产操作（规程）手册,要求企业员工应严格执行安全生产操作规程和安全生产作业规定,严禁违章指挥、违章操作、违反劳动纪律的"三违"行为。

1. 安全生产操作规程

各岗位安全生产操作（规程）手册的内容至少应包括客运驾驶员行车操作规程、车辆日常安全检查操作规程、营运车辆动态监控操作规程、突发紧急事件应急处置操作规程、车载终端监控平台操作规程、乘务员安全服务操作规程等。

2.安全生产作业规定

(1)班车(加班车)客运。

①班车必须按指定车站和时间进入车位装运行包,检票上客,正点发车,严禁提前发车。

②班车必须按规定的线路、班点(包括食宿点)和时间运行、停靠。

③如途中发生意外情况,无法运行时,应以最快方式通知就近车站派车接运,并及时公告;如需食宿,站方应协助解决,费用自理。

④班车到站后,按指定车位停放,及时向车站办理行包和其他事项的交接手续。

⑤班车在始发站停开、晚点或变更车辆类别时须及时公告。

⑥班车中途发生故障,客运经营者应迅速派相同或相近类别车辆接运。

⑦因路线阻滞,班车必须改道行驶时,票价按改道实际里程计收。按改道里程发售客票后,如班车恢复原路线行驶,发车前由始发站将票价差额退还旅客。

(2)旅游客运。

①旅游客运是以运送旅游者游览观光为目的,其线路必须有一端位于名胜古迹、风景区等旅游点的一种营运方式。

②旅游客运的发车站点除有关规定外,应设置旅游区线路图、旅游名胜简介,公布旅游车型、导游服务项目、食宿地点和食宿标准等。

③提供旅游综合服务的旅游客车上,应备有饮水、常用药等服务性物品,并根据实际需要,装配御寒或降温设备,随车配有导游人员。

(3)包车客运。

①包车客运是将客车包租给用户安排使用,按行驶里程或包用时间计费的一种营运方式。用户包车一般应事先向运输经营者预约,并填写"汽车旅客运输包车预约书",办理包车手续。

②用户要求变更使用包车的时间、地点或取消包车,须在使用前办理变更手续。运输经营者要求变更车辆类型、约定时间或取消包车,亦应事先与用户协商,经同意后,方能变更。运输经营者自行变更车辆类型或未按约定时间供车者,按违约或延误供车处理。

③包车在用户包用期间,要服从用户的合理安排,保证车辆正常使用。

(二)运输管理

道路旅客运输的基本任务是最大限度满足人民群众的出行需要,尽可能地为旅客提供物质和文化方面的良好服务,保证安全、经济、便利地将旅客送往目的地。

旅客从进站购票、候车、乘车至到达目的地后下车离开车站的整个过程是旅客运输的全过程。在运输过程中,运输单位要按照运输工作的基本原则照顾好旅客,为旅客服务并及时处理出现的问题,包括旅客受到意外伤害以及遇到的各种困难,尽最大努力保证旅客生命财产的安全。

(1)客运经营者应当按照道路运输管理机构决定的许可事项从事客运经营活动。

(2)运输企业客运班车应按照许可的线路、班次、站点运行,在规定的途经站点进站上下旅客,不得改变行驶线路,不得站外上客或者沿途揽客。

(3)严禁客运车辆超员运行,在载客人数已满的情况下,允许再搭乘不超过核定载客人数10%的免票儿童。

(4)客运车辆不得违反规定载货。

（5）客运经营者应当在客运车辆外部的适当位置喷印企业名称或者标志,在车厢内显著位置公示道路运输管理机构监督电话、票价和里程表。

（6）客运经营者应当为旅客提供良好的乘车环境,确保车辆设备、设施齐全有效,保持车辆清洁、卫生,并采取必要的措施防止在运输过程中发生侵害旅客人身、财产安全的违法行为。

（7）客运经营者应当为旅客投保承运人责任险。

（8）客运经营者应当加强对从业人员的安全、职业道德教育和业务知识、操作规程培训,并采取有效措施,防止驾驶员连续驾驶时间超过4h。

（9）临时客运标志牌运营的客车应当按正班车的线路和站点运行。属于加班或者顶班的,还应当持有始发站签章并注明事由的当班行车路单;班车客运标志牌正在制作或者丢失的,还应当持有该条班线的《道路客运班线经营许可证明》或者《道路客运班线经营行政许可决定书》的复印件。

（10）客运包车应当凭车籍所在地县级以上道路运输管理机构核发的包车客运标志牌,按照约定的时间、起始地、目的地和线路运行,并持有包车票或者包车合同,不得按班车模式定点定线运营,不得招揽包车合同外的旅客乘车。

（11）包车客运标志牌和加班车、顶班车、接驳车使用的省际临时客运标志牌在一个运次所需的时间内有效,因班车客运标志牌正在制作或者灭失而使用的省际临时客运标志牌有效期不得超过30天。

（12）使用配置下置行李舱的客车从事道路客运。没有下置行李舱或者行李舱容积不能满足需求的客运车辆,可在客车车厢内设立专门的行李堆放区,但行李堆放区和乘客区必须隔离,并采取相应的安全措施。严禁行李堆放区内载客。

（13）企业监控管理人员要通过GPS、车载视频监控等方式实施监控车辆,一旦发现违规超员、超速运输情况,必须尽快处理,并留存处理记录。

（14）运输企业应及时掌握极端天气及路况信息,提示作业中的驾驶员谨慎驾驶;同时,应合理调整发车时间,对夜间途经达不到夜间安全通行条件的三级(含)以下山区公路,禁止通行。

（三）驾驶员管理

运输企业应制定并落实驾驶员行车安全档案管理制度,实行"一人一档",驾驶员档案中至少应包括驾驶员的身份证复印件、驾驶证复印件、从业资格证复印件、驾驶经历情况表、入职资格审查表、相关教育培训考核情况表、跟车实习单以及与企业签订的劳动合同等。

运输企业还应对驾驶员做好作业前安全管理和作业过程中的安全管理:①作业前安全管理重点是要积极落实岗前安全行为规则告知制度,一线运输生产作业人员进入岗位前,道路运输企业安全管理人员要对其岗位操作要求进行测试询问,告知其在作业中的安全注意事项,督促作业人员做好对生产设施设备检查和维护,防止出现机具设备带病作业和作业人员违规操作带来安全事故隐患。②作业过程中安全管理主要是加强作业过程中安全巡查提示活动,及时纠正不安全行为。

运输企业应为每辆车配备行车日志(表3-6),要求驾驶员在出车前、行车中、收车后按规定填写行车日志,企业安全管理人员应定期抽查并按月归档;客运车辆每日运行里程超过400km(高速公路直达运行里程超过600km)的,按规定配备两名以上驾驶员;驾驶员连续驾驶时间不超过4h,或者24h内累计驾驶不超过8h。

道路旅客运输行车日志   表3-6

日期：　　　年　月　日

驾驶员姓名				
车牌号		车型		
核定载人数	人	实载人数		人
始发站		终点站		
发车时间		到站时间		
行车路线：从　　　到　　　地,主要途经　　　　　地				
行车时间：从　　　到		行车途中在何处休息：		
随车有关证件是否齐全:1.驾驶证　　　　　　　　　　　　　有□　无□ 　　　　　　　　　2.机动车行驶证　　　　　　　　有□　无□ 　　　　　　　　　3.驾驶员从业资格证　　　　　　有□　无□ 　　　　　　　　　4.道路运输证　　　　　　　　　有□　无□ 　　　　　　　　　5.机动车安全管理卡　　　　　　有□　无□ 　　　　　　　　　6.驾驶人安全管理卡　　　　　　有□　无□ 　　　　　　　　　7.线路牌　　　　　　　　　　　有□　无□ 　　　　　　　　　8.许可证明　　　　　　　　　　有□　无□ 　　　　　　　　　9.准驾证　　　　　　　　　　　有□　无□				
车辆情况:1.车辆技术状况　　　　　　　正常□　有问题□　有故障已排除□ 　　　　2.车辆设施、设备状况　　　　正常□　有问题□　有故障已排除□				
行车天气情况:晴□　有雨□　有雪□　有冰冻□　大雾□　　　车辆行驶总里程:　　　　km				
备注:				

（四）安全值班

运输企业应制定并落实安全生产值班计划和值班制度,在清明、五一、国庆、元旦、春节、汛期、严寒冰冻天气等节假日和重要时期实行领导到岗带班,并保有值班记录,切实做到安全值班"三有",即有制度、有计划、有落实。

二、汽车客运站作业与安全管理

汽车客运站作业与安全管理主要包括现场作业管理、站务管理、三品查堵、"三封闭"管理及安全值班管理等。

（一）现场作业管理

汽车客运站应制定各岗位安全生产操作规程,要求企业员工应熟悉本岗位安全生产操作规程,严格执行安全生产操作规程和安全生产作业规定,严禁违章指挥、违章操作、违反劳动纪律的"三违"行为。

各岗位安全生产操作(规程)手册的内容至少应包括站长岗位安全生产操作规程、证牌检查岗位安全生产操作规程、安全保卫岗位安全生产操作规程、站场安全管理岗位安全生产操作规程、车辆安全例检岗位安全生产操作规程、营调员安全操作规程、"三品"检查员操作规程等,并将其发放到岗位或相应人员手中。

(二)站务管理

汽车客运站应与道路旅客运输经营者签订《安全责任协议》,依法明确双方的安全责任;客运站要制定车辆报班制度文本,与进站客运经营者在进站经营合同中对车辆报班制度的相关内容进行约定,调度部门在调度客车发班时,对其《安全例检合格通知单》进行检查,通知单完备有效者,才能准予发班;客运站售票、检票与发班等环节应同步衔接。

客运站应科学合理安排客运班次,班车每日运行里程超过400km(高速公路直达运行里程超过600km)的,按规定要求车辆配备两名以上驾驶员,往返班次要留有足够的途中作业时间和休息时间;所安排的班次、发班时间时应充分考虑班线行经路况、行驶时间等因素,因天气、路况等原因影响行车安全时,视情发车或要求停班;遇有特殊天气时,客运站应启动相应预案或制定相应的应急措施;对行经三级以下道路的客运班线,合理安排发班时间,避免夜间通行。

(三)"三品"查堵

汽车客运站经营者应当对进出汽车客运站的人员、车辆进行严格检查,确保"三不进站"和"六不出站"。其中,"三不进站"是指危险品不进站、无关人员不进站(发车区)、无关车辆不进站;"六不出站"是指超员客车不出站、安全例检不合格客车不出站、驾驶员资格不符合要求不出站、客车证件不齐全不出站、"出站登记表"未经审核签字不出站、乘客未系安全带不出站。

汽车客运站应制定并落实"三品"(易燃、易爆、易腐蚀的物品)查堵制度、防止"三品"进出站上车的有效措施;以文件的形式明确"三品"检查工作程序、岗位、人员设置配备,岗位设置、人员配备能够满足客运站"三品"检查的需要。客运站"三品"检查岗人员按流程对进站旅客携带的行李物品和托运行包进行安全检查,对查获的"三品"要进行登记并按有关规定妥善处理,确保"三品"不进站。具体做法如下:

(1)制订危险品检查工作程序,规范危险品查堵工作。

(2)设立专门的危险品查堵岗位。在进站口等关键环节对进站旅客携带的行李物品和托运行包进行安全检查,对查获的危险品要进行登记并妥善保管或者按规定处理。

(3)配备必要的检查设备。二级以上的客运站必须配备安检仪,有条件的可以配备单独的托运行包、物品安检仪,没有安检仪的客运站应当做到每件行包、物品都进行开箱(包)验视。

(4)客运站应当配备与旅客流量相适应的安检人员。

(5)开展行包、物品托运的客运站要核对托运人的有效身份证件。

(6)对不能确定安全性能的物品(如机电装置、粉末、不明金属、装有不明气体或液体的密闭装置等)或寄件人拒绝验视的,不予承运。

(四)"三封闭"管理

客运站应制定并落实车辆进站管理制度,实行封闭式管理,不得有无证经营的车辆、未经行业主管部门批准的车辆进站经营,不得有无关人员进入候车厅。停车场内区间应划分明确,且应符合人车分道、发车区、停车区、上下客区分区管理原则,导航及警示图表醒目有效;停车场内应设专人指挥、调度车辆进站发车、疏导旅客等,确保进站车辆停车整齐规范,人流、车流有序,确保无关人员不进站(发车区)、无关车辆不进站,安全通道畅通。

（五）安全值班

客运站应制定并落实安全生产值班计划和值班制度,在清明、五一、国庆、元旦、春节、汛期、严寒冰冻天气等节假日和重要时期实行领导到岗带班,并保有值班记录,切实做到安全值班"三有",即有制度、有计划、有落实。

三、道路旅客运输车辆安全管理

道路旅客运输车辆安全管理主要包括营运车辆管理、车辆例检和车辆出站前检查。

（一）营运车辆管理

道路旅客运输企业在车辆管理方面,要施行车辆技术档案管理,做到"一车一档",内容记载及时、完整和准确,不得随意更改;要以文件的形式落实专人负责车辆技术管理工作,车辆安全技术状况(含车辆二维证明、技术等级评定等)应符合有关规定;企业应建立并落实车辆安全检查制度,做好出车前、行车中及收车后的车辆检查工作,并做好记录台账。

道路旅客运输企业应将车辆交予交通运输管理部门认定的汽车维修企业进行维护和维修作业,并保存车辆维修、维护记录,必要时可与维修企业签订维保合同。

道路运输车辆技术档案(图3-1)中应包括车辆基本情况、主要部件更换情况、修理和二级维护记录、车辆综合性能检测、技术等级评定记录、客车类型及等级评定记录、车辆变更记录、行驶里程记录、交通事故记录等,以及车辆行驶证、营运证、线路审批及购置完税等资质凭证。

车辆技术档案示例

道路运输车辆技术档案

车属单位＿＿＿＿＿＿＿＿＿＿＿＿
地　　址＿＿＿＿＿＿＿＿＿＿＿＿
号牌号码＿＿＿＿＿＿＿＿＿＿＿＿
道路运输证号＿＿＿＿＿＿＿＿＿＿
建档日期＿＿＿＿＿＿＿＿＿＿＿＿
档案编号＿＿＿＿＿＿＿＿＿＿＿＿

×××监制

目　　录

表　号	名　　称
1	车辆基本情况
2	主要部件更换情况、修理和二级维护记录
3	车辆综合性能检测、技术等级评定记录
4	客车类型及等级评定记录
5	车辆变更记录
6	行驶里程记录
7	交通事故记录

图 3-1

填 写 说 明

一、车辆技术档案是记录车辆使用、维修、检测、变更、事故等的重要技术资料,同时也是道路运输管理机构对道路运输车辆进行定期审验的重要审验内容之一,应认真填写,并妥善保管。对相关内容的记载应当及时、完整和准确,不得随意更改。

道路运输车辆办理过户变更手续时,运输经营者应当将车辆技术档案完整移交。

二、"表1"中"建档前情况记录"栏主要记录建档前车辆的改装、改造、增设附加装置等情况。

三、"表2"中"总成及主要零部件更换"栏,主要记录发动机、离合器、车厢、驾驶室、转向机、变速器、前桥、后桥、车架等的更换情况。

四、"表5"中"变更内容"栏主要记录车辆停驶、封存、启封使用、改装、改造、报废等的变更情况。

五、"表6"行驶里程记录,每三个月记录一次。

六、"表7"中"事故性质"是指特别重大事故、重大事故、较大事故或一般事故;"事故责任"指全部责任、主要责任、同等责任、次要责任或无责任。

七、"表2"~"表7",若不够填写,可复制。

车辆基本情况

表1

号牌号码		号牌颜色		道路运输证		道路运输证发证日期	
经营许可证		经营范围		机动车行驶证注册登记日		机动车行驶证发证日期	
车辆类型		厂牌型					
车辆颜色		车辆识别代号/车架					
国产/进口		发动机号					
发动机型号		燃料种类					
排量/功率	L/ kW	制造厂名称					
转形式		前/后轮距	/ mm				
轮胎数/规格		钢板弹簧片数	后轴片				
轴距	m	车数		粘贴车辆外观彩色照片			
车辆外廓尺寸	长 mm × 宽 mm × 高 mm						
货厢内尺寸	长 mm × 宽 mm × 高 mm						
总质量	kg	核定载质量					
核定载客	人	准牵引载质量					
驾室载客	人	车辆出厂日期					
空调系统	有□ 无□	悬架形式					
防抱制动装置(ABS)	有□ 无□	GPS/行驶记录仪安装情况		其他附属设备型号		其他附属设备编号	
建档前情况记录							

图 3-1

主要部件更换情况、修理和二级维护记录 表2

序号	修理、维护日期（进/出厂）	累计行驶里程（km）	主附作业项目	总成及主要零部件更换	竣工出厂合格证号	竣工检(验)单编号	承修单位	登记备案记录		登记人员
								日期	备案单位	
1	/									
2	/									
3	/									
4	/									
5	/									
6	/									
7	/									
8	/									

车辆综合性能检测、技术等级评定记录 表3

序号	车辆综合性能检测				技术等级	评定日期	评定有效期	评定单位	登记人
	检测结论	报告编号	检测日期	检测站名					
1									
2									
3									
4									
5									
6									
7									
8									

客车类型及等级评定记录 表4

序号	客车类型及等级	评定(复核)日期	评定(复核)单位	登记人员
1				
2				
3				
4				
5				
6				
7				
8				

图 3-1

车 辆 变 更 记 录 表5

序号	变更日期	运行里程或时间	变更项目	变更内容	备 注	登记人员
1						
2						
3						
4						
5						
6						
7						
8						

行 驶 里 程 记 录 表6

序号	记录日期	行驶里程(km)	运行时间(月)	备 注	登记人员
1					
2					
3					
4					
5					
6					
7					
8					

交 通 事 故 记 录 表7

序号	事故发生日期	事故发生地点	事故性质	事故责任	事故原因	车辆损坏情况	直接经济损失	登记人员
1								
2								
3								
4								
5								
6								
7								
8								

图 3-1 道路运输车辆技术档案

（二）车辆例检

道路旅客运输企业应制定并落实车辆安全例行检查制度；按规定配备专门的安全例检人员，安全例检人员应熟悉客车结构、检验方法和相关技术标准，并经考核合格。

安全例检人员应如实规范填写《车辆安全例行检查表》，明确区分合格与不合格事项，对

检查符合要求的客车,经安全例检人员签字并加盖汽车客运站安全例行检查印章后出具《安全例检合格通知单》。具体做法要点如下:

(1)指定专门的安全例检人员。安全例检人员应当熟悉客车结构、检验方法和相关技术标准,并经汽车客运站考核合格。

(2)设置专门的检查场地,配备汽车安全检验台及必要的仪器、设备。

(3)严格填写车辆安全例行检查表。对符合要求的客车,安全例检人员应当填写车辆安全例行检查表,加盖汽车客运站安全例行检查印章,并经签字后出具"安全例检合格通知单"。"安全例检合格通知单"24h内有效。

(4)汽车客运站调度部门在调度客车发班时,应当对其"安全例检合格通知单"进行检查,确认完备有效后才准予报班。

(三)车辆出站前检查

道路旅客运输企业应制定并落实车辆出站检查制度,确保超员客车不出站、安全例检不合格客车不出站、驾驶员资格不符合要求不出站、客车证件不齐全不出站、乘客未系安全带不出站,按要求填写《汽车客运站车辆出站登记表》,并经受检客车驾驶员签字确认,未经审核签字不出站。

相应岗位人员能认真执行车辆出站前检查制度,主要内容包括:安全例检合格通知单、驾驶证、从业资格证件、行驶证、道路运输证、线路标志牌、核载人数及实载人数等,严格执行"六不出站"。

四、道路旅客运输安全作业环境创建

(一)相关方管理

广义的相关方是指在组织工作场所内外的,与组织的职业、安全、卫生、绩效有关的或受其影响的个人或团体,如运输方、设备、设施维修维护方、施工工程方、食堂、保洁、保安、车辆承租方、物资供应商、外来人员、绿化公司、公司员工、相关政府机构、周边单位等。

这里的相关方主要是指与企业共用同一设备设施、场地进行生产经营其他单位。道路旅客运输企业应与客运站及其他相关方签订安全生产管理协议(也可是其他有关合同或租赁协议),明确相关各方的安全生产责任和义务,并对相关方进行统一管理,定期进行安全检查。

(二)警示标志

道路旅客运输企业与客运站应在存在危险因素的作业场所和设备设施,必须设置警戒区域和明显的安全警示标志,并告知危险种类、后果及应急措施。设备设施检修、施工等作业现场也存在有一定的危险因素,也必须设置警戒区域和警示标志,防止无关人员误入。

第四节 道路旅客运输企业突发事件应急处置

一、突发事件应急处置流程

道路运输企业对于突发事件的处置,一般遵从以下流程:

(1)首要任务就是控制和遏制事故,防止事故扩大,减少人员伤害或财产损失。

（2）将突发的事件情况或紧急状态迅速通知企业相关安全人员。

（3）及时向上级部门和当地人民政府报告，取得政府主管部门和专业救援机构的指导和支持，积极配合专业的应急救援机构的工作，尽量减少人员伤亡和财产损失。

（4）关闭、转移、隔离相关的危险设施设备或系统。

（5）紧急状态关键时期，授权披露有关信息，指定一名高级管理人员作为该信息的唯一出处，防止发生信息误导。

二、应急处置措施

道路旅客运输企业突发事件一般有道路交通事故、火灾、自然灾害事件、公共卫生事件、社会安全事件等。

（一）道路交通事故应急处置

（1）事故发生后，事故现场有关人应当立即向本单位负责人报案；单位负责人接到报案后，应当按照国家有关规定执行上报流程。

（2）同时配合救援机构，开展救援工作，尽量减少人员伤亡和财产损失。

（3）企业指派相关负责人处理事故。

（4）在公安机关交通管理部门的指导下，同受害人沟通，依照国家相关规定进行赔偿。

（5）向保险公司提出索赔。

（二）火灾事故应急处置

（1）及时通知企业领导，拨打119报警。

（2）及时接通火灾报警装置或火灾事故广播，组织疏散人员、车辆等，在安全条件下转移、隔离重大危险源。

（3）停止运行相关装置（风机、防火阀等），防止火势扩大。

（4）选择正确有效的方法灭火或配合专业消防人员灭火。

（5）火扑灭后，将消防装置恢复到正常运行状态。

（三）自然灾害和公共卫生事件应急处置

（1）报告上级有关部门，配合组织营救和救治受害人员，疏散、撤离并妥善安置受到威胁的人员以及采取其他救助性措施。

（2）迅速控制危险源，标明危险区域，封锁危险场所，划定警戒区，以及其他控制措施。

（3）禁止或者限制使用有关设备、设施，关闭或者限制使用有关场所，中止人员密集的活动或者可能导致危害扩大的生产经营活动以及采取其他保护措施等。

（四）社会治安事件应急处置

（1）报告上级有关部门，强制隔离使用器械相互对抗或者以暴力行为参与冲突的当事人，妥善解决现场纠纷和争端，控制事态发展。

（2）对特定区域内的建筑物、交通工具、设备、设施以及燃料、燃气、电力、水的供应进行控制。

（3）封锁有关场所、道路、查验现场人员的身份证件，限制有关公共场所内的活动等。

第四章　道路普通货物运输企业安全管理

　　莫某驾驶重型厢式载货汽车自浙江省永康市开往浙江省永嘉县北镇方向。8月4日凌晨3时55分,途经104国道1883km+770m处(永嘉县东瓯街道和一村地方),莫某由于疲劳致注意力不集中,驶入对向车道与对向由王某驾驶的轻型厢式货车发生碰撞,造成轻型厢式货车上驾驶员王某和朱某、柳某三人当场死亡,且两车不同程度损坏。

事故原因

　　1.直接原因

　　(1)莫某驾驶超载(核载4950kg,实载21485kg)且制动性能不符合标准的肇事车辆,途经事故路段,由于疲劳致注意力不中,将车驶入对向车道内与对向来车发生碰撞,是造成事故的主要原因。

　　(2)王某驾驶的轻型厢式货车虽然制动存在安全隐患,不符合技术要求,但与事故无因果关系。而该车内实载人数超过核定载人数(核载2人,实载3人),加重了事故的后果。

　　2.间接原因

　　肇事车辆所在企业安全管理混乱,未认真落实企业安全生产责任制,未和驾驶员签订任何安全生产责任书。安全管理制度不到位,未对驾驶员进行公司内部备案,未对聘用的驾驶员从业资格证书和从业经历进行过任何了解,未对驾驶员进行过任何形式岗位技能、安全操作规程、安全生产法律法规方面的学习和培训。

事故防范措施

　　(1)交通运输主管部门应加强对安全生产工作的组织领导,认真研究安全管理工作中存在的突出问题和薄弱环节,根据实际道路交通状况对部分事故多发路段的安全防护设施进行完善;加大行车上路检查力度,尤其是加强重点时段重点路段的检查密度、频次,切实确保行车安全。

　　(2)公安机关交通管理部门应加强执勤空档管理力度,严查疲劳驾驶的违法行为;加强对车辆超载违法行为查处力度;加强交通安全宣传教育,提高交通参与者安全意识。

　　(3)企业应加强安全生产企业主体责任的落实,完善内部安全管理,有效加强对挂靠车辆、挂靠驾驶员的安全监管。高度重视从业人员的安全教育培训工作,采用案例教育等多种形式,不断提高从业人员的安全意识、法制意识、责任意识和技能水平。

第一节　道路普通货物运输企业人员管理

一、安全管理人员管理

(一)专(兼)职安全管理人员配备标准

结合国家道路运输行业立法和安全管理要求,专(兼)职安全管理人员配备参考标准如下。

1. 道路普通货物运输企业

道路普通货物运输包括道路普通货物运输、零担货物运输、大型物件货物运输、集装箱运输、冷藏货物运输和搬家运输。因此,道路货物运输实际安全管理工作也十分繁重。道路普通货物运输企业安全生产管理人员的配备参照《安全生产法》相关规定进行配备。

2. 汽车货运站

汽车货运站不仅是社会人员密集场所、车辆停放场所,更是货运交易、货物储存和堆放的场所,其安全管理难度不亚于汽车客运站。因此,安全管理人员配备也不得低于汽车客运站的配备标准。

(二)安全管理人员基本能力

可参考第三章相关内容。

(三)安全管理人员资格要求

可参考第三章相关内容。

二、一线作业人员管理

道路货物运输企业一线运输生产作业人员为道路货物运输驾驶员,道路货运站一线运输生产作业人员包括装卸工、场内驾驶员等。

(一)道路普通货运企业一线重点作业人员

1. 货物运输驾驶员的岗位职责及能力要求

普通货物运输驾驶员岗位职责及能力基本要求与旅客运输驾驶员基本相似,这里以从事货物运输汽车列车驾驶员岗位职责及能力要求进行说明。

(1)基本要求。

①了解所驾驶的牵引车总体构造和主要技术性能、参数;熟悉安全质量保证的有关规定和规范;掌握驾驶、维护汽车列车的技能,并具备判断和紧急处理意外情况的能力,能在较复杂条件下,与挂车工配合完成超限货物运输作业。

②掌握相关道路货物运输法规和货物装载保管基本知识,熟悉货运事故应急处置要求。

③装载货物能做到均衡平稳,捆扎牢固,严禁超重、超高、超宽载货。

④在用起重设备装卸车时,驾驶员必须离开驾驶室,不准在这时检查、修理车辆。

(2)驾驶员从业条件。

《道路运输从业人员管理规定》第二章第十条规定,经营性道路货物运输驾驶员应当符合下列条件:

①取得相应的机动车驾驶证。

②年龄不超过60周岁。

③掌握相关道路货物运输法规、机动车维修和货物装载保管基本知识。

④经考试合格,取得相应的从业资格证件。

2. 货物运输车辆安检人员的岗位职责及能力要求

(1)熟悉货物运输车辆结构、检验方法和相关技术标准,经企业考核合格上岗。

(2)建立车辆安全检查信息管理系统,档案化管理安检记录。

(3)车辆完成运输作业收车后,认真听取驾驶员对车辆使用和日常维护情况的汇报,及时进行技术检验。

(4)把安防设施配备(车内灭火器、大件货物运输标志旗、故障车警告标志等)全面纳入车辆安全范围。达到国家规定的报废标准或者检测不符合国家强制性要求的营运车辆,不得继续从事经营。

(5)按有关规定和标准,对车辆的传动、转向、制动、灯光等涉及行车安全的装置进行认真检查,对松动的螺母、螺栓及时紧固,必要时进行简单的换件与修理。

(6)认真检查道路运输证的车辆二级强制维护记录,督促运营车辆的技术维护和日常维修,提高车辆性能和完好率,确保车辆安全运营。

3. 超重型汽车列车、挂车操作工岗位职责及能力要求

(1)具有一定安全汽车列车挂车操作经历。

(2)了解和掌握常用挂车及其变型车的基本构造及与牵引车组合后的汽车列车技术性能,熟知常用挂车及其变型车操作、运用、维护、安全质量保证等的有关规定和规范。

(3)掌握组合拼接、运行操作,以及维护常用挂车及其变形车的技能;能在较复杂条件下,与驾驶员协调配合,正确操纵常用挂车或其变形车完成超限货物运输作业。

(4)熟知承载后挂车各部的允许变形范围(如车架变形、轮胎压花等)及不同车速下轮胎的允许负荷,超限货物在挂车上的支撑方法、支撑部位、支撑距离及液压、气压传动的工作原理及电工学的基本知识、轴荷与桥梁限载的关系等。

(5)能熟练操纵常用挂车或其变形车,与汽车列车驾驶员协调配合完成超限货物运输作业,能及时发现装卸和运行作业中的技术问题,排除油、电、气路故障。

(6)能对超限货物运输过程中出现的意外情况作出判断和应急处理。

(7)具备汽车维修钳工的基本技能,可以实施挂车、动力机组的定期维护作业及一般小修换件作业。

4. 装卸工岗位职责及能力要求

(1)掌握装卸各种货物的方法及注意事项,并能优质、高效地完成装卸任务和解决运输中出现的疑难问题。

(2)掌握常用运输装卸设备的名称、规格及其作业范围等专业知识,能正确使用和维护装卸汽车的常用工具。

(3)掌握汽车装卸作业程序要求和包装标志,能根据货物的特点,合理地选用设备、工具,不摔、碰、击、翻、滚、倾倒等,保证货物质量要求。

(4)掌握封车物品(棚布、绳索、铁丝、支柱等)与垫物的名称、规格、性能、用途及维护方

法,并能按照要求进行封车作业,保证各种车辆安全行驶。

(5)掌握并能根据汽车货物的安全操作规程进行装卸作业,确保人身安全方面的知识。

(二)汽车货运站一线重点作业人员

1. 车辆安检人员的岗位职责及能力要求

(1)认真执行行业规范和车站制定的安全制度、安全操作规程,熟悉突发事件应急处置预案,切实履行岗位职责,严把源头关。自觉遵守劳动纪律,不擅自离岗、不违章指挥、不违章操作,及时发现、制止他人的不安全行为。

(2)熟悉《道路运输车辆技术管理规定》(交通运输部令 2016 年第 1 号)、《机动车安全运行技术条件》(GB 7258—2017)、《汽车维护、检测、诊断技术规范》(GB/T 18344—2016)、《道路运输车辆技术等级划分和评定要求》(JT/T 198—2016)等法规、标准。

(3)熟悉各类车辆构造原理和基本性能,掌握各类车辆在本站安全例检的项目内容、要求和检查程序、检查方法,并能按国家要求实施安全检查。

(4)认真做好本车站厂内运输经营服务车辆安全检查,保证经营车辆技术性能完好。

(5)认真填写车辆检验记录,对不合格的车辆做好记录,并限期整改。

2. 装卸搬运工的岗位职责及能力要求

(1)身体健康强壮、有较强的工作责任感,能与同事合作并能服从安排。

(2)熟悉道路货物基本分类及各类货物搬运装卸的基本常识。

(3)服从现场作业指挥人员分配,听从指挥。

(4)严守操作规程,严格按照产品及物料要求进行搬运装卸,防止野蛮作业及搬运装卸过程中出现擦伤、碰伤等现象。

(5)应在装卸管理人员的现场指挥下进行危险货物的装卸,并在危险货物装卸作业区应设置警告标志。

(6)进入易燃、易爆危险货物装卸作业区时,应穿着不产生静电的工作服和不带铁钉的工作鞋。不得随身携带火种和吸烟,关闭随身携带的手机等通信工具和电子设备。

(7)雷雨天气装卸时,应确认避雷电、防湿潮措施有效。

3. 出站安检人员岗位职责及能力要求

制定相应安全操作规程,对出站车辆进行安全检查,不得超限、超载配货,不得为无道路运输经营许可证或证照不全者提供服务;不得违反国家有关规定,为运输车辆装卸国家禁运、限运的物品。没有危险货物经营资质的货运站严禁危险货物运输车辆进站。

三、现场管理人员管理

1. 车队长安全生产职责

按照企业管理职能的分工、谁主管谁负责的原则,车队长的安全职责如下:

(1)在经理(或分公司经理)的领导下,全面开展安全运输管理工作,负责对部门人员,特别是驾驶员(乘务员、押运员)进行安全知识、法律法规知识的教育与培训。

(2)按照公司制定的安全生产责任制度、安全管理制度和安全生产方针目标,组织制定好本部门相关的安全管理制度和安全技术操作规程。分解公司安全生产目标,并组织实施。

(3)根据安全生产隐患排查制度,定期检查运输车辆的安全工作、定期检查车队安全员对驾乘人员的安全学习情况、车辆驾驶员记录台账,保险、审验、二级维护、承运人险登记台账、车辆行驶里程记录、主要部件变更记录、车辆技术等级及类型级别记录、交通事故记录等,发现隐患及时排除,发现不足及时完善。

(4)根据公司统一部署,定期开展安全检查,对部门工作认真自检自查,发现安全隐患,迅速整改到位。

(5)按照上级的通知要求和公司安全活动的规定,主动参加各级安全生产工作会议,定期召开部门安全生产会议及安全例会,不断改进安全管理方法。

(6)对上级主管部门、交警部门、行业主管部门在安全检查中提出的整改意见,如期回复整改报告,汇报整改结果。

(7)严格审查新增车辆驾驶员和变更驾驶员的从业资格,不符合要求或技术操作达不到规定标准的不予聘用。

(8)加强季节性安全教育,在暑运、冬运、春运期间,对驾驶员开展特别安全教育,时时唤起驾驶员的安全警惕性。

(9)协助安全环保部门、公司专职安全员处理交通运输发生的重大及以上交通事故事宜;积极参与公司组织的事故应急演练;定期组织运输车辆事故应急演练,提高驾驶员(乘务员、押运员)在运输途中发生事故的应急处理能力。

(10)积极主动在本部门开展安全标准化和安全文化的建设活动。负责本部门人员的安全绩效考核,完善安全管理工作。

2.车间主任(货运车站)安全生产职责

车间主任对本单位安全生产全面负责,副主任对分管业务的安全工作负责,其职责如下:

(1)保证国家安全生产法规和企业规章制度在本车间的贯彻执行,把安全生产工作列入车间重要的议事日程,做到"五同时"。根据公司统一规划,在本单位组织开展安全标准化和安全文化建设活动。

(2)组织制定并实施车间安全生产管理制度,安全技术操作规程和技术措施计划。

(3)组织对新工人(包括实习、代培人员)进行车间安全教育和班组安全教育;对职工进行经常性的安全思想、安全知识和安全技术教育;开展岗位技术练兵活动;加强班组建设,及时处理职工安全合理化建议;定期组织安全技术考核。

(4)定期召开车间安全生产工作会议,并做好会议记录。

(5)根据公司统一规定,定期组织车间安全检查,落实隐患整改措施,保证本车间生产设备、安全装置、消防器材、防护设施和急救器具等处于完好状态,并教育职工加强维护,正确使用。

(6)建立车间安全生产管理网络,配备合格的兼职安全技术人员,充分发挥车间、班组安全技术人员的作用。

(7)组织开展各项安全生产(包括安全生产月)活动,总结交流安全生产经验,表彰奖励安全生产先进班组和先进个人。

(8)对本车间发生的安全事故,及时进行报告和处理,负责保护好现场。同时,坚持"四不放过"的原则,查明原因,分清责任,落实防范措施,对事故的责任者提出处理意见,报上级批准后执行。

(9)组织职工学习并熟悉掌握事故应急处理方案,积极参加公司组织的应急预案演练,发生重大安全事故要听从指挥,参加事故抢救工作。

(10)抓好车间的现场安全管理。

3.班组长安全生产职责

(1)在(车队长、车间主任)的领导下,贯彻执行企业对安全生产的规定与要求,全面负责本班组的安全生产。

(2)组织班组职工学习并贯彻执行公司各项安全生产规章制度、安全技术操作规程,教育职工遵纪守法,制止违章行为,做到"三不伤害",即不伤害他人、不伤害自己、不被他人伤害。

(3)组织并参加安全活动,坚持班前讲安全,班中检查安全,班后总结安全。

(4)负责对新工人(包括实习、代培人员)转岗人员进行岗位安全教育。

(5)负责班组安全检查,发现不安全因素及时组织力量消除,并报告上级;发生事故立即报告,并组织抢救,保护好现场,做好详细记录。

(6)搞好生产设备、安全装备、装置、消防设施、防护器材和应急救援器具的检查维护工作,使其经常保持完好和正常运行。督促教育职工正确使用劳动保护用品,确保身体健康。同时会正确使用安全设备、灭火器材。

(7)发生事故要立即向上级报告,并组织及时抢救、保护现场;参加事故调查分析,落实整改与防范措施。

(8)在班组积极开展安全标准化和安全文化建设活动,按照企业部署全面推行安全标准化管理。

4.车队安全员安全职责

(1)车队安全员要认真贯彻执行国家道路运输安全管理法规和企业安全生产规章制度,对本单位负安全检查、监督和管理责任。

(2)负责或参与制定运输相关安全管理制度和安全操作规程,并监督执行。

(3)定期检查运输车辆的安全防火设施、罐体固定、信息系统等是否完好,如发现问题和事故隐患,应及时组织人员,制定安全整改措施,落实责任人与整改期限,并检查执行与整改结果。

(4)负责运输车辆的安全设备、灭火器材、防护装置和应急救援器具的管理,掌握实情,发现不足,并提出改进和治理建议。

(5)检查督促驾驶员正确穿戴劳动防护用品、规范使用设备与机具,发现违章现象,及时教育与纠正。

(6)负责维护保管好运输车辆、车库、仓储消防器材,定时检查车辆随车防火、防爆设备,确保安全、可靠运行。

(7)定期召开驾驶员道路行驶安全会,认真抓好车队新进人员的岗位安全教育。

(8)车队和单车发生安全事故应及时上报,不得隐瞒、迟报,并按照"四不放过"的原则和程序进行调查处理。

(9)积极参与企业安全标准化和安全文化的建设活动,抓好安全生产基础管理工作,认真、及时填写好车辆行驶安全行车日记,记录好安全管理台账。

四、应急救援人员管理

涉及道路普通货物运输企业应急救援人员的管理包括应急指挥人员、应急管理人员、应急专业技术人员、应急施救人员等人员。

1. 应急指挥人员

应急指挥人员通常由企业主要负责人担任,制定应急方案、开展应急演练并进行评价修订,是《安全生产法》等有关法律、法规赋予企业主要负责人的基本法律义务。因此,作为应急指挥人员,应全面了解和掌握国家道路运输行业有关应急法律法规和自身道路运输企业应急管理预案制度体系建设;根据企业自身应急管理需要组织应急知识培训,安排针对性应急演练活动并进行评价、改进。

2. 应急管理人员

应急管理人员包括应急管理的决策者、组织者、指挥者,主要包括企业主要负责人、分管应急管理负责人、应急预案制定机构及应急预案的实施机构的负责人员。道路运输企业应急管理人员对道路运输应急管理重要性的认知、重视程度直接决定企业应急效率和质量。

道路运输企业应急管理人员主要应做好如下四项工作:

(1)科学编制与企业安全生产相适应的应急处置预案。

(2)针对企业应急救援人员开展针对性应急管理常识教育培训活动。

(3)针对企业安全管理实际组织开展应急演练活动。

(4)定期对应急预案进行评价修订。

3. 应急专业技术人员

应急专业技术人员,主要是指道路运输企业的应急专家,应急专家储备管理对应急管理成效好坏至关重要。企业应组织开展专家信息收集、分类、建档工作,完善专家参与预警、指挥、救援、救治和恢复重建等应急决策咨询工作的机制,开展专家会商、研判、培训和演练等活动,发挥专家的咨询与辅助决策作用。

4. 应急施救人员建设要求

从道路运输企业员工中挑选合适的兼职消防或应急救援人员,加强兼职消防或应急人员业务培训演习、演练。危险货物场站和港区应与专业应急队伍签订救援协议,组织编制危险货物运输应急救援指导读物,制定并完善企业应急救援预案,加强对所有从事危险货物作业人员的技术培训以及消防和应急处置的演练,不断提高企业应对和处置危险货物运输事故的能力。

5. 大力发展应急志愿者队伍

建立形式多样的应急志愿者队伍,重点加强青年志愿者队伍建设。通过构筑社会参与平台和制定相关鼓励政策,逐步建立政府支持、行业引导、项目化管理、社会化运作的应急志愿服务机制,发挥志愿者队伍在科普宣教、应急处置和恢复重建等方面的重要作用。拓宽市场经济条件下的应急通路,充分发动民间力量参与应急事务,将其作为政府应急力量的补充。

第二节　道路普通货物运输企业装备设施

一、道路普通货物运输车辆

(一)货物运输车辆及其分类

货物运输车辆是为运送货物设计的,是提供货物堆码空间的车辆。

(1)按汽车车长和总质量的大小不同,根据《机动车类型　术语和定义》(GA 802—2014)进行分类,可分为重型汽车、中型汽车、轻型汽车和微型汽车。货车类型划分见表4-1。

货车分类　　　　　　　　　　　　　　　　　　　　　　　　表4-1

车型分类	重型	中型	轻型	微型
车长 $L(\text{m})$ 总质量 $M(\text{t})$	$M \geqslant 12$	$L \geqslant 6$ 或 $4.5 \leqslant M < 12$	$3.5 < L < 6$ 且 $1.8 < M < 4.5$	$L \leqslant 3.5$ 且 $M \leqslant 1.8$

(2)按车身形状不同可分为厢式汽车、罐式汽车和仓栅式汽车。

(3)按驾驶室的外形和结构不同,可分为长头货物运输车辆、平头货物运输车辆和短头货物运输车辆。

(二)车辆装备

1. 车辆经常性装备

车辆的经常性装备应符合《机动车运行安全技术条件》(GB 7258—2017)、《汽车及挂车外部照明和光信号装置的安装规定》(GB 4785—2007)和《半挂车通用技术条件》(GB/T 23336—2009)的有关规定,并保证齐全、完好,不得任意增减。

2. 车辆临时装备

车辆在特殊运行条件下使用时,应根据需要配备保温、预热、防滑、牵引等临时性装备。车辆运输超长、超宽、超高或保鲜等特殊物资时,应根据需要增加临时性装备。

3. 营运货车的技术要求

(1)车辆技术性能应当符合《道路运输车辆综合性能要求和检验方法》(GB 18565—2016)的要求。

(2)车辆外廓尺寸、轴荷和载质量应当符合《汽车、挂车及汽车列车外廓尺寸、轴荷及质量限值》(GB 1589—2016)的要求。

二、汽车货运站设施

(一)货运站及其分类

汽车货运站是道路交通运输的基础设施之一,在国家经济建设中具有重要地位,是货运经营者(承运者)和货主(托运人)进行货物运输交易的场所,是货物的集散基地,是为货主和经营者提供服务的基础设施,是运输网络上的结点,是组织货物搬运装卸并提供各种服务的经营单位。货物运输的发送作业和到达作业多数在货运站完成。目前,我国道路运输企业的货运站可分为三类。

(1)整车货运站,以货运商务作业机构为代表的汽车货运站。

(2)零担货运站,专门经营零担货物运输,进行零担货物作业、中转换装、仓储保管的货运汽车站。

(3)集装箱货运站,主要承担集装箱的中转运输作业任务为主的货运站,又称集装箱中转站。

货运站站级划分可根据《公路货运站站级标准及建设要求》(JT/T 402—2016)确定。

(二)货运站主要功能

1.运输组织功能

货运站是贯彻执行国家及行业主管部门有关法规,进行货物运输生产、货流和货运车辆的运行组织,实现道路货物合理运输的场所。货运站的运输组织功能包括运输生产组织、货源组织、运输能力组织、运行组织、道路货运市场管理等。

2.中转和装卸储运功能

利用货运站内部的装卸设备、仓库、堆场、货运受理点以及相应的配套设施,为货物中转和因储运需要而进行的换装提供方便,保证中转货物安全、快捷、经济、可靠地完成换装作业,及时运送到目的地。

3.联运和中介代理功能

通过信息中心和自身的信息系统,与铁路运输、水运、航空等行业及部门建立密切的货物综合运输体系,协调地开展联合运输业务。同时,承担运输代理业务,为旅客、货主和车主提供双向服务,合理组织联运。

4.综合物流服务功能

货运站除具备储存保管等传统功能外,还具备包括拣选、配货、检验、分类等作业并具有多品种、小批量、多批次等收货配送以及附加标签、重新包装等综合物流服务功能。

5.通信信息功能

通过信息传递与交换设备,使全国道路货运站场形成网络,信息互通,资源共享,各种营运信息迅速、及时、准确地传递和交换。

6.辅助服务功能

货运站除开展正常的货运生产外,还提供与运输生产有关的服务。

(三)货运站生产设施

货运站生产设施主要包括业务办公设施、库(棚)设施、场地设施、道路设施。

1.业务办公设施

业务办公设施主要包括货运站站房、生产调度办公室和信息管理中心。有国际运输业务的货运站,可设置由海关、检疫、商检、商务等部门的国际联运代理业务办公室。

(1)货运站站房由业务人员工作间和货主办理货物托运或仓储受理手续、提货手续的场所构成。

(2)生产调度办公室及国际联运代理业务联合办公室。

(3)信息管理中心由放置信息管理硬件系统的机房与工作人员的办公场所和供信息发布及用户查询的场所构成。

(4)业务办公设施的设置要方便货主,货物受理处业务人员工作间和联合办公室应按作业流程设置,货物受理处与仓库的距离应短捷。

2.库(棚)设施

库(棚)设施包括中转库、零担库、集装箱拆装箱库、仓储库,分别用作货物的短期存放集装箱拆装作业和货主待收或待发货物仓储;货棚则用于堆放不便进库但又不宜露天存放的零担或仓储货物。

对库(棚)设施的有关要求如下:

(1)中转库。中转库是中转货物集中、分拣换装、发货的场所。中转、换装作业量大的一、二级货运站,可设置具有监控、传送、分拣设备的中转库。中转作用量小的三级以下货运站,可用相应仓库内的一定区域作为理货场地,不设中转库。

(2)仓储库。按建筑层数不同,仓储库可分为单层和多层仓储库。存放外形尺寸较小,单件质量较轻货物的仓储库可建成高架库。为适应各种外形尺寸货物的存放,高架库与单层连接成建筑群体。

(3)零担库和集装箱拆装箱库。零担库和集装箱拆装箱库应建成高站台仓库,站台宽度不少于3m,高度为1.2~1.3m,两端设置斜坡,并装设货物装卸升降台。

各类仓库应分区设置,并以道路衔接,保持良好作业联系。零担货棚和仓储货棚应与相应仓库位于同一区域。

3.场地设施

场地设施主要包括集装箱堆场、装卸场或作业区、货场和停车场。

4.道路设施

道路设施包括铁路专用线和站内道路。

(1)在临近铁路线并有较大公铁联运作业量的一、二级汽车货运站,可引设铁路专用线;三、四级货运站或无条件的货运站可不设置。

(2)站内道路应采用无交叉的环行行驶路线。

(四)货运站生产辅助设施和生产服务设施

用于汽车货运站的生产辅助和生产服务设施应按需设置。

1.生产辅助设施

货运站的生产辅助设施主要包括维修维护设施、动力设施、供水供热设施等。

(1)维修维护设施。

维修维护设施包括维修维护现场的消防通道、行车通道、围栏、警告标志、夜间警示红灯、消防器材、通信设备、照明设备、脚手架、冲洗用水源等。

(2)动力设施。

动力设施可分为如下三类:

①动能发生设备,包括空气压缩设备、液化气站设备、锅炉房设备。

②电器设备,包括变压器、高低压配电设备、照明和其他电器设备。

③其他动力设备,包括通用采暖设备、管道、除尘设备和其他动力设备。

(3)供水供热设施。

①供水设施。供水设施就是供水设备,比如无负压供水设备、变频供水设备、气压供水设备、消防供水设备、落地膨胀水箱等都是供水设施。

②供热设施。供热设施是为使人们生活或进行生产的空间保持在适宜的热状态而设置的设施。供热设备按照服务范围不同分为局部供热设施、集中供热设施和区域供热设施。集中式供热设备有集中式热风供暖设备、集中式热水供暖设备和集中式蒸汽供暖设备。

2.生产服务设施

货运站的生产服务设施主要包括食宿设施和其他服务设施。

（五）货运站主要设备

货运站主要设备包括运输车辆、装卸机械、计量设备、管理系统、维修设备、安全和消防设备。

1.运输车辆

货运站应根据需要配置用于货物配送和装卸搬运工作的运输车辆,其车辆类型应根据运输方式、货物种类合理选择。

2.装卸机械

货运站装卸机械包括货场和仓库装卸机械,集装箱堆场和作业区装卸机械等。

3.计量设备

货运站应配备检定合格的计量设备或器具。一、二级货运站应设置电子自动计量设备各种电子自动计量设备均应并入货运站计算机网络或预留接口。

4.管理系统

货运站应设置管理和信息系统,包括计算机监控系统、无线、有线通信系统,站内和站间计算机网络系统,信息显示系统等。

5.维修设备

货运站应根据车辆、装卸机械和集装箱的维修工作量配备符合其工艺要求的清洁和维修设备。

6.安全、消防设备

汽车货运站安全、消防设备的配备,应符合国家有关标准、规范的规定。

三、运输装卸特种与辅助设备

（一）运输装卸特种设备

装卸搬运设备,是指用来搬运、升降、装卸和短距离输送物料或货物的机械设备,装卸搬运机械是实现装卸搬运作业机械化的基础。装卸搬运设备按主要用途和结构特征不同,可分为起重机械、输送机械、装卸搬运车辆、专用装卸搬运机械。其中,专用装卸搬运机械是指专用取物装置的装卸搬运机械,如托盘专用装卸机械、集装箱专用装卸搬运机械、分拣专用机械等。

特种设备是指涉及生命安全、危险性较大的锅炉、压力容器(含气瓶)、压力管道、电梯、起重机械、客运索道、大型游乐设施和场(厂)内专用机动车辆。用于货运站装卸特种设备起重机械主要有叉车和巷道堆垛机。

1.叉车

叉车,又称铲车、万能装卸机,是一种通用的起重、运输、装卸和堆垛车辆。叉车一般由底盘、动力装置和工作装置三大部分组成。其中,底盘由传动系统、转向系统、行驶系统及相应的电气设备等组成;工作装置主要由机械部分与液压系统组成。在运输装卸作业中,叉车担负着堆码垛、装卸载、短途运输及牵引等任务。使用叉车不仅能大大降低工作人员的劳动强度,也能极大提高运输装卸作业的效率,并保证物资收发的高效性和安全性。

(1)叉车的工作特点。

①机械化程度高。

②机动灵活性好。

③能提高仓库容积的利用率。

④有利于开展托盘成组运输和集装箱运输。

⑤成本低、投资少,能获得较好的经济效果。

⑥可以"一机多用",能够减轻装卸工人繁重的体力劳动,提高效率,缩短车辆停留时间,降低装卸成本。

(2)叉车的分类。

①按燃料不同,可分为柴油式叉车、汽车式叉车、液态石油式等。

②按结构形式和用途不同,可分为平衡重式叉车、前移式叉车、插腿式叉车、侧向堆垛式叉车侧面式叉车等。

③按作业区域不同,可分为普通型叉车和越野型叉车。

2.巷道堆垛机

巷道堆垛机,是由叉车、桥式堆垛机演变而来的。桥式堆垛机由于桥架笨重,因而运行速度受到很大的限制,仅适用于出入库频率不高或存放长形原材料和笨重货物的仓库。巷道堆垛机的主要用途是在高层货架的巷道内来回穿梭运行,将位于巷道口的货物存入货格,或者取出货格内的货物运送到巷道口。

(1)巷道堆垛机的特点。

①电气控制方式有手动、半自动、单机自动及计算机控制,可任意选择一种电气控制方式。

②大多数堆垛机采用变频调速,光电寻址,具有调速性能好,停车准确度高的特点。

③采用安全滑触式输电装置,可保证供电可靠。

④运用过载松绳、断绳保护装置确保工作安全。

⑤配备移动式工作室,室内操作手柄和按钮布置合理,座椅较舒适。

⑥堆垛机机架质量轻,抗弯、抗扭刚度高;起升导轨精度高,耐磨性好,可精确调位。

⑦可伸缩式货叉减小了对巷道的宽度要求,提高了仓库面积的利用率。

(2)巷道堆垛机的分类。

①按结构不同,可分为单立柱型巷道式堆垛机、双立柱巷道堆垛机。

②按支撑方式不同,可分为地面支撑型巷道堆垛机、悬挂型巷道堆垛机、货架支撑型巷道堆垛机。

③按用途不同,可分为单元型巷道堆垛机、拣选型巷道堆垛机。

(二)运输装卸辅助设备

用于货运站装卸机械的辅助设备有带式输送机和监控、传送、分拣设备。

1. 带式输送机

带式输送机,是以输送带作为牵引和承载构件,通过承载物料的输送带的运动进行物料输送的连续输送设备。输送带绕经传动滚筒和尾部滚筒形成无极环形带,上下输送带由托辊支撑以限制输送带的挠曲垂度,拉紧装置为输送带正常运行提供所需的张力。工作时,驱动装置驱动传动滚筒,通过传动滚筒和输送带之间的摩擦力驱动输送带运行,物料装在输送带上和带子一起运动。带式输送机一般是在端部卸载,当采用专门的卸载装置时,也可在中间卸载。

(1)带式输送机的特点。

①输送物料种类广泛。

②输送能力范围宽。

③输送线路的适应性强。

④灵活的装卸料工艺流程的要求灵活地从一点或多点受料,也可以向多点或几个区段卸料。

⑤可靠性强。

⑥安全性高。

⑦费用低。

(2)带式输送机的种类。

①按承载能力不同,可分为轻型带式输送机、通用带式输送机、钢绳芯带式输送机。

②按可否移动,可分为固定带式输送机、移动带式输送机、移置带式输送机、可伸缩带式输送机。

③按输送带的结构形式不同,可分为普通输送带带式输送机、钢绳牵引带式输送机、压带式输送机、钢带输送机、网带输送机、管状带式输送机、波状挡边带式输送机、花纹带式输送机。

④按承载方式不同,可分为托辊式带式输送机、气垫带式输送机、深槽型带式输送机。

⑤按输送机线路布置不同,可分为直线带式输送机、平面弯曲带式输送机、空间弯曲带式输送机。

⑥按驱动方式不同,可分为单滚筒驱动带式输送机、多滚筒驱动带式输送机、线摩擦带式输送机、磁性带式输送机。

2. 分拣设备

分拣,就是将很多的货品按品种、不同的地点和顾客的订货要求,迅速、准确地从储位拣取出来,按一定的方式进行分类、集中并分配到指定位置,等待配装送货。按分拣的手段不同,可分为人工分拣、机械分拣和自动分拣。

(1)人工分拣。

人工分拣基本上是靠人力搬运,或利用最简单的器具和手推车等,把所需要的货物分门别类地运送到指定地点。这种方式劳动强度大,分拣效率最低。

(2)机械分拣。

机械分拣也称输送机械分拣,它以机械为主要输送工具,拣选作业还要人工完成。这种方式用得最多的是输送机,有链条输送机、传送输送机、辊道输送机等,也可用箱式托盘进行分拣。这种分拣方式投资少,可以减轻劳动强度,提高分拣效率。

(3)自动分拣。

自动分拣系统可将一批相同或不同的货物,按照不同的要求自动识别、自动计数、自动检测、自动计量、自动包装、自动分拣,快速、准确地满足配送或发运要求,提高客户的满意度。自动分拣系统由设定装置、控制装置、分类装置、输送装置及分拣道口组成。

四、消防、环保与应急设施设备

(一)消防设施设备

根据《消防法》规定,企业应当履行消防安全职责,按照国家标准、行业标准配置消防设施、器材,设置消防安全标志,要保障疏散通道、安全出口、消防车通道畅通。

消防设施设备包括消防设施、消防器材等。消防设施是指火灾自动报警系统、自动灭火系统、消火栓系统防烟排烟系统以及应急广播和应急照明、安全疏散设施等。消防器材,是指用于灭火、防火以及火灾事故的器材。我国通常采用按照充装灭火剂的种类、灭火器质量、加压方式三种分类方法进行分类。消防装备除了灭火器外,还有许多必要的灭火设施,如消火栓、水泵结合器、水带、水枪消防泵及消防车等。

(二)环保设施设备

根据《环境保护法》规定,产生环境污染和其他公害的单位,必须采取有效措施,防止在生产建设或者其他活动中产生的废气、废水、废渣、粉尘、恶臭气体、放射性物质以及噪声、振动、电磁波辐射等对环境的污染和危害。

1.道路普通货物运输车辆环保要求

汽车污染已成为世界的一大公害,汽车排放、噪声污染已经给环境带来了较大的危害,严重危及人类健康。因此,提高道路运输从业人员的环保意识,使其能够正确地维护和驾驶车辆,有利于降低汽车排放和空气污染,对行业可持续发展有着重要意义。

2.道路普通货运运输企业环保要求

产生环境污染和其他公害的运输企业应贯彻执行国家环境保护政策、法规的规定,运营期间应制定有关设施、设备维修养护制度,做好固体废弃物和污水、废气收集、处理与排放工作,确保达到排放标准。对经营业务产生的噪声、振动、废气等污染采取相应控制措施,使其达到国家和交通运输行业相关环保要求。

3.货运站环保要求

(1)货运站应贯彻执行国家环境保护政策、法规的规定,运营期间应制定有关设施、设备维修养护制度,确保达到环保要求。

(2)货运站应对经营业务产生的噪声、振动、废气等污染采取相应控制措施,使其达到国家和交通运输行业相关环保要求。

(3)货运站应做好站内固体废弃物和污水、废气收集、处理与排放工作,确保达到排放标准。

(4)货运站绿化面积应符合国家和行业标准要求。

(三)应急设施设备

为有效应对交通运输突发事件,采取应急处置措施,提供应急运输保障,道路运输企业应当按照有关规划和应急预案的要求,根据应急工作的实际需要,建立健全应急装备和应急物资储备、维护、管理和调拨制度,储备必需的应急物资和运力,配备必要的专用应急指挥交通工具和应急通信装备,并确保应急物资装备处于正常使用状态。道路普通货运运输企业应急设备设施可以参照道路旅客运输企业应急设备设施的标准配备。

五、防护器材与设备

(一)车辆安全防护装置

车辆安全防护装置包括汽车安全带、车外后视镜和前下视镜、前风窗玻璃刮水器、安全锤、消防器材和三角警示牌等。道路普通货运运输企业每一类防护装置具体要求可以参照道路旅客运输企业车辆安全防护装置的标准配备。

(二)劳动防护设备

劳动防护设备,是以消除或者降低工作场所的危害因素,使其在劳动过程中免遭或者减轻事故伤害及职业危害的个人防护装备。防护设备类型包括防尘、防毒、防噪声、防振动、防非电离辐射、防电离辐射、防生物危害和人机功效学的防护等。

1. 个人劳动防护用品及其分类

个人劳动防护用品,是指为使从业人员在生产过程中,免遭或减轻事故伤害和职业危害而提供的个人随身穿戴的用品。个人劳动防护用品按照防护部位不同,分为头部护具类、呼吸护具类、眼防护具、听力护具、防护鞋、防护手套、防护服、防坠落护具、护肤用品九类。

2. 劳动防护用品配备的要求

企业应当按照《个体防护装备选用规范》(GB 11651—2008)和国家颁发的劳动防护品配备标准以及有关规定,为从业人员配备劳动防护用品。企业不得以货币或者其他物品替代应当按规定配备的劳动防护用品。为从业人员提供的劳动防护用品,必须符合国家标准或者行业标准,不得超过使用期限。

3. 劳动防护用品的使用方法

正确选择、使用和维护防护用具是保证从业人员的安全与健康的前提。在生产作业中,应根据工作环境和作业类别选用防护用品,按要求正确维护防护用品,从而确保防护用品的防护效果。

(1)劳动防护用品使用前,应首先做一次外观检查。检查的目的是认定用品对有害因素防护效能的程度,用品外观有无缺陷或损坏,各部件组装是否严密,启动是否灵活等。

(2)劳动防护用品的使用必须在其性能范围内,不得超限使用;不得使用未经国家指定、经检测部门认可(国家标准)和检测还不到标准的产品;不能随便代替,更不能以次充好。

(3)严格按照使用说明书正确使用劳动防护用品。

4. 货车和挂车侧面及后下部防护装置

(1)总质量大于3500kg的货车和挂车应提供防止人员卷入的侧面防护,其技术条件应符合《汽车及挂车侧面和后下部防护要求》(GB 11567—2017)的规定。

(2)货车列车的货车和挂车之间应提供防止人员卷入的侧面防护。

(3)除半挂牵引车和长货挂车以外的总质量大于3500kg的货车和挂车的后下部必须装备符合《汽车及挂车侧面和后下部防护要求》(GB 11567—2017)规定的后下部防护装置,该装置对追尾碰撞的机动车必须具有足够的阻挡能力,以防止发生钻入碰撞。

(三)货运站标志

(1)货运站内应设置各种功能指示和服务标志,正门、主要入口处或咨询处应设有货运站整体布局图。

(2)货运站内设置的标志应清晰、完整、工作状态正常。

(3)货运站应设置站房、信息交易中心、仓库、堆场、停车场地、危险场所、厕所和道路等主要设施明显标志,导向标志的视觉效果不得有其他障碍物阻挡。

(4)主要道路地面应当标有紧急疏散方向的指示符号,进出通道及停车场应设置地面标线标志,引导货物、车辆安全通行。

(5)货运站内车辆导向标志内容、指示方位应当根据外部交通管制及站内营业布局的调整及时进行补充和更新,以保证导向标志的准确性及有效性。

(6)货运站内道路和停车场地应按照《道路交通标志和标线 第2部分:道路交通标志》(GB 5768.2—2009)和《道路交通标志和标线 第3部分:道路交通标线》(GB 5768.3—2009)设置交通标志、划定交通标线和停车泊位,并悬挂明晰的指示牌。

(7)货运站内标志的中文文字应使用《国家通用语言文字规范手册》中规定的标准用字;货运站标志的图形符号采用《标志用公共信息图形符号 第3部分:客运货运符号》(GB/T 10001.3—2011)中规定的图形符号;标准中没有的图形符号,可采用便于识别的图形符号。

第三节 道路普通货物运输企业作业现场

一、道路普通货物运输作业与安全管理

道路普通货物运输作业与安全管理主要包括现场作业管理、运输管理、驾驶员管理和安全值班等。

(一)现场作业管理

道路普通货物运输企业需制定各岗位安全生产操作(规程)手册,要求企业员工应严格执行安全生产操作规程和安全生产作业规定,严禁违章指挥、违章操作、违反劳动纪律的"三违"行为。

各岗位安全生产操作(规程)手册的内容至少应包括车辆技术改造操作规程、车辆的组织调度操作规程、驾驶员安全行车操作规程、车辆动态监控操作规程、车辆运输操作规程、车辆各级维护操作规程、驾驶员行车安全告诫操作规程、车辆日常安全检查操作规程、特殊路段运行安全操作规程、特殊时段运行安全操作规程、突发紧急事件应急处置操作规程、驾驶员的日常教育与继续教育操作规程、驾驶员安全考核操作规程、驾驶员聘用与解聘操作规程等。

现场作业管理具体细分为货物受理、合同签订、货物发送作业、运输途中作业和货物到达作业。

1. 货物受理

（1）承运人受理凭证运输或需有关审批、检验证明文件的货物后，应当在有关文件上注明已托运货物的数量、运输日期，加盖承运章，并随货同行，以备查验。

（2）承运人受理整批或零担货物时，应根据运单记载货物名称、数量、包装方式等，核对无误后，方可办理交接手续。发现与运单填写不符或可能危及运输安全的，不得办理交接手续。

（3）承运人应当根据受理货物的情况，合理安排运输车辆，货物装载质量以车辆额定吨位为限，轻泡货物以折算质量装载，不得超过车辆额定吨位和有关长、宽、高的装载规定。

（4）承运人应与托运人约定运输路线。起运前，运输路线发生变化必须通知托运人，并按最后确定的路线运输。承运人未按约定的路线运输增加的运输费用，托运人或收货人可以拒绝支付增加部分的运输费用。

（5）货物运输中，在与承运人非隶属关系的货运站场进行货物仓储、装卸作业，承运人应与站场经营人签订作业合同。

（6）运输期限由承托双方共同约定后应在运单上注明。承运人应在约定的时间内将货物运达。零担货物按批准的班期时限运达，快件货物按规定的期限运达。

（7）整批货物运抵前，承运人应当及时通知收货人做好接货准备；零担货物运达目的地后，应在24h内向收货人发出到货通知或按托运人的指示及时将货物交给收货人。

（8）车辆装载有毒、易污染的货物卸载后，承运人应对车辆进行清洗和消毒。因货物自身的性质，应托运人要求，需对车辆进行特殊清洗和消毒的，由托运人负责。

2. 合同签订

为了保证货物按托运人的要求，安全、准确、及时地送到收货方，道路货物运输经营者和货物托运人还应当按照《中华人民共和国合同法》（以下简称《合同法》）的要求，签订道路货物运输合同。签订运输合同时，应当核对并登记托运单位的有效证明、个人的有效身份证件，建立健全货运托运人、运输合同信息的可追溯机制，运输合同要留存半年以上，以备查询。

（1）汽车货物运输合同采用书面形式、口头形式和其他形式。书面形式合同种类分为定期运输合同、一次性运输合同、道路货物运单（以下简称"运单"）。汽车货物运输合同由承运人或托运人本着平等、自愿、公平、诚实、信用的原则签订。

（2）定期汽车货物运输合同应包含下列基本内容：

①托运人、收货人和承运人的名称（姓名）、地址（住所）、电话、邮政编码。

②货物的种类、名称、性质。

③货物质量、数量，或月、季、年度货物批量。

④起运地、到达地。

⑤运输质量。

⑥合同期限。

⑦装卸责任。

⑧货物价值，是否保价、保险。

⑨运输费用的结算方式。

⑩违约责任。

⑪解决争议的方法。

(3)一次性运输合同、运单应包含以下基本内容:

①托运人、收货人和承运人的名称(姓名)、地址(住所)、电话、邮政编码。

②货物名称、性质、质量、数量、体积。

③装货地点、卸货地点、运距。

④承运日期和运到期限。

⑤运输质量。

⑥装卸责任。

⑦货物价值,是否保价、保险。

⑧运输费用的结算方式。

⑨违约责任。

⑩解决争议的方法。

(4)定期运输合同适用于承运人、托运人、货运代办人之间商定的时期内的批量货物运输。

(5)汽车货物运输合同自双方当事人签字或盖章时成立。当事人采用信件、数据电文等形式订立合同的,可以要求签订确认书,签订确认书时合同成立。

3. 货物发送作业

货物发送作业主要由受理托运、组织装车和核算制票三部分组成。

(1)受理托运。受理托运必须做好货物包装,确定质量和办理单据等项作业。

(2)组织装车。货物装车前必须对车辆进行技术检查和货运检查,以确保其运输安全和货物完好。

(3)核算制票。发货人办理货物托运时,按规定向车站交纳运杂费,并领取承运凭证。

4. 运输途中作业

运输途中作业是指货物在运送途中发生的各项作业。运输途中作业主要包括途中货物交接、货物整理和换装等内容。

5. 货物到达作业

货物到达作业是指货物在到达站发生的各项作业。货物到达作业主要包括货运票据的交接、货物卸车、保管和交付等内容。

(二)运输管理

道路普通货物运输企业应编制并下发行车日志给驾驶员,要求驾驶员严格遵守公司的各项规章制度,及时、准确地填写行车日志和企业的承运货物登记台账,不得违反规定超限、超载运输。

(1)道路货物运输经营者应当按照《道路运输经营许可证》核定的经营范围从事货物运输经营。

(2)道路货物运输经营者应当对从业人员进行经常性的安全、职业道德教育和业务知识、操作规程培训。

(3)道路货物运输经营者应当按照国家有关规定在其重型货运车辆、牵引车上安装、使用行驶记录仪,并采取有效措施,防止驾驶人员连续驾驶时间超过4h。

(4)道路货物运输经营者应当要求其聘用的车辆驾驶员按规定随车携带《道路运输证》,《道路运输证》不得转让、出租、涂改、伪造。

(5)道路货物运输经营者应当聘用持有从业资格证的驾驶人员。

(6)营运驾驶员应当驾驶与其从业资格类别相符的车辆。驾驶营运车辆时,应当随身携带从业资格证。

(7)运输的货物应当符合货运车辆核定的装载质量,载物的长、宽、高不得违反装载要求。禁止货运车辆违反国家有关规定超限、超载运输。禁止使用货运车辆运输旅客。

(8)道路货物运输经营者运输大型物件,应当制定道路运输组织方案。涉及超限运输的应当按照交通运输部颁布的《超限运输车辆行驶公路管理规定》(交通运输部令2016年第62号)办理相应的审批手续。

(9)从事大型物件运输的车辆,应当按照规定装置统一的标志和悬挂标志旗;夜间行驶和停车休息时应当设置标志灯。

(10)道路货物运输经营者不得运输法律、行政法规禁止运输的货物。道路货物运输经营者在受理法律、行政法规规定限运、凭证运输的货物时,应当查验并确认有关手续齐全有效后方可运输。要按照国家有关行政法规的要求,建立健全货物受理环节的验视制度,切实加强对各类禁运物品、违禁物品、危险物品的检查、甄别和处置,坚决堵塞安全管理漏洞。

(11)道路货物运输经营者应当采取有效措施,防止货物变质、腐烂、短少或者损失。

(12)道路货物运输经营者和货物托运人应当按照《合同法》的要求,订立道路货物运输合同。

(13)国家鼓励实行封闭式运输。道路货物运输经营者应当采取有效的措施,防止货物脱落、扬撒等情况发生。

(14)道路货物运输经营者应当制定有关交通事故、自然灾害、公共卫生以及其他突发公共事件的道路运输应急预案。应急预案应当包括报告程序、应急指挥、应急车辆和设备的储备以及处置措施等内容。

(三)驾驶员管理

道路普通货物运输企业应制定并落实驾驶员行车安全档案管理制度,实行"一人一档",驾驶员档案中至少应包括驾驶员的身份证复印件、驾驶证复印件、从业资格证复印件、驾驶经历情况表、入职资格审查表、相关教育培训考核情况表以及与企业签订的劳动合同等。

道路普通货物运输企业应为每辆车配备行车日志,要求驾驶员在出车前、行车中、收车后按规定填写行车日志,企业安全管理人员应定期抽查并按月归档;货运车辆每日运行里程超过400km(高速公路直达运行里程超过600km)的,按规定配备两名以上驾驶员;驾驶员连续驾驶时间不超过4h,或者24h内累计驾驶不超过8h。

道路普通货物运输企业应及时掌握极端天气及路况信息,对危险路段进行标注,供驾驶员参考,提示作业中的驾驶员谨慎驾驶,要求驾驶员按规定的行车路线行驶,不得私自改道。道路普通货物运输企业应安排专人通过记录台账或GPS对货运车辆的营运及行驶路线进行抽查,一旦发现违规情况,严格按企业有关规定进行处理。

（四）安全值班

运输企业应制定并落实安全生产值班计划和值班制度，在清明、五一、国庆、元旦、春节、汛期、严寒冰冻天气等节假日和重要时期实行领导到岗带班，并保有值班记录，切实做到安全值班"三有"，即有制度、有计划、有落实。

二、汽车货运站作业与安全管理

汽车货运站作业与安全管理主要包括现场作业管理、车辆管理和安全值班管理等。

（一）现场作业管理

汽车货运站需制定各岗位安全生产操作（规程）手册，要求企业员工应严格按照货物装卸、搬运及储存安全管理制度、现场作业指导、安全操作规程等进行现场作业，严禁违章指挥、违章操作、违反劳动纪律的"三违"行为，其相关要求如下：

（1）承运人或托运人承担货物搬运装卸后，委托站场经营人、搬运装卸经营者进行货物搬运装卸作业的，应签订货物搬运装卸合同。

（2）搬运装卸人员应对车厢进行清扫，发现车辆、容器、设备不适合装货要求，应立即通知承运人或托运人。

（3）搬运装卸作业应当轻装轻卸，堆码整齐；清点数量；防止混杂、撒漏、破损；严禁有毒、易污染物品与食品混装，危险货物与普通货物混装。

（4）对性质不相抵触的货物，可以拼装、分卸。

（5）搬运装卸过程中，发现货物包装破损，搬运装卸人员应及时通知托运人或承运人，并做好记录。

（6）搬运装卸危险货物，按《危险货物道路运输规则》（JT/T 617—2018）进行作业。

（7）搬运装卸作业完成后，货物需绑扎苫盖篷布的，搬运装卸人员必须将篷布苫盖严密并绑扎牢固；由承、托运人或委托站场经营人、搬运装卸人员编制有关清单，做好交接记录，并按有关规定施加封志和外贴有关标志。

（8）承、托双方应履行交接手续，包装货物采取件交件收；集装箱重箱及其他施封的货物凭封志交接；散装货物原则上要磅交磅收或采用承托双方协商的交接方式交接。交接后双方应在有关单证上签字。

（9）货物在搬运装卸中，承运人应当认真核对装车的货物名称、质量、件数是否与运单上记载相符，包装是否完好。包装轻度破损，托运人坚持要装车起运的，应征得承运人的同意，承托双方需做好记录并签章后，方可运输，由此而产生的损失由托运人负责。

各岗位安全生产操作（规程）手册的内容应符合国家相关法律法规，至少应包括货物装卸、搬运及储存等的操作规程。企业及企业分管生产经营负责人、部门在制定和下达安全生产任务时同时统筹安排安全工作。

汽车货运站应依照经营类项进行仓储区域功能分区、设置相关分区标识，按货物类别特性进行堆码、存储，在运营场所的醒目位置按要求设置导向、疏散、提示、警告、限制、禁止等安全标志；停车场内要有专人指挥引导进站经营车辆，合理调度安排，车辆停放整齐规范。

汽车货运站应聘用具有从业资质的人员，并按"一人一档"进行归档管理。

对于危险作业应指定专人进行现场监护指导和作业管理，并严格内部审批程序。

（二）车辆管理

汽车货运站应制定并落实车辆安全检查制度,按规定配备专门的安全人员,并实行"一车一档"管理,安全例检人员应熟悉货车结构、检验方法、相关技术标准和相关法律法规。汽车货运站要制定规范合理的安全检查工作流程,超载、超限等不符合安全要求的车辆严禁出站,并如实记录台账。有关重点要求如下:

（1）货运站应分别在货运站的进出口设置检查点并配置必要的设施设备,审核进出车辆的行驶证、营运证以及驾驶员的驾驶证、从业资格证的真实性,禁止资质不合格的车辆及驾驶员进出站。没有危险货物经营资质的货运站严禁危险货物运输车辆进站。

（2）货运站应进行科学的站内交通组织,维护站内交通秩序,确保站内车辆行驶和停放的安全,严禁占用消防通道及紧急疏散通道停放车辆。

（3）依法经营危险货物的货运站,应单独设置危险货物专用车辆停车场,并应配备专人负责管理。

（4）货运站应按相关国家及行业标准配置车辆安全检测设施设备,对出站车辆进行安全检查并予以登记,防止未经安全检查的车辆出站,保证运输安全。

（5）货运站应设立超限源头治理工作岗位并配备必要的计量设施设备,明确工作职责,不得允许超限车辆出站,并建立相关责任追究制度。

（6）货运站应对超限进站车辆进行登记,并向道路运输管理机构通报相关信息,未经卸载禁止出站。

（7）货运站应建立健全车辆进出、装载、配载登记、统计制度和档案,并按规定向道路运输管理机构报送相关信息。

（三）安全值班

汽车货运站应制定并落实安全生产值班计划和值班制度,在清明、五一、国庆、元旦、春节、汛期、严寒冰冻天气等节假日和重要时期实行领导到岗带班,并保有值班记录,切实做到安全值班"三有",即有制度、有计划、有落实。

三、道路普通货物运输车辆安全管理

道路普通货物运输企业应制定并落实车辆技术管理制度,落实专人负责车辆技术管理工作,按国家规定的技术规范对车辆进行定期维护与检测,将车辆交由交通运输管理部门认定的汽车维修企业维护、维修作业,保持运输车辆技术状况良好,并保有维护检测档案。货运车辆定期进行审验,每年审验一次,审验内容包括车辆技术档案、车辆结构及尺寸变动情况和违章记录等。

企业应建立并落实车辆安全检查制度,做好出车前、行车中及收车后的车辆检查工作,发现故障及隐患,及时排除,并保存完整的安全检查登记台账。企业禁止使用报废的、擅自改装的、拼装的、检测不合格的和其他不符合国家规定的车辆从事道路货物运输经营。

企业应按"一车一档"规范建立并妥善保管车辆技术档案,相关内容记载及时、完整、准确、规范。车辆技术档案中应包括车辆基本情况、主要部件更换情况、修理和二级维护记录、车辆综合性能检测、技术等级评定记录、车辆变更记录、行驶里程记录、交通事故记录等,以及车辆行驶证、营运证及购置完税等资质凭证。

道路货物运输经营者对达到国家规定的报废标准或者经检测不符合国家强制性标准要求的货运车辆,应及时交回《道路运输证》,不得继续从事道路货物运输经营。

四、道路普通货物运输安全作业环境创建

(一)相关方管理

道路普通货物运输企业、货运站应与其他相关方签订安全生产管理协议(也可是其他有关合同或租赁协议),明确相关各方的安全生产责任和义务,并对相关方进行统一管理,定期进行安全检查。

道路普通货物运输企业应制定相关方安全管理制度,并保有相关方的名录和档案,对相关方的作业人员开展安全教育培训。货运站应由专人负责,按照货物性质、保管要求进行分类存放、装卸和转运,并要符合相关规定。

(二)警示标志

道路普通货物运输企业与货运站应在存在危险因素的作业场所和设备设施上设置明显安全警示标志,并告知危险种类、后果及应急措施。设备设施检修、施工等作业现场也存在有一定的危险因素,也必须设置警戒区域和警示标志,防止无关人员误入。

第四节　普通道路货物运输企业突发事件应急处置

在道路运输过程中,驾驶员在关键时刻掌握一些应对紧急情况的措施,可在很大程度上降低紧急情况下可能带来的危害;一旦发生事故,及时和正确地进行事故报告和事故现场处理,是防止事故危害扩大、人员伤亡、财产损失增加的重要保障;掌握事故后的脱困方法,可以为自身和其他人员争取最大的生存机会;有效应对自身和其他人员的突发事故,可以使货物的运输过程更加平安通畅。

一、常见紧急情况的处置方法

车辆行驶中由于各种原因,往往会出现一些意想不到的紧急情况,如转向失控、制动失效、轮胎爆裂等,增加了行车中的风险。因此,如果驾驶员的应急处置方法得当,可在关键时刻转危为安。而错误的操作会增加后果的严重性,因此,掌握紧急情况下的事故处理方法至关重要。

1.制动失效

在行车中突然发现制动失效时,驾驶员应开启危险报警闪光灯并尽快停车。普通车辆应快速把挡位降至低挡,但应注意避免发动机熄火。装有发动机排气制动器或减速器的车辆可以利用上述辅助制动装置减速。同时,观察行车地形条件,利用坡道或天然障碍物辅助停车。当车辆行驶在临崖、桥梁和盘山公路上时,驾驶员应握稳转向盘,避免坠崖、落水等危险情况。

2.转向失控

车辆在长直线路段转向失控时,驾驶员应当尽快减速,并选择安全地点停车。避免使用紧急制动减速停车,以防车辆甩尾。在弯道、山路等特殊路段发生转向失控时,驾驶员要立

即抬加速踏板,将车辆及时停下来,以防车辆冲出路面或与其他车辆发生碰撞。

3. 车辆爆胎

车辆爆胎时,驾驶员应握稳转向盘,尽量控制车辆方向,并轻踩制动踏板,使车辆缓慢停下来。前轮爆胎时,驾驶员应双手用力控制转向盘,全力控制住行驶方向,切不可紧急制动和急转转向盘;应松抬加速踏板,采取车辆直线行驶。待车速自然降下后,观察后视镜,在确定后方无来车或后方车距足够的前提下,开启右转向灯,轻转转向盘靠右侧缓慢行驶,贴路边停车。

4. 车辆侧滑

因车辆侧滑而引发的事故占事故总数的比例很大,且常造成碰撞、翻车、坠沟等恶性交通事故。在冰雪、湿滑和砂石等路面上空挡滑行、猛转转向盘、紧急制动和加速及车辆重心过高等都极易造成车辆侧滑。车辆发生侧滑时,驾驶员应及时、果断地结合车辆所处的行驶环境采取相应的应急措施。当车辆发生侧滑时,驾驶员应避免猛转方向和紧急制动,而应立即松抬加速踏板,同时转动转向盘,使车身摆正,再及时回转转向盘,稳住车辆方向,恢复正常行驶状态或靠边停车。

5. 发动机熄火

车辆发动机熄火时,应转动点火开关,尝试重新起动。起动成功后不要贸然继续行驶,应立即靠边停车检查,排除隐患后再行驶。若重新起动不成功,驾驶员应打开转向灯,利用车辆的惯性靠边停车检修。

6. 车辆起火

车辆起火初期,是最佳的灭火时机,随着火势的增大可能将易燃易爆的危险物品引燃,造成程度更深的火灾或爆炸。在起火时,驾驶员必须冷静果断地判明失火部位及起火大小、货物是否被引燃,并根据实际状况采取相应的灭火措施。

①发动机起火。当车辆发动机出现冒烟等异常情况时,驾驶员应迅速停车,切断电源,取下随车灭火器和其他人员一起对准起火部位进行扑灭,双人确认无误后才可停止,禁止开启发动机舱盖灭火。

②车厢储罐货物起火。车厢或者储罐内的易燃物质着火时,驾驶员应将车辆驶离重点要害地点(人员较多区域)以及来往车辆密集区域,立即停车并迅速报警。同时,可以取下车内配备灭火器尝试进行灭火。一般此类火灾火势较大,依靠驾驶员及随车灭火设施很难扑灭,此时应马上疏散附近群众,并警告来往车辆注意停车避让远离危险区域以防止发生爆炸事故,造成无辜群众伤亡,使灾害进一步扩大,并在此过程中报警,寻求救援力量,及时扑灭火灾事故,尽量避免爆炸事故。

③驾驶舱起火。驾驶舱内的易燃物质着火时,驾驶员应将车辆驶离重点要害地点(人员较多区域)以及来往车辆密集区域(可在此过程中有押运员进行车内灭火)立即停车并迅速报警,同时可以取下车内配备灭火器进行灭火。一般此类火灾火势不大,依靠驾驶员和其他人员可以将火焰扑灭,主要是注意在此期间不要因车辆位置不当、车内人员误操作而导致与其他车辆相撞。必须避免驾驶舱内的火灾事故导致车厢或罐体着火。

7. 与其他车辆、人员发生刮蹭、碰撞

在行车过程中发生与其他车辆或与行人的刮蹭、碰撞事故,应尽量将车停靠在安全区域,查看车辆的受损程度及人员的伤亡状况。在无人员伤亡时,在熟悉车辆运输货物化学特性和物理特性的前提下,有针对性地采取防护措施,并在车辆放置区域前后一定距离放置安全警示牌。在有人员伤亡的前提下,应将对人员的救援放在第一位,及时拨打救援电话,联系可靠的救援力量,对受伤人员进行简单的包扎,并在可行的状态下,使受伤人员脱离危险区域。

二、事故现场的处理步骤和方法

驾驶员在道路运输过程中的处置方法基本可以按照立即停车、正确处置现场、及时报告事故三个步骤进行,每一个步骤包含着不同的内容。

(一)立即停车

发生交通事故的车辆必须立即停车,关闭发动机,切断电源,拉紧驻车制动器操纵杆。为防止引发二次事故或造成交通堵塞,驾驶员立即开启危险报警闪光灯,并在来车方向放置安全警示警告。

(二)正确处置现场

发生交通事故后,最重要的是保护行车人员和危险货物的安全,正确处置现场对于减少人员伤亡和财产损失至关重要。因此,驾驶员应掌握正确处置事故现场的一些基本要求。

(三)及时报告事故

驾驶员在运输过程中发生事故,应立即如实向有关单位和部门报告,不得隐瞒交通事故真实情况,更不得肇事后逃逸。根据事故造成的不同后果,事故的报告程序也不同。

1. 未造成人员伤亡,造成较小财产损失的事故

驾驶员应立即报告本单位安全生产管理部门或安全生产负责人,请求派人赶赴现场处理。安全生产管理人员无法立即赶赴现场时,驾驶员可与对方协商解决。若协商不成功,应拨打122,由公安机关交通管理部门处理,并立即将处理结果报告给单位安全生产管理部门或安全生产负责人。

2. 未造成人员伤亡、财产损失的事故

驾驶员应立即报告本单位负责人,请求负责人赶赴现场协商处理。若协商不成功,应拨打122,由公安机关交通管理部门处理。

3. 造成人员伤亡的事故

发生事故后,驾驶员应立即拨打122,将事故基本情况报告给公安机关交通管理部门,等候公安机关交通管理部门处理;另外拨打120,通知医疗救护单位进行人员急救。同时,立即报告单位负责人,请求单位负责人立即赶往现场协助处理。遇情况紧急或事故造成大量人员伤亡时,驾驶员可直接向事故发生地县级人民政府安全生产监督管理部门及负有安全生产监督管理职责的有关部门报告。

另外,如果事故现场出现着火、爆炸事故,驾驶员在自行扑救的同时,还应立即向消防部门报案,请求援助。

第五章 道路危险货物运输企业安全管理

📖 案例引入

湖南省邵阳市境内沪昆高速公路1309km+33m处，一辆自东向西行驶运载乙醇的轻型货车，与前方停车排队等候的大型客车发生追尾碰撞。轻型货车运载的乙醇瞬间大量泄漏起火燃烧，致使大型客车、轻型货车等5辆车被烧毁，造成54人死亡、6人受伤（其中4人因伤势过重医治无效死亡），直接经济损失5300余万元。

事故原因

这起事故是由于轻型货车追尾大型客车，致使轻型货车所运载乙醇泄漏燃烧所致。

车辆追尾碰撞的原因：刘某驾驶严重超载的轻型货车，未按操作规范安全驾驶，忽视交警的现场示警，未注意观察和及时发现在前方排队等候的大型客车，未采取制动措施，致使轻型货车以85km/h的速度碰撞大型客车，其违法行为是导致车辆追尾碰撞的主要原因。

贾某驾驶大型客车未按交通标志指示在规定车道通行，遇前方车辆停车排队等候时，作为本车道最末车辆，未按规定开启危险报警闪光灯，其违法行为是导致车辆追尾碰撞的次要原因。

此外，轻型货车高速撞上前方停车排队等候的大型客车尾部，车厢内装载乙醇的聚丙烯材质罐体受到剧烈冲击，导致焊缝大面积开裂，乙醇瞬间大量泄漏并迅速向大型客车底部和周边弥漫，轻型货车车头右前部由于碰撞变形造成电线短路产生火花，引燃泄漏的乙醇，火焰迅速沿地面向大型客车底部和周围蔓延，将大型客车包围。经调查和现场勘验，事故路段由东向西下坡坡度0.5%，事发时段风速2.5m/s，风向为东北风。经专家计算，火焰从轻型货车车头处蔓延至大型客车车头，将大型客车包围所需时间不足7s。最终，仅有6人从大型客车内逃出，其中2人下车后被大火烧死，4人被严重烧伤（烧伤面积均在90%以上），轻型货车上2人死亡，小型越野车和重型厢式货车各1人受伤。

事故防范措施

(1)要进一步强化安全生产红线意识。

(2)要加大道路危险货物运输"打非治违"工作力度。

(3)要进一步加大道路旅客运输安全监管力度。

(4)要加强对车辆改装拼装和加装罐体行为的监管。

(5)要加大对危险化学品安全生产综合治理的力度。

(6)要进一步加强道路交通和危险货物运输应急管理。

第一节　道路危险货物运输企业人员管理

一、安全管理人员管理

（一）专（兼）职安全管理人员配备标准

结合国家道路运输行业立法和安全管理要求，专（兼）职安全管理人员配备参考标准如下。

自有车辆（挂车除外）小于30辆（含）的道路危险运输企业或者单位，应当配备至少1名专职安全管理人员；自有车辆在30辆至60辆（含）的，应当配备至少2名专职安全管理人员；自有车辆大于60辆的，应当配备至少3名专职安全管理人员，且超出部分每增加30辆，应当相应增加1名专职安全管理人员。

（二）安全管理人员基本能力

可参考第三章相关内容。

（三）安全管理人员资格要求

可参考第三章相关内容。

二、一线作业人员管理

道路危险货物运输一线运输生产作业人员包括道路危险货物运输驾驶员、车辆安检人员、装卸管理人员和押运人员。

1. 驾驶员的岗位职责及能力要求

（1）基本要求。

①取得道路危险货物运输从业资格，证件合法有效。

②接受相关法规、安全知识、专业技术、职业卫生防护和应急救援知识的培训，了解危险货物性质、危害特征、包装容器的使用特性和发生意外时的应急措施。

③熟悉《危险货物道路运输规则》（JT/T 617—2018），并能够按规定进行运输、装卸作业。

④严格遵循运输作业规程，按有关部门关于危险货物运输线路、时间、速度方面的有关规定作业。运输过程中，应每隔2h检查一次。若发现货损（如丢失、泄漏等），应及时联系当地有关部门予以处理。一次连续驾驶4h应休息20min以上，24h内实际驾驶车辆时间累计不得超过8h。

⑤运输危险货物的车辆发生故障需修理时，应选择在安全地点和具有相关资质的汽车修理企业进行。

⑥熟悉并掌握应急预案、应急措施。能熟练使用车辆配备的消防器材。在途中发现泄漏等情况能够及时处理，疏散人员，设立警戒线，并及时向当地的消防部门报警。

⑦要监督、提醒押运人员对货物包装、容器、槽罐等进行安全检查，防止泄漏等危险货物运输事故的发生。

（2）驾驶员从业条件。

《道路运输从业人员管理规定》第二章第十一条规定,道路危险货物运输驾驶员应当符合下列条件:

①取得相应的机动车驾驶证。

②年龄不超过60周岁。

③3年内无重大以上交通责任事故。

④取得经营性道路旅客运输或者货物运输驾驶员从业资格2年以上或者接受全日制驾驶职业教育。

⑤接受相关法规、安全知识、专业技术、职业卫生防护和应急救援知识的培训,了解危险货物性质、危害特征、包装容器的使用特性和发生意外时的应急措施。

⑥经考试合格,取得相应的从业资格证件。

2. 车辆安检人员的岗位职责及能力要求

（1）熟悉危险货物运输车辆及其附属安全装置技术要求。

（2）熟悉并掌握危险货物运输车辆及其附属安全装置安全检查要求。

（3）督促完成运输作业任务的车辆,必须经清洗、消毒后,才能进行安全检查、维护。

（4）将确需维修的车辆送至具备危险品运输车辆修理条件的维修企业进行维修、检查作业;禁止在装卸作业区内维修危险货物运输车辆。

（5）提示驾驶员在出车前、行车中,对车辆和车辆配备的安全设施设备、防护用品进行检查。

3. 押运员岗位职责及能力要求

（1）取得道路危险货物运输从业资格,证件合法有效。

（2）接受管理部门和本企业的相关法规、安全知识、专业技术、职业卫生防护和应急救援知识的培训,了解危险货物性质、危害特征、包装容器的使用特性和发生意外时的应急措施。

（3）押运员通过岗前培训及安全学习、培训等企业组织的活动,了解并熟记自己所需押运的危险化学品的危险性、危害性、物理化学特性、事故应急救援措施等专业知识,押运过程必须按操作规程进行作业。

（4）协助驾驶员做好出车前、行车中和收车后的车况检查,确保车辆技术状况良好、证件齐全、安全设施设备齐全有效,证件及押运证,对运输全过程实施监管。

（5）装车时,协同驾驶员及有关工作人员详细核对货物名称、数量是否与托运单相符,认真检查货物包装、标志,对不符合安全规定的要拒绝装运,携带道路运输危险货物安全卡,并认真熟悉所运输介质的理化特性及应急措施。

（6）行车过程中,押运员必须坐在指定的位置上,严禁搭乘无关人员;严禁烟火,督促驾驶员按规定的行车时间和路线安全行车。

（7）运输途中需停车时,必须远离公共场所、政府部门、重要建筑物、居民聚居区等地,押运员必须在车旁值守;若不得已要在上述场所停车,押运员采取必要的安全措施且需征得当地公安部门同意。

（8）危险货物安全运抵指定位置后,押运员负责按运单记载事项向收货人交付、签收;交接双方点收点交。

(9)运输结束后,危险货物车辆和防护用品应按规定到指定地点洗刷除污,并协助驾驶员做好收车后的检查。

(10)危险货物运输车辆在发生重特大事故时,押运员和驾驶员应做紧急处理;事故信息应由如下顺序传递:汇报企业→企业汇报行业主管部门→报告保险公司→督促保险公司速到现场。同时,配合公安机关交通管理等部门做好事故现场处理工作。

4.装卸管理员的岗位职责及能力要求

(1)取得道路危险货物运输从业资格,证件合法有效。

(2)接受管理部门和本企业的相关法规、安全知识、专业技术、职业卫生防护和应急救援知识的培训,了解危险货物性质、危害特征、包装容器的使用特性和发生意外时的应急措施。

(3)参加安全活动,学习安全技术知识与技能,了解危险货物的物理、化学特性,熟悉汽车运输、装卸危险货物作业规程,具备防火、防爆、防中毒知识以及预防危险货物运输、装卸事故知识,掌握危险货物运输、装卸注意事项和应急处理办法。

(4)对危险货物运输装卸现场作业进行指导。

(5)监督装卸人员对《危险货物道路运输规则》(JT/T 617—2018)等技术标准的执行情况,制止装卸人员违反作业规程的行为。

三、现场管理人员管理

1.车队长安全生产职责

按照企业管理职能的分工、谁主管谁负责的原则,车队长的安全职责是:

(1)在经理(或分公司经理)的领导下,全面开展安全运输管理工作,负责对部门人员,特别是驾驶员进行安全知识、法律法规知识的教育与培训。

(2)按照公司制定的安全生产责任制度、安全管理制度和安全生产方针目标,组织制定好本部门相关的安全管理制度和安全技术操作规程。分解公司安全生产目标,并组织实施。

(3)根据安全生产隐患排查制度,定期检查运输车辆的安全工作、定期检查车队安全员对驾乘人员的安全学习情况、车辆驾驶员记录台账,保险、审验、二级维护、承运人险登记台账、车辆行驶里程记录、主要部件变更记录、车辆技术等级及类型级别记录、交通事故记录等,发现隐患及时排除,发现不足及时完善。

(4)根据公司统一部署,定期开展安全检查,对部门工作认真自检自查,发现安全隐患,迅速整改到位。

(5)按照上级的通知要求和公司安全活动的规定,主动参加各级安全生产工作会议,定期召开部门安全生产会议及安全例会,不断改进安全管理方法。

(6)对上级主管部门、交警部门、行业主管部门在安全检查中提出的整改意见,如期回复整改报告,汇报整改结果。

(7)严格审查新增车辆驾驶员和变更驾驶员的从业资格,不符合要求或技术操作达不到规定标准的不予聘用。

(8)加强季节性安全教育,在暑运、冬运、春运期间,对驾驶员开展特别安全教育,时时唤起驾驶员的安全警惕性。

(9)协助安全环保部门、公司专职安全员处理交通运输发生的重大及以上交通事故事宜;积极参与公司组织的事故应急演练;定期组织运输车辆事故应急演练,提高驾驶员在运输途中发生事故的应急处理能力。

(10)积极主动在本部门开展安全标准化和安全文化的建设活动。负责本部门员工的安全绩效考核,完善安全管理工作。

2.特种设备管理员安全生产职责

(1)认真宣传、贯彻国家有关特种设备安全法律、法规和规章,传达上级有关特种设备安全管理的指示、法规和标准,督促所在单位相关人员认真贯彻落实。在法人的领导下,对特种设备安全管理具体负责,并承担相应的管理责任。

(2)掌握相关特种设备安全知识,满足国家有关安全技术规范对其任职资格的要求,并经特种设备安全监察部门考核合格,持证上岗。

(3)具体组织制定、修改落实各项安全管理制度、安全技术操作规程等,并检查执行情况。

(4)认真做好本单位特种设备安全管理工作,按照安全技术规范检验要求,配合检验机构做好特种设备的定期检验以及安全附件、仪器仪表的检测、校验、转让、报废等工作。

(5)明确特种设备的安全管理的各个环节(使用、维护、检验等)及责任人员、操作人员的安全培训、考核及管理,确保持证上岗,安全运转。

(6)定期检查与排查特种设备的事故隐患,发现问题及时制定、落实整改措施、整改责任人,把事故消灭在萌芽状态。

(7)负责特种设备应急预案的制、修订,应急预案的演练等工作;负责突发事故的响应、处理、调查和报告等。

(8)建立健全特种设备管理台账,负责特种设备的年检、统计、上报等。

3.班组长安全生产职责

(1)在(车队长、车间主任)的领导下,贯彻执行企业对安全生产的规定与要求,全面负责本班组的安全生产。

(2)组织班组职工学习并贯彻执行公司各项安全生产规章制度、安全技术操作规程,教育职工遵纪守法,制止违章行为,做到"三不伤害",即不伤害他人、不伤害自己、不被他人伤害。

(3)组织并参加安全活动,坚持班前讲安全,班中检查安全,班后总结安全。

(4)负责对新工人(包括实习、代培人员)转岗人员进行岗位安全教育。

(5)负责班组安全检查,发现不安全因素及时组织力量消除,并报告上级;发生事故立即报告,并组织抢救,保护好现场,做好详细记录。

(6)做好生产设备、安全装备、装置、消防设施、防护器材和应急救援器具的检查维护工作,使其经常保持完好和正常运行。督促教育职工正确使用劳动保护用品,确保身体健康。同时,能正确使用安全设备、灭火器材。

(7)发生事故要立即向上级报告,并组织及时抢救、保护现场;参加事故调查分析,落实整改与防范措施。

(8)在班组积极开展安全标准化和安全文化建设活动,按照企业部署全面推行安全标准化管理。

4. 车队安全员安全职责

(1)车队安全员要认真贯彻执行国家道路运输安全管理法规和企业安全生产规章制度,对本单位负安全检查、监督和管理责任。

(2)负责或参与制定运输相关安全管理制度和安全操作规程,并监督执行。

(3)定期检查运输车辆的安全防火设施、罐体固定、信息系统等是否完好,如发现问题和事故隐患,应及时组织人员,制定安全整改措施,落实责任人与整改期限,并检查执行与整改结果。

(4)负责运输车辆的安全设备、灭火器材、防护装置和应急救援器具的管理,掌握实情,发现不足应提出改进和治理建议。

(5)检查督促驾驶员正确穿戴劳动防护用品、规范使用设备与机具,如发现违章现象,能及时进行教育与纠正。

(6)负责维护保管好运输车辆、车库、仓储消防器材,定时检查车辆随车防火、防爆设备,确保其能够安全、可靠运行。

(7)定期召开驾驶员道路行驶安全会,认真抓好车队新进人员的岗位安全教育。

(8)车队和单车发生安全事故应及时上报,不得隐瞒、迟报,并按照"四不放过"的原则和程序进行调查处理。

(9)积极参与企业安全标准化和安全文化的建设活动,抓好安全生产基础管理工作,认真、及时填写好车辆行驶安全行车日记,记录好安全管理台账。

四、应急救援人员管理

1.人员配备

道路危险货物运输企业应成立危险货物运输事故应急救援专职人员,并设立专(兼)职管理人员,负责组织实施危险货物运输事故应急救援工作。危险货物运输事故发生后,应急救援管理人员应尽量赶赴现场,进行事故现场指挥,制定现场救援方案,同时负责组织应急救援人员进行危险货物运输事故应急救援演练。

2.队伍建设要求

根据《安全生产法》和《危险化学品安全管理条例》,道路危险货物运输企业一旦发生危险货物运输事故,必须以最快速度、最大效能,有序地实施援救,最大限度降低事故危害程度,保障人民生命财产安全、保护环境,把事故危害降到最低点。

道路危险货物运输企业应加强危险品运输应急队伍建设。发挥专业消防和危险货物应急救援队伍的作用,增加危险货物应急救援和资金的投入,进一步提高专业消防队伍和危险货物应急救援技术装备水平和救援能力。依托大型企业组建联合消防或危险货物应急救援队伍,从企业员工中挑选合适的兼职消防或应急救援人员,加强兼职消防或应急人员业务培训演习、演练。危险货物场站可以与专业应急队伍签订救援协议。组织编制危险货物运输应急救援指导读物,制定并完善企业应急救援预案,加强对所有从事危险货物作业人员的技术培训以及消防和应急处置的演练,不断提高企业应对和处置危险货物事故的能力。

3.加强日常训练和演习

道路危险货物运输企业应加强日常训练和演习,应急演习可以根据不同的标准分类。

根据演习规模不同,可以分为桌面演习、功能演习和全面演习,具体内容可根据企业经营范围进行确定,危险货物运输企业应重点演练火灾扑救、人员疏散、伤员救治、灾害处置等内容。根据演习的基本内容不同,可以分为基础训练、专业训练、战术训练和自选科目训练。

(1)基础训练。基础训练是应急队伍的基本训练内容之一,是确保完成各种应急救援任务的基础。基础训练主要包括队列训练、体能训练、防护装备和通信设备的使用训练等内容。基础训练的目的是使应急人员具备良好的战斗意志和作风,熟练掌握个人防护装备的穿戴方法,以及通信设备的使用方法等。

(2)专业训练。专业技术关系到应急队伍的实战水平,是应急队伍顺利执行应急救援任务的关键,也是训练的重要内容,专业训练主要包括专业常识、疏散、抢运、现场急救等,涉及危险货物还有堵源技术和清消等技术。通过专业训练可使救援队伍具备一定的救援专业技术,有效地发挥救援作用。

(3)战术训练。战术训练是救援队伍综合训练的重要内容和各项专业技术的综合运用,是提高救援队伍实战能力的必要措施。战术训练可分为班(组)战术训练和分队战术训练。通过战术训练,可使各级指挥员和救援人员具备良好的组织指挥能力和实际应变能力。

(4)自选科目训练。自选科目训练可根据各自的实际情况,选择开展如防化、气象、侦检技术、综合演练等项目的训练,以进一步提高救援队伍的救援水平。在确定训练科目时,专职救援队伍应以社会性救援需要为目标确定训练科目;兼职救援队应以本单位救援需要,兼顾社会救援的需要确定训练科目。救援队伍的训练可采取自训与互训相结合,岗位训练与脱产训练相结合,分散训练与集中训练相结合的方法。在时间安排上,应有明确的要求和规定。为保证训练有素,在训练前应制定训练计划,训练中应组织考核,演习完毕后应总结经验,编写演习评估报告,对发现的问题和不足应予以改进并跟踪。

第二节　道路危险货物运输企业装备设施

一、道路危险货物运输车辆

由于各类危险货物形态不同、性质不同、包装形式不一,因此所选用的车型也不同,如液化石油气是成吨批量运输,多使用压力容器的液化气罐车运输;而居民日常生活所需的瓶装液化石油气,就可以选择普通(栏板)货车运送。因此,根据危险货物不同形态性质和包装,选择合适的车型是十分重要的。

(一)道路危险货物运输车辆基本技术条件

1.通用要求

(1)车辆的外廓尺寸、轴荷和最大允许总质量应当符合《汽车、挂车及汽车列车外廓尺寸、轴荷及质量限值》(GB 1589—2016)的要求。

(2)车辆的技术性能应当符合《道路运输车辆综合性能要求和检验方法》(GB 18565—2016)的要求。

(3)车型的燃料消耗量限值应当符合《营运货车燃料消耗量限值及测量方法》(JT/T 719—2016)的要求。

2. 专用车辆

(1) 专用车辆技术等级应当达到一级。技术等级评定方法应当符合国家有关道路运输车辆技术等级划分和评定的要求。

(2) 专用车辆应当符合《危险货物道路运输规则》(JT/T 617—2018)的要求。

3. 禁止使用的车辆要求

禁止使用报废、擅自改装、拼装、检测不合格以及其他不符合国家规定的车辆从事道路危险货物运输经营活动。

4. 危险货物运输车辆和设备基本要求

(1) 车辆安全技术状况应符合《机动车运行安全技术条件》(GB 7258—2017)的要求。

(2) 车辆技术状况应符合《道路运输车辆技术等级划分和评定要求》(JT/T 198—2016)规定的一级车况标准。

(3) 车辆应配置符合《道路运输危险货物车辆标志》(GB 13392—2005)的标志,并按规定使用。

(4) 车辆应配置运行状态记录装置(如行驶记录仪)和必要的通信工具。

(5) 运输易燃易爆危险货物车辆的排气管,应安装隔热和熄灭火星装置,并配装符合《汽车导静电橡胶拖地带》(JT/T 230—1995)规定的导静电橡胶拖地带装置。

(6) 车辆应有切断总电源和隔离电火花装置,切断总电源装置应安装在驾驶室内。

(7) 车辆车厢底板应平整完好,周围栏板应牢固;在装运易燃易爆危险货物时,应使用木质底板等防护衬垫措施。

(8) 各种装卸机械、工、属具,应有可靠的安全系数;装卸易燃易爆危险货物的机械及工、属具,应有消除产生火花的措施。

(9) 根据装运危险货物性质和包装形式的需要,应配备相应的捆扎、防水和防散失等用具。

(10) 运输危险货物的车辆应配备消防器材并定期检查、维护,如发现问题应立即更换或修理。

5. 危险货物运输车辆和设备特定要求

(1) 运输爆炸品的车辆,应符合国家爆破器材运输车辆安全技术条件规定的有关要求。

(2) 运输爆炸品、固体剧毒品、遇湿易燃物品、感染性物品和有机过氧化物时,应使用厢式货车运输,运输时应保证车门锁牢;对于运输瓶装气体的车辆,应保证车厢内空气流通。

(3) 运输液化气体、易燃液体和剧毒液体时,应使用不可移动罐体车、拖挂罐体车或罐式集装箱;罐式集装箱应符合《系列1集装箱 技术要求和试验方法 液体、气体及加压干散货罐式集装箱》(GB/T 16563—2017)的规定。

(4) 运输危险货物的常压罐体,应符合《道路运输液体危险货物罐式车辆 第1部分:金属常压罐体技术要求》(GB 18564.1—2006)和《道路运输液体危险货物罐式车辆 第2部分:非金属常压罐体技术要求》(GB 18564.2—2006)规定的要求。

(5) 运输放射性物品的车辆,应符合《辐射型货物和(或)车辆检查系统》(GB/T 19211—2015)规定的要求。

(6) 运输需控温危险货物的车辆,应有有效的温控装置。

（7）运输危险货物的罐式集装箱，应使用集装箱专用车辆。

6. 危险货物运输车辆技术管理

危险货物运输专用车辆的技术要求：

（1）专用车辆技术性能符合《道路运输车辆综合性能要求和检验方法》（GB 18565—2016）的要求。

（2）车辆外廓尺寸、轴荷和质量符合《汽车、挂车及汽车列车外廓尺寸、轴荷和质量限值》（GB 1589—2016）的要求。

（3）车辆技术等级达到《道路运输车辆技术等级划分和评定要求》（JT/T 198—2016）规定的一级技术等级。

二、汽车货运站设施

货运站场的设备设施包括生产设备设施和安全设备设施，生产设备设施是货运站生产经营和货物装卸、储存等作业活动的物质保障，为货运站的生产经营提供必要的设施场地和机械工具等。安全设备设施是货运站生产经营的安全保障，为作业人员和车辆、货物以及其他设备实施提供有效的安全防护，避免安全事故的发生。

（一）货运站生产设施

货运站生产设施主要包括业务办公设施、库（棚）设施、场地设施、道路设施和危险货物运输设施。

1. 业务办公设施

业务办公设施主要包括货运站站房、生产调度办公室和信息管理中心。有国际运输业务的货运站，可设置由海关、检疫、商检、商务等部门的国际联运代理业务办公室。

（1）货运站站房由业务人员工作间和货主办理货物托运或仓储受理手续、提货手续的场所构成。

（2）信息管理中心由放置信息管理硬件系统的机房与工作人员的办公场所和供信息发布及用户查询的场所构成。

（3）业务办公设施的设置要方便货主，货物受理处业务人员工作间和联合办公室应按作业流程设置，货物受理处与仓库的距离应短捷。

2. 库（棚）设施

库（棚）设施包括中转库、零担库、集装箱拆装箱库、仓储库，分别用作货物的短期存放集装箱拆装作业和货主待收或待发货物仓储；货棚则用于堆放不便进库但又不宜露天存放的零担或仓储货物。

对库（棚）设施的有关要求如下：

（1）中转库。中转库为中转货物集中、分拣换装、发货的场所。中转、换装作业量大的一、二级货运站，可设置具有监控、传送、分拣设备的中转库。中转作用量小的三级以下货运站，可用相应仓库内的一定区域作为理货场地，不设中转库。

（2）仓储库。根据建筑层数不同，仓储库可分为单层和多层仓储库。存放外形尺寸较小，单件质量较轻货物的仓储库可建成高架库。为适应各种外形尺寸货物的存放，高架库应与单层连接成建筑群体。

（3）零担库和集装箱拆装箱库。零担库和集装箱拆装箱库应建成高站台仓库,站台宽度不少于 3m,高度为 1.2~1.3m,两端设置斜坡,并装设货物装卸升降台。

各类仓库应分区设置,并以道路相连接,以保持良好的作业联系。零担货棚和仓储货棚应与相应仓库位于同一区域。

3. 场地设施

场地设施主要包括集装箱堆场、装卸场或作业区、货场和停车场。

4. 道路设施

道路设施包括铁路专用线和站内道路。

（1）在临近铁路线并有较大公铁联运作业量的一、二级汽车货运站,可引设铁路专用线。三、四级货运站或无条件的货运站可不设置。

（2）站内道路应采用无交叉的环行行驶路线。

5. 危险货物运输设施

道路危险货物运输企业货运站设施除了满足普通货物货运站设施基础要求外,还应该根据实际情况,在危险货物运输设施建设、选址、布局、结构、功能等方面,既要适应危险货物运输的技术条件、生产安全要求,又必须符合环境保护、消防安全劳动保护、交通管理等方面的规定。

（二）货运站生产辅助设施和生产服务设施

用于汽车货运站的生产辅助和生产服务设施应按需设置。

1. 生产辅助设施

货运站的生产辅助设施主要包括维修维护设施、动力设施、供水供热设施等。

（1）维修维护设施。

维修维护设施包括维修维护现场的消防通道、行车通道、围栏、警告标志、夜间警示红灯、消防器材、通信设备、照明设备、脚手架、冲洗用水源等。

（2）动力设施。

动力设施可分为如下三类:

①动能发生设备,包括空气压缩设备、液化气站设备、锅炉房设备。

②电器设备,包括变压器、高低压配电设备、照明和其他电器设备。

③其他动力设备,包括通用采暖设备、管道、除尘设备和其他动力设备。

（3）供水供热设施。

①供水设施。供水设施也称供水设备,比如无负压供水设备、变频供水设备、气压供水设备、消防供水设备、落地膨胀水箱等。

②供热设施。供热设施,是为使人们生活或进行生产的空间保持在适宜的热状态而设置的设施。供热设备按照服务范围不同,可分为局部供热设施、集中供热设施和区域供热设施。其中,集中式供热设备有集中式热风供暖设备、集中式热水供暖设备和集中式蒸汽供暖设备。

2. 生产服务设施

货运站的生产服务设施主要包括食宿设施和其他服务设施。

（三）货运站主要生产设备

货运站主要设备包括运输车辆、装卸机械、计量设备、管理系统、维修设备、安全和消防设备。

1. 运输车辆

货运站应根据需要配置用于货物配送和装卸搬运工作的运输车辆，其车辆类型应根据运输方式、货物种类合理选择。

2. 装卸机械

货运站装卸机械包括货场和仓库装卸机械，集装箱堆场和作业区装卸机械等。

3. 计量设备

货运站应配备检定合格的计量设备或器具。一、二级货运站应设置电子自动计量设备，各种电子自动计量设备均应并入货运站计算机网络或预留接口。

4. 管理系统

货运站应设置管理和信息系统，包括计算机监控系统、无线、有线通信系统，站内和站间计算机网络系统，信息显示系统等。

5. 维修设备

货运站应根据车辆、装卸机械和集装箱的维修工作量配备符合其工艺要求的清洁和维修设备。

三、运输装卸特种与辅助设备

可参考第四章相关内容。

四、消防、环保与应急设施设备

可参考第四章相关内容。

五、防护器材与设备

（一）车辆安全防护装置

1. 危险货物运输专用车辆标志灯（牌）

道路运输危险货物车辆标志，是安装在运输危险货物车辆上，为执行道路危险货物运输任务的车辆提供警告、警示的标志。车辆标志是危险货物运输车辆的必备标志。

车辆标志在危险货物运输过程中，主要发挥以下作用：

（1）在车辆行驶中，警示超车、会车车辆避让。

（2）在车辆停驶时，警告周围人群远离。

（3）在出现险情时，对附近车辆、人群，特别是对抢险救灾部门起到必不可少的特殊作用。施救人员可根据车辆悬挂的标志牌，迅速确定出所运危险货物的类别、项别，及时、正确地制定抢险方案，将事故危害降到最低程度。

道路危险货物运输企业严格按照国家标准的规定，在道路危险货物运输车辆上安装或更换相应的标志灯、标志牌，确保标志正确、规范、醒目。同时，要对现有危险货物运输车辆的标志进行全面检查，不符合国家标准的，立即进行整改。

2. 标志灯

标志灯作为危险货物运输车辆上安装的标志灯具,是该车辆区别于普通车辆的最明显标志。

标志灯包括灯体和安装件。标志灯灯体正面为等腰三角形状,由灯罩、安装底板或永磁体(A 型标志灯)、橡胶衬垫及固定件构成。标志灯正、反面中间印有"危险"字样,侧面印有"!",灯罩正面下沿中间嵌有标志灯编号牌。

3. 编号牌

每个标志灯应有一个确定编号。编号牌为长 100mm、宽 20mm 的铝质金属牌,编号字体为黑体,用腐蚀工艺制作,使边框与编号适量凸出,凹陷部分涂黑色。

4. 标志牌

标志牌的主要是在行车时,对后面驶近的超车车辆起警示作用;在驻车和车辆遇险时,对周围人群起警示作用,以及对专业救援人员起指示作用。

标志牌的材质为金属板材,形状为菱形。

标志牌按照危险货物的类项分为 18 种,每种按照车辆载质量分为三种型号:PⅠ-n、PⅡ-n、PⅢ-n,分别适用于轻、中、重型载货汽车。其中,字母 n 代表数字 1~18,分别对应于"标志牌图形"所列的 18 类(项)危险货物。

(1)标志灯安装悬挂要求。标志灯安装于驾驶室顶部外表面中前部(从车辆侧面看)中间(从车辆正面看)位置,以磁吸或顶檐支撑、金属托架方式安装固定。对于带导流罩车辆,可视导流罩表面流线型和选择的金属托架角度确定安装位置,允许自制金属托架,允许在金属托架与导流罩间加衬垫,应保证标志灯安装正直。

(2)标志牌安装悬挂要求。标志牌一般悬挂于车辆后箱板或罐体后面的几何中心部位附近,避开车辆放大号;对于低栏板车辆可视情节选择适当悬挂位置。

运输爆炸性、剧毒危险货物的车辆,应在车辆两侧面板几何中心部位附近的适当位置各增加一块悬挂标志牌。

运输放射性危险货物的车辆,标志牌的悬挂位置和数量符合《放射性物质安全运输规程》(GB 11806—2004)的规定。

应根据车辆结构或用途,选择螺栓固定、铆钉固定、黏合剂粘贴固定或插槽固定(可按使用需要随时更换)等方式安装固定标志牌。

对于罐式车辆,可选择按规定位置悬挂标志牌或以反光材料规定在罐体上喷绘标志。

悬挂的标致牌应按照《危险货物分类和品名编号》(GB 6944—2012)与所运载危险货物(一种危险货物具有多重危险性时与主要危险性,多种危险货物混装时与主要危险货物的主要危险性)的类、项相对应,与标志灯同时使用。

(二)车辆标志的维护

(1)车辆驾驶员应对使用中的车辆标志进行经常性检查和维护,保持车辆标志的清洁和完好。

(2)车辆在装、卸载可能导致车辆标志腐蚀失效的危险化学品后,应及时对车辆标志进行检查,必要时对车辆进行清洗和擦拭。

(3)标志灯正常使用期限为 2 年,标志牌正常使用期限为 4 年。在使用期限内,车辆贬值发生破损、失效时,应及时更换。

(三) 危险货物运输专用车辆通信工具

通信工具是指为了在危险货物运输过程中发生意外而配备的报警或向公司、货主、有关部门报告情况,请求救援的通信联络设备,如驾驶员或押运员随车携带的移动电话(手机)、车载电话等。根据《道路危险货物运输管理规定》(交通运输部令 2016 年第 36 号)要求,道路危险货物运输车辆应配置有效的通信工具。

(1)车辆应有切断总电源和隔离电火花装置,切断总电源装置应安装在驾驶室内。

(2)运输易燃易爆危险货物的排气管,应安装隔离和熄灭火星装置,并配装符合规定的导静电橡胶拖地带装置。

(3)车辆车厢底应平整完好,周围栏板应牢固;在装运易燃易爆危险货物时,应使用木质底板等防护衬垫措施。

(4)各种装卸机械、工、属具,应有可靠的安全系数;装卸易燃易爆危险货物的机械及工、属具,应有消除产生火花的措施。

(5)根据装运危险货物性质和包装形式的需要,应配备相应的捆扎、防水和防散失等用具。

(四) 劳动防护设备

1. 运输危险货物防护的特殊要求

(1)运输危险货物的企业,应配备必要的劳动防护用品和现场急救用具;特殊的防护用品和急救用具应由托运人提供。

(2)危险货物装卸作业时,应穿戴相应的防护用具,并采取相应的人身肌体保护措施;防护用具使用后,应按照国家环保要求集中清洗、处理;对被剧毒、放射性、恶臭物品污染的防护用具应分别清洗、消毒。

(3)运输危险货物的企业,应负责定期对从业人员进行健康检查和事故预防、急救知识的培训。

(4)危险货物一旦对人体造成灼伤、中毒等危害,应立即进行现场急救,并迅速送医院治疗。

(5)事故应急处理。运输危险货物的企业,应建立事故应急预案和安全防护措施。

2. 有毒物品作业岗位职业危害告知卡

根据实际需求,由各类图形标志和文字组合成《有毒物品作业岗位职业病危害告知卡》(以下简称《告知卡》)。《告知卡》是设置在使用有毒物品作业岗位的醒目位置上的一种警示符号,它以简洁的图形和文字,将作业岗位上所接触到的有毒物品的危害性告知劳动者,并提醒劳动者采取相应的预防和处理措施。

《告知卡》包括有毒物品的通用提示栏、有毒物品名称、健康危害、警告标志、指令标志应急处理和理化特性等内容。

第三节 道路危险货物运输企业作业现场

一、道路危险货物运输作业与安全管理

道路危险货物运输作业与安全管理主要包括现场作业管理、运输管理、从业人员管理和安全值班等。

（一）现场作业管理

道路危险货物运输企业需制定各岗位安全生产操作(规程)手册,要求企业员工应严格执行安全生产操作规程和安全生产作业规定,驾驶员、押运员不得擅自离岗、脱岗,严禁违章指挥、违章操作、违反劳动纪律的"三违"行为。

各岗位安全生产操作(规程)手册的内容至少应包括危险货物运输操作规程、危险货物装卸操作规程、驾驶人安全行车操作规程、危险货物押运操作规程、危险货物运输车辆日常安全检查操作规程、危险货物运输车辆动态监控操作规程、从业人员聘用与解聘操作规程、从业人员日常教育与继续教育操作规程、从业人员安全考核操作规程、车辆各级维护操作规程、车辆选型采购操作规程、车辆技术改造操作规程、车辆组织调度操作规程、驾驶员安全告诫操作规程、重大防护用品穿戴操作规程、危险品槽车清洗消毒操作规程等。

现场作业管理的具体要求及要点如下。

1. 作业要求

(1)汽车运输危险货物应符合《危险货物道路运输规则》的规定。

(2)危险货物的装卸应在装卸管理人员的现场指挥下进行。

(3)在危险货物装卸作业区应设置警告标志,无关人员不得进入装卸作业区。

(4)进入易燃、易爆危险货物装卸作业区应做好防护。

(5)雷雨天气装卸时,应确认避雷电、防潮湿措施有效。

(6)运输危险货物的车辆在一般道路上最高车速为60km/h,在高速公路上最高车速为80km/h,并应确认有足够的安全车间距离。如遇雨天、雪天、雾天等恶劣天气,最高车速为20km/h,并打开危险报警闪光灯,警示后车,防止追尾。

(7)运输过程中,应每隔2h检查一次。若发现货损(如丢失、泄漏等),应及时联系当地有关部门予以处理。

(8)驾驶员一次连续驾驶4h应休息20min以上;24h内实际驾驶车辆时间累计不得超过8h。

(9)运输危险货物的车辆发生故障需修理时,应选择在安全地点和具有相关资质的汽车修理企业进行。

(10)禁止在装卸作业区内维修运输危险货物的车辆。

(11)对装有易燃易爆的和有易燃易爆残留物的运输车辆,不得动火修理。确需修理的车辆,应向当地公安部门报告,根据所装载的危险货物特性,采取可靠的安全防护措施,并在消防员监控下作业。

2. 出车前

(1)运输危险货物车辆的有关证件、标志应齐全有效,技术状况应为良好,并按照有关规定对车辆安全技术状况进行严格检查,发现故障应立即排除。

(2)运输危险货物车辆的车厢底板应平坦完好、栏板牢固,对于不同的危险货物,应采取相应的衬垫防护措施(如铺垫木板、胶合板、橡胶板等),车厢或罐体内不得有与所装危险货物性质相抵触的残留物。

(3)检查运输危险货物的车辆配备的消防器材,发现问题应立即更换或修理。

（4）驾驶员、押运员应检查随车携带的道路运输危险货物安全卡是否与所运危险货物一致。

（5）根据所运危险货物特性，应随车携带遮盖、捆扎、防潮、防火、防毒等工、属具和应急处理设备、劳动防护用品。

（6）装车完毕后，驾驶员应对货物的堆码、遮盖、捆扎等安全措施及对影响车辆起动的不安全因素进行检查，确认无不安全因素后方可起步。

3. 运输中

（1）驾驶员应根据道路交通状况控制车速，禁止超速和强行超车、会车。

（2）运输途中应尽量避免紧急制动，转弯时车辆应减速。

（3）通过隧道、涵洞、立交桥时，要注意标高、限速。

（4）运输危险货物过程中，押运员应密切注意车辆所装载的危险货物，根据危险货物性质定时停车检查，发现问题及时会同驾驶员采取措施妥善处理。驾驶员、押运员不得擅自离岗、脱岗。

（5）运输过程中如发生事故时，驾驶员和押运员应立即向当地公安部门及安全生产管理部门、环境保护部门、质检部门报告，并应看护好车辆、货物，共同配合采取一切可能的警示、救援措施。

（6）运输过程中，需要停车住宿或遇有无法正常运输的情况时，应向当地公安部门报告。

（7）运输过程中遇有天气、道路路面状况发生变化，应根据所载危险货物特性，及时采取安全防护措施。遇有雷雨时，不得在树下、电线杆、高压线、铁塔、高层建筑及容易遭到雷击和产生火花的地点停车。避雨时，应选择安全地点停放车辆。遇有泥泞、冰冻、颠簸、狭窄及山崖等路段时，应低速缓慢行驶，防止车辆侧滑、打滑及危险货物剧烈振荡等，以确保运输安全。

4. 装卸作业

（1）装卸作业现场要远离热源，通风良好；电器设备应符合国家有关规定要求，严禁使用明火灯具照明，照明灯应具有防爆性能；易燃易爆货物的装卸场所要有防静电和避雷装置。

（2）运输危险货物的车辆应按装卸作业的有关安全规定驶入装卸作业区，应停放在容易驶离作业现场的方位上，不准堵塞安全通道。停靠货垛时，应听从作业区业务管理人员的指挥，车辆与货垛之间要留有安全距离。待装卸的车辆与装卸中的车辆应保持足够的安全距离。

（3）装卸作业前，车辆发动机应熄火，并切断总电源（需从车辆上取得动力的除外）。在有坡度的场地装卸货物时，应采取防止车辆溜坡的有效措施。

（4）装卸作业前应对照运单，核对危险货物名称、规格、数量，并认真检查货物包装。货物的安全技术说明书、安全标志、标志等与运单不符或包装破损、包装不符合有关规定的货物应拒绝装车。

（5）装卸作业时，应根据危险货物包装的类型、体积、质量、件数等情况和包装储运图示标志的要求，采取相应的措施，轻装轻卸，谨慎操作。

（6）装卸过程中，需要移动车辆时，应先关上车厢门或栏板。若车厢门或栏板在原地关不上时，应有人监护，在保证安全的前提下才能移动车辆。起步要慢，停车要稳。

（7）装卸危险货物的托盘、手推车应尽量专用。装卸前，要对装卸机具进行检查。装卸爆炸品、有机过氧化物、剧毒品时，装卸机具的最大装载量应小于其额定负荷的 75%。

（8）危险货物装卸完毕，作业现场应清扫干净。装运过剧毒品和受到危险货物污染的车辆、工具应按《危险货物道路运输规则》(JT/T 617—2018)中相关要求执行。危险货物的撒漏物和污染物应送到当地环保部门指定地点集中处理。

5. 危险货物的包装要求

危险货物的包装对安全运输有直接影响，如果包装不良或包装方法不当是很容易发生事故的。危险货物的包装应当与货物的性质、汽车运输特点等相适应。包装危险货物，应满足如下要求：危险货物一般应单独包装；包装的种类、材质、封口等应适应所装货物的性质；包装规格、形式及单位包装质量应便于装卸、搬运和保证运输过程中的安全；包装必须有规定的标志。

（二）运输管理

道路危险货物运输企业应制定并落实危险货物运输登记制度，要求驾驶员必须按照道路交通安全主管部门指定的行车时间和路线运输危险货物，所运输的货物需符合车辆核定范围和要求，不得违反规定超限、超载运输，并按照规定填写行车日志。

运输危险货物时，必须按规定配备押运员，并随车携带道路运输危险货物安全卡，押运员对道路危险货物运输进行全程监管。押运过程中，押运员要密切注意车辆所装载的危险货物，防止危险货物脱落、扬撒、丢失以及燃烧、爆炸、辐射、泄漏等；要根据危险货物性质定时停车检查，发现问题及时会同驾驶员采取措施妥善处理。

货物装卸过程中，必须要有装卸管理人员在作业现场，并按照安全作业规程对道路危险货物装卸作业进行现场监督，确保装卸安全。

道路危险货物运输企业应制定车辆清洗消毒制度，要求车辆及工具按有关要求方法到具备条件的地点进行车辆清洗消毒处理。

（三）从业人员管理

道路危险货物运输企业从业人员主要包括管理人员、驾驶员、押运员和装卸员等。道路危险货物运输企业应建立从业人员聘用及管理制度，按规定要求聘用从业人员。

道路危险货物运输企业应加强对从业人员的培训，做到从业人员熟悉各有关安全生产的法规、技术标准和安全生产规章制度、安全操作规程，了解所装运危险货物的性质、危害特性、包装物或者容器的使用要求和发生意外事故时的处置措施。

道路危险货物运输企业应制定并落实驾驶员行车安全档案管理制度，实施"一人一档"，在人员聘用时，应严格审查驾驶员的驾驶证件、从业资格和驾驶经历，审查装卸管理人员和押运员的从业资格，符合条件的予以签订聘用合同。

对于车辆每日运行里程超过 400km 的，按规定配备两名以上驾驶员；驾驶员连续驾驶时间不超过 4h，24h 内累计驾驶不超过 8h；道路危险货物运输企业应及时掌握极端天气及路况信息，提示作业中的驾驶员谨慎驾驶，保障运输安全。

（四）安全值班

道路危险货物运输企业应制定并落实安全生产值班计划和值班制度，在清明、五一、国庆、元旦、春节、汛期、严寒冰冻天气等节假日和重要时期实行领导到岗带班，并保有值班记录,切实做到安全值班"三有",即有制度、有计划、有落实。

二、汽车货运站作业与安全管理

汽车货运站作业与安全管理主要包括现场作业管理、车辆管理和安全值班管理等。

(一)现场作业管理

汽车货运站需制定各岗位安全生产操作(规程)手册,要求企业员工应严格按照货物装卸、搬运及储存安全管理制度、现场作业指导、安全操作规程等进行现场作业,严禁违章指挥、违章操作、违反劳动纪律的"三违"行为。

各岗位安全生产操作(规程)手册的内容应符合国家相关法律法规,至少应包括货物装卸、搬运及储存等的操作规程。企业及企业分管生产经营负责人、部门在制定和下达安全生产任务时同时统筹安排安全工作。

汽车货运站应依照经营类项进行仓储区域功能分区、设置相关分区标识,按货物类别特性进行堆码、存储,在运营场所的醒目位置按要求设置导向、疏散、提示、警告、限制、禁止等安全标志;停车场内要有专人指挥引导进站经营车辆,合理调度安排,车辆停放整齐规范。

汽车货运站应聘用具有从业资质的人员,并按"一人一档"进行归档管理。

对于危险作业应指定专人进行现场监护指导和作业管理,并严格内部审批程序。

(二)车辆管理

汽车货运站应制定并落实车辆安全检查制度,按规定配备专门的安全人员,并实行"一人一档"管理,安全例检人员应熟悉货车结构、检验方法、相关技术标准和相关法律法规。

汽车货运站要制定规范合理的安全检查工作流程,超载、超限等不符合安全要求的车辆严禁出站,并如实记录台账。

(三)安全值班管理

汽车货运站应制定并落实安全生产值班计划和值班制度,在清明、五一、国庆、元旦、春节、汛期、严寒冰冻天气等节假日和重要时期实行领导到岗带班,并保有值班记录,切实做到安全值班"三有",即有制度、有计划、有落实。

三、道路危险货物运输车辆安全管理

道路危险货物运输企业应制定并落实车辆技术管理制度,落实专人负责车辆技术管理工作,并按国家规定的技术规范对车辆进行定期维护与检测,保持运输车辆技术状况良好;建立并落实车辆安全检查制度;做好出车前、行车中及收车后的车辆检查工作,发现故障及隐患,及时排除。

罐式专用车辆的罐体应经质量检验部门检验合格,并保证其时效性;维护、维修作业须在交通运输管理部门认定的具备道路危险货物运输车辆维修条件的汽车维修企业进行,必要时可与有资质的企业签订维修协议。

企业应按"一车一档"规范建立并妥善保管车辆技术档案,相关内容记载及时、完整、准确、规范,不得随意更改。车辆技术档案中应包括车辆基本情况、主要部件更换情况、修理和二级维护记录、车辆综合性能检测、技术等级评定记录、车辆变更记录、行驶里程记录、交通事故记录等,以及车辆行驶证、营运证及购置完税等资质凭证。

四、道路危险货物运输企业安全作业环境创建

(一)相关方管理

道路危险货物运输企业、货运站应与其他相关方签订安全生产管理协议(也可是其他有关合同或租赁协议),明确相关各方的安全生产责任和义务,并对相关方进行统一管理,定期进行安全检查。

道路危险货物运输企业应制定相关方安全管理制度,并保有相关方的名录和档案,对相关方的作业人员开展安全教育培训。货运站应由专人负责,按照货物性质、保管要求进行分类存放、装卸和转运,并要符合相关规定。

(二)警示标志

道路危险货物运输企业与货运站应在存在危险因素的作业场所和设备设施上设置明显安全警示标志,并告知危险种类、后果及应急措施。设备设施检修、施工等作业现场也存在有一定的危险因素,也必须设置警戒区域和警示标志,防止无关人员误入。

第四节 道路危险货物运输事故应急处置

危险货物运输是一项专业性比较强且比较复杂的工作。由于危险货物本身所具有的易燃、易爆、腐蚀、毒害等特性,一旦发生运输事故,在没有得到及时且正确的现场处置的情况下,不仅会造成甚至加大人员伤亡和财产损失,还会污染附近区域的水土资源和生态环境。危险货物(特别是毒性物质)对环境造成污染毒害后,很难一次性根除,土壤、水源、植被等难以在较短时间内恢复,因此,事故发生后往往要花费很大力气进行解决。

一、燃烧、爆炸事故应急处置

危险货物容易发生燃烧、爆炸事故,且危险货物本身及其燃烧产物大多具有较强的毒害性和腐蚀性,极易造成人员中毒、灼伤等伤亡事故。从事危险货物运输作业的人员应熟悉危险货物发生燃烧的原因,有针对性地采取相应的防范措施,把事故隐患扼杀在源头,从而有效地降低燃烧、爆炸等事故的发生概率。

(一)常见火灾事故类型

从道路危险货物运输燃烧导致发生的火灾事故来看,一般可将火灾事故分为以下6类。

(1)气体火灾:由管道或其天然气引发的火灾。

(2)油品火灾:原油、煤油、汽油、苯、酒精等易燃品、可燃液体燃烧所引发的火灾。

(3)可燃物火灾:如木材、纸张、纤维、纺织品、涂漆物件等固体可燃物燃烧引发的火灾。

(4)电气火灾:电缆线、电火花、电动机等电气设备设施使用导致的火灾。

(5)金属火灾:如镁、铝等金属粉具有燃烧性质,暴露在空气中,遇到点火源可能燃烧引发火灾。

(6)其他类型火灾:如敞开的散装火药燃烧而引起的火灾。

（二）火灾、爆炸事故应急处置

1. 火灾报警

当危险货物运输车辆因突发原因而引发火灾时，应保持镇静，并应在火灾初期，使用车辆自配灭火器材针对火源进行有效扑救。接到火灾报警后，应确认事故单位、地址、危险化学品种类、事故简要情况、人员伤亡情况，按照企业应急预案的规定，由相应的应急指挥小组和信息记录组准备企业资料，由后勤保障组准备应急物资和车辆，并联络消防部门，告知其该企业存在的易燃、易爆物品的种类和大致存量。

2. 人员疏散

确认人员滞留及伤亡情况，及时掌握最新信息，协同企业应急指挥小组引导所有人员从最近的安全出口疏散。待所有人员撤离至安全地点后，立即以班组为单位清点当天出勤人员，如有缺失，立即想办法联系，并及时汇报到现场指挥部。

3. 灭火救援

确认火灾发生位置，引起火灾的物质类别及其存储量；明确火灾发生区域的周围环境、周围有无易燃品；确定火灾扑救的基本方法；确定火灾、爆炸可能导致的后果（含火灾与爆炸伴随发生的可能性）及企业灭火能力。收集一切可用于灭火的消防设施、器材，组织企业义务消防队赶赴现场，救助被困、受伤人员，对初期火焰进行扑救。隔离开火场附近其他可燃物和易燃易爆物质，防止火势扩大。消防队到达现场后，协助消防队灭火。一旦火势失去控制，超出灭火能力范围，应立即上报，请求支援。

4. 安全警戒

隔离事故现场，建立警戒区。根据危险化学品泄漏的扩散情况、火焰辐射热、爆炸所涉及的范围建立警戒区，只准应急救援人员、车辆进入，其余人员、车辆必须经现场指挥部批准后方可进入，对无关人员劝其离开，禁止围观，直至火灾扑灭、现场取证结束及现场有毒有害物质清理结束。警戒经现场指挥部批准后解除。

5. 信息记录

对火灾现场情况进行拍照记录，记录着火部位、火势、人员救援情况、灭火情况、现场指挥领导、着火后的现场情况以及火灾证据。询问火灾目击者和企业管理人员起火的部位着火危险化学品的属性、引燃的原因、着火物质的存量、着火部位的面积、周围车间仓库的情况、有无可燃物及危险化学品。及时将信息报给现场指挥部和灭火救援组。

6. 后勤保障

提供应急物资给其他各组，将受伤人员送往医院，清点、回收应急物资。

7. 信息报送

根据现场伤亡情况进行信息报送。

二、危险化学品泄漏处置

1. 事故报警

危险货物运输车辆驾驶员和押运员等，在发生事故或其他原因导致运输车辆发生危险货物泄漏事故发生时，在保障自身及车辆安全的前提下，应佩戴好个人劳保用品并将车辆驶离人群或车流较大、交通堵塞的区域。在查看车辆危险货物的泄漏状况，初步判断事故状况后,运用随车携带的安全警示标志对车辆进行简单隔离和警示,警告周边车辆和人员远离区域,同时向企业有关部门和人员报告现场状况,请求进一步支援。向车辆发生事故所在地区行业主管部门上报事故,根据现场需要判断是否需要向医疗单位等进行救援请求。在自己无能力或无把握对现场进行救护时,保持自身位于安全区域,等待救援。企业的相关部门和人员在接到危险化学品泄漏事故报警后,应确认泄漏物质的品名和属性,是否有毒有害,泄漏物质为气态还是液态,液态的挥发性以及是否易燃、易爆,并根据以上有关信息提供相关的医疗救护设备设施,前往事故现场进行救助,同时联系消防、环保、医疗等部门寻求帮助。

2. 人员疏散

确认人员滞留及伤亡情况,及时掌握最新信息,驾驶员、押运员应协同企业应急指挥小组引导所有人员从其他安全区域疏散,直至所有人员撤离危险区域。在危险货物扩散、污染、遗留的有害区域进行人员的疏散,要严防因信息扩散不及时导致的人员中毒、受害事故。

3. 泄漏救援

确定泄漏源的位置、泄漏的化学品种类(易燃、易爆或有毒物质等);确定泄漏源的周围环境;确定是否已有泄漏物质进入大气、附近水源、下水道等场所;确定泄漏物质存量、泄漏量,泄漏时间或预计持续时间,泄漏扩散趋势预测;确定泄漏可能导致的后果(火灾、爆炸、中毒等)以及危及环境的可能性;确定泄漏可能导致的后果的主要控制措施(堵漏、工程抢险、人员疏散医疗救护等)。对液体的泄漏采用砂土掩埋、海绵吸附、挖掘隔离带方法;有毒有害气体泄漏、水溶性气体(如氨气)用水雾稀释。进行救援的人员必须佩戴自给式空气呼吸器等防护用品。

4. 安全警戒

泄漏事故发生后应隔离事故现场,并在通往事故现场的主要干道上实行交通管制,只准应急救援人员、车辆进入,其余人员、车辆必须经现场指挥部批准后方可进入。对无关人员劝其离开,禁止围观,直至事故被控制、现场取证结束及现场有毒有害物质清理结束。警戒经现场指挥部批准后解除。在有需要的情况下,可将周边居住群众转移。

5. 信息记录

对事故现场情况进行拍照记录,记录泄漏情况、人员救援情况、灭火情况、现场指挥领导和事故后的污染情况。询问相关事故目击者和企业管理人员泄漏的部位、着火的物质、导致泄漏的原因、危险化学品的存量、污染的面积及周围公司人员的情况。及时将信息报给现场指挥部和事故救援组。

6. 后勤保障

提供应急物资给其他各组,将受伤人员送往医院,清点、回收应急物资。

7. 信息报送

根据现场伤亡情况进行信息报送。

三、不同危险货物运输事故应急处理措施

对于道路危险货物运输从业人员来讲,掌握各类道路危险货物运输事故的应急处理措

施尤为重要。这样可以在各类不同的情况下,将许多可能发生的事故消灭在萌芽状态。

（一）爆炸品

1. 灭火方法

对于由爆炸品引发的火灾,通常有效的灭火方法是用冷水冷却以达到灭火目的,但不能采取窒息法或隔离法。禁止使用砂土覆盖燃烧的爆炸品,否则容易由燃烧转化为爆炸。注意对有毒性的爆炸品,灭火人员灭火时应佩戴防毒面具。

2. 撒漏处理

如遇爆炸品洒漏,应及时用水湿润,再撒以锯末或棉絮等松软的物品,收集后并保持相对湿度,报请公安机关或消防部门相关人员处理,不能将收集的撒漏物质重新装入原包装中。

（二）气体

1. 灭火方法

在装卸、运输中遇火情,应立即报告公安机关或消防部门,并组织扑救。同时,尽可能将未着火的气瓶迅速转移至安全处。对已着火的气瓶应使用大量的雾状水喷洒在气瓶上,使其降温冷却。火势尚未扩大时,可用二氧化碳、干粉、泡沫等灭火器进行扑救。扑救气体危险货物火灾时,扑救人员应先关闭管道或容器阀门,阻止气体继续外泄,防止灾情扩大。

2. 撒漏处理

在装卸、运输过程中发现气瓶漏气时,特别对于有毒气体,应立即报告公安机关或消防部门并组织扑救,迅速将漏气的气瓶转移至安全场所,并根据气体性质做好相应的人身防护。

扑救者注意站在上风处向气瓶轻轻泼冷水,使之温度降低,然后再将阀门旋紧。大部分有毒气体能溶解于水,紧急情况时,可用浸过清水的毛巾捂住口鼻进行操作,不能制止时,可将气瓶推入水中,并及时通知相关管理部门专业人员进行处理。

（三）易燃液体

1. 灭火方法

大部分易燃液体的密度小于水,且不溶于水,一旦发生火灾,用水扑救时会因水沉在燃烧着的液面下面,并形成喷溅、漂流等而扩大火情。另外,易燃液体燃烧时所产生的热量较大,而燃点又较低,很难使温度降低到其燃点以下。因此,消灭易燃液体火灾的最有效的方法是使用泡沫、二氧化碳、干粉等进行扑救。扑救液体危险货物火灾时,扑救人员应最先注意关闭管道或容器阀门,阻止液体继续外溢,防止事故扩大。

2. 撒漏处理

易燃液体一旦发生撒漏,应及时以砂土覆盖或用松软材料吸附,集中至空旷安全处处理。覆盖时要特别注意防止液体流下进入下水道、河道等地方,以防止污染。如果液体漂浮在下水道或河流水道的水面上,其火灾隐情更严重,要特别注意处理的方式,以免造成更大的事故。

在销毁收集物时,应充分注意燃烧时所产生的有毒气体对人体的危害,必要时穿戴好防毒面具。

（四）易燃固体、易于自燃的物质、遇水放出易燃气体的物质

1. 灭火方法

（1）易燃固体。

根据易燃固体的不同性质，可用水、砂土、泡沫、二氧化碳灭火剂来灭火，但必须注意以下事项：

①遇水反应的易燃固体不得用水扑救，可用干燥的砂土、干粉等灭火剂进行扑救。如闪光粉、铝粉等着火，不可用水扑救。

②有爆炸危险的易燃固体禁用砂土压盖，如具有爆炸危险性的硝基化合物。

③对于遇水或酸产生剧毒气体的易燃固体，严禁用水、硝酸、泡沫灭火器扑救。如磷的化合物和硝基化合物、氮化合物、硫黄等，燃烧时产生有毒和刺激性气体，扑救时须注意带好防毒面具等个人劳动保护用具。

④对在火场中抢救出来的赤磷要谨慎处理。因为赤磷在高温下会转化为黄磷，变成易于自燃的物质。同时在扑救时，赤磷被水淋过受潮后，也会缓慢引起自燃。

（2）易于自燃的物质。

①此类物质发生火灾时，一般可用干粉、砂土（干燥时有爆炸危险的易于自然的物质除外）和二氧化碳等灭火。对于与水能发生作用的物质，严禁用水灭火，可用砂土、干粉等灭火剂等灭火。

②对黄磷火灾现场须谨慎处理，黄磷被水扑灭后只是暂时熄灭，残留黄磷待水分蒸发后又会自燃，所以现场应有专人密切观察。同时要注意，黄磷燃烧时会产生剧毒的五氧化二磷等气体，扑救时应穿戴防护服和佩戴防毒面具。

③对不同的危险物质，在作业中应了解其不同的自燃点并注意采取相应的措施。

（3）遇水放出易燃气体的物质。

此类危险货物发生火灾时，应迅速地将临近未燃烧的物质从火场中撤离或与燃烧物质进行有效的隔离，在灭火时绝对不能用水，只能用干砂、干粉扑救。

2. 撒漏处理

在装卸、运输过程中货物撒漏时，可以将其收集起来另行包装。收集的残留物不能任意排放、抛弃。对于与水反应的撒漏物，处理时不能用水，但清扫后的现场可以用大量的水重刷清洗。此外还应注意，对注有稳定剂的物品，残留物收集后重新包装时，也应注入相应的稳定剂。

（五）氧化性物质和有机过氧化物

1. 灭火方法

（1）该类物质发生火灾时，特别是有机过氧化物、金属过氧化物、有机过氧化物及其衍生物不能用水扑救，因为这些氧化物和水作用往往可以生成氧气，能帮助燃烧、扩大火势，只能用砂土、干粉、二氧化碳灭火剂进行扑救。泡沫灭火剂中由于有水溶剂，故也禁止使用。

（2）其余大部分氧化性物质都可以用水扑救，粉状物品应用雾状水扑救。

（3）在扑救时，要配备适当的防毒面具，以防中毒。在没有防毒面具的情况下，可将一般口罩用5%的小苏打水浸泡后使用，但其有效时间短，必须随时更换。

2. 洒漏处理

(1)在装卸过程中,由于包装不良或操作不当,可能会有部分氧化物物质洒漏。此时应轻轻扫起,另行包装。这些从地上扫起重新包装的氧化物质,因接触过空气或混有可燃物的物质等,为防止发生变化,不得同车发运,须留在发货处的适当地方,观察24h后才能重新入库堆存。

(2)对撒漏的少量氧化性物质或残留物应清扫干净,并进行深埋处理。

(六)毒性物质和感染性物质

1. 灭火方法

毒性物质因其种类繁多、性质各异,一旦发生火灾危害很大,掌握其灭火方法必须注意以下几点:

(1)无机毒性物质中的硒化合物、磷化锌、磷化铝、氟化氢钠、氯化硫、二氧化硫等,因为其成分中氟、氯、硫、硒、磷等都是活泼的非金属,遇水后能和水中的氢生成有毒或有腐蚀性的气体。因此,这类物品起火后,不能用水扑救,而要用砂土或二氧化碳灭火剂扑救。

(2)毒性物质中的氰化物遇酸性物质能生成剧毒气体氰化氢。这类物质发生火灾时,不能用酸碱灭火剂扑救,可用水或砂土扑救。

(3)大部分毒性物质在着火、受热或与水、酸接触时,能产生有毒和刺激性气体及烟雾,灭火人员必须根据毒性物质的不同性质采取不同的消防方法。在扑救火灾时,尽可能站在上风方向,并佩戴好防毒面具等。

2. 撒漏处理

对固体货物,通常收集后装入其他容器中并由货主单位处理;液体货物应以砂土锯末等松软物浸润,吸附后扫集,盛入容器中交付货主单位处理;对毒性物质的洒漏物不能任意乱丢,以免扩大污染甚至造成不可估量的危害。

(七)腐蚀性物质

1. 灭火方法

无机腐蚀性物质发生火灾或有机腐蚀性物质直接燃烧时,除会与水反应的物品外,一般可用大量的水扑救。即使有些腐蚀性物质会与水反应,但由于这些物品量较少,而大量的水迅速扑上足以抑制热反应,也可用大量的水扑救。但用水时应谨慎,宜用雾状水,不能用高压水柱直接喷射物品,尤其是酸液,以免飞溅的水珠带上腐蚀性物质灼伤灭火人员。同时,要控制水的流向,以免带腐蚀性的水流破坏环境。不少腐蚀性物质燃烧时,会产生有毒气体和烟雾,用水扑救时,产生的蒸气也可能有毒性和腐蚀性。因此,扑救时应穿好防护服,并佩戴防毒面具,且人应站在上风处。与水会产生剧烈反应的大量腐蚀性物质着火时,不能用大量的水抑制火情。液体腐蚀性物质应用干砂、干土覆盖或用干粉灭火剂扑救。

2. 撒漏处理

(1)腐蚀性物质撒漏时,液体腐蚀性物质应用干砂、干土覆盖吸收,待扫除干净后,再用水洗刷。腐蚀性物质大量溢出,或用干砂、干土不足以吸收时,可视货物的酸碱性质,分别用稀碱或稀硫酸中和。中和时,要防止发生剧烈反应。用水冲刷撒漏现场时,不能用水直接喷射,只能缓慢地冲洗或用雾状水喷淋,以防止水珠飞溅伤人。

(2)溴污染。溴为棕红色发烟液体,沸点 $55.8℃$,遇水极易挥发,且蒸气有毒。发生溴污染时,应在污染处洒上硫代硫酸钠溶液,使溴转化为溴化钠,再用大量水冲洗。

（八）杂项危险货物质和物品

本类货物的灭火方法和洒漏处理等要求,应按照不同货物的安全标签和化学品安全技术说明书的要求进行。

第六章 城市公共汽电车客运企业安全管理

事发地点位于成都新南路公交站,一辆 49 路公交车进站时,突然撞向停在站台前的另一辆 49 路公交车,导致被撞车辆又撞到前方停靠的 28 路公交车。被撞 49 路车"受伤"较为严重,其风窗玻璃、前后车窗玻璃被撞碎脱落,散落一地。事发后,共有 40 名乘客前往医院接受检查治疗。

事故原因

本事故是一起责任事故,根据公交公司及现场人员的介绍,制动踏板失灵的说法被排除。肇事驾驶员在进入车站时,未对车辆采取制动措施、注意力不集中,以致在进入车站时没能及时发现前面所停车辆而进行减速,造成三车相撞、多人受伤的不幸事故。

事故防范措施

公交公司应要求驾驶员在行车到站及进站时,要提前减速,集中注意力并关注周边情况。同时公交公司应加强对从业人员安全教育,增强从业人员的安全意识,以减小事故发生概率。

第一节 城市公共汽电车客运企业人员管理

一、安全管理人员管理

(一)安全管理人员配备

安全管理机构指的是企业中专门负责安全生产监督管理的内设机构,其工作人员都是专职安全生产管理人员。安全生产管理机构的作用是落实国家有关安全生产的法律法规,组织生产经营单位内部进行各种安全检查活动,负责日常安全检查,及时整改各种事故隐患,监督安全生产责任制的落实等。安全管理机构是企业安全生产的重要组织保证。

安全生产管理人员的设置和专、兼职安全生产管理人员的配备,是根据生产经营单位的危险性、规模大小等因素来确定的。城市公共汽电车运营企业从业人员超过 300 人的,需设置安全生产管理机构,配备专职安全生产管理人员;从业人员在 300 人以下的,可以不设置安全生产管理机构,但必须配备专职安全生产管理人员,或者委托具有国家规定的相关专业技术资格的工程技术人员提供安全生产管理服务。当生产经营单位依据法律规定和本单位实际情况,委托工程技术人员提供安全生产管理服务时,保证安全生产的责任仍由本单位负责。

(二)安全管理人员职责

城市公共汽电车企业安全管理人员应具备相应的专业素质,包括相关的专业知识和相关法律法规知识,如车辆的构造及性能、道路交通系统工程、安全管理法律法规等。

1. 专职安全管理人员

企业专职安全管理人员应具体负责如下本企业安全生产管理工作:

(1)在主管安全生产负责人的直接领导下,对本企业安全生产工作负权限范围内的管理责任,对交办的工作任务要按时按质完成。

(2)履行安全生产检查职责并做好检查记录,及时纠正违反安全生产规章制度和安全操作规程的行为,发现安全隐患及时上报并督促整改。

(3)组织制定和修订完善本企业安全生产规章制度和操作规程,并贯彻实施。

(4)按照法律法规要求和企业规定,履行专职安全管理人员职责。

2. 安全技术人员

企业技术人员应对本职业务范围的如下安全生产工作负责:

(1)负责本职范围内的安全技术把关,确保各项技术工作的安全可靠。

(2)负责编制本专业的安全技术规程及管理制度。在编制开、停工或设备检修、技术改造方案时,要有可靠的安全技术措施,并检查执行情况。

(3)在本专业范围内对员工进行安全操作技术与安全生产知识培训,组织技术练兵活动,并进行定期考核。

(4)开展现场安全检查,发现事故隐患应及时提出并予以消除。制止违章作业,在紧急情况下对不听劝阻者,有权停止其工作。

(5)对工程和技术方案进行审查、验收,参加有关事故调查、分析,提出预防措施和建议。

安全管理人员要出色地完成自己职责范围内的安全管理工作,就必须具备相应的思想和业务素质。思想素质主要表现在职业道德方面;业务素质主要表现在知识、经历和能力方面。

(三)对安全管理人员的要求

1. 安全管理人员应具备的职业道德

安全管理人员应具备较高的思想觉悟和政策水平,遵守党纪国法及交通安全相关法律法规,忠于职守,勇于负责;处事果断,办事认真;坚持原则,廉洁奉公,具有高度的事业心和责任感。以上是对安全管理人员职业道德方面的基本要求。

(1)应成为行车安全管理目标的提出者。

一个企业的安全行车管理能否取得成效及其大小,关键是能否定出本单位符合实际的安全管理目标。科学的、切合实际的安全管理目标,决定着安全管理活动的方向,体现着大多数成员的意志和企业经营管理的要求。因此,制定安全管理的目标要以党的方针政策、有关法律和法规为依据,同时要保持与系统内部总目标的一致。这样提出和确定的安全管理目标才能切合实际,起到指导统一人们行动的纲领作用。

(2)应成为行车安全管理活动的组织指挥者。

组织指挥是安全管理活动中必不可少的手段,因而是安全管理者的一项重要职责。组织指挥就是在管理过程中制定措施,以此来统一步调,按照预定的管理目标,通过对外界环境和内部具体情况的分析和预测,在督促和检查安全管理具体情况的基础上,及时指导和处理管理中出现的问题。只有从全系统的整体出发,纵观全局,对安全管理过程实行严密的组织指挥,才能使安全管理活动有条不紊、扎扎实实地开展,从而有效地保证安全管理目标的实现。

(3)应成为行车安全管理过程的协调者。

安全管理要取得成效,各个环节、各个部门之间必须保持高度的协调性。这种协调的实现,就需要安全管理者在实际安全管理活动中不断地进行调节。这种调节是围绕安全管理目标的,要使企业内各环节、各部门做到相互间的密切配合,紧密衔接,既不能出现脱节,更不能相互矛盾。在安全管理过程中的协调,既包括纵向和横向的协调,又包括各部门之间的协调,还包括内部与外部的协调。

协调是一种管理科学中的组织活动,通常采用的方法有:一是靠政策、法令、制度等权威性因素来调节;二是运用组织、会议形式来调整部门之间及各环节之间的关系;三是运用宣传教育的方法,说明管理工作的重要性,使之自觉调整自己的行为。

(4)应成为行车安全管理过程的监督者。

在安全管理目标和计划实施过程中,往往会因为各种因素而影响和干扰安全管理目标的实现,使安全管理工作出现偏差,这就需要经常地进行监督、检查,通过监督检查,随时发现问题。这种监督检查包括两个方面,一方面是管理活动中的薄弱环节,另一方面是驾驶员在执行任务过程中出现的影响管理目标实现的一切违章问题。

要进行有效的监督检查,就要制定规范,做到有章可循、有法可依。没有严密的规章制度做保证,安全监督检查就难以有效地进行,实现安全管理目标也就无从谈起。

正是由于安全管理工作担负着特殊的职能和职责,所以对每一个安全管理人员的素质和能力也就有着特殊的要求。作为从事安全管理工作的人员,除了应具备政治素质、品德素质、文化素质和身体素质以外,还应有较强的业务素质。只有这样,才能提高自己的管理才能,完成所担负的任务,保证安全管理目标的实现。

2.安全管理人员应具备的专业知识

安全管理人员应具备一定的专业知识、相关知识和法律知识。

专业知识包括车辆的构造及性能、道路交通系统工程、事故规律、交通安全管理等方面的基本知识。

相关知识包括人员救护、车辆消防、车辆保险、其后分析以及辩证法、驾驶员的心理学和行为科学等方面的基础知识。

法律知识指党和国家颁布的交通安全方面的方针政策、法律法规等。此外,还应具备《中华人民共和国刑法》《中华人民共和国民法通则》《中华人民共和国经济法》和相关涉外法律等法律方面的有关知识。

3.安全管理人员应具备的经历

安全管理人员应有在基层车队三年以上的驾驶经历,熟悉车辆的维修和驾驶技术。一般应有大专以上学历并经专业培训,考试合格后方可上岗。

4. 安全管理人员应具备的能力

安全管理人员应具备运用科学知识和实际经验,联系实际,果断有效地解决具体问题和作出相应决策的能力。具体表现为以下几种能力:

(1)正确分析、判断和处理安全管理工作中多种问题的能力。

(2)对意外和突发事故及时果断采取相应对策的应变协调能力。

(3)较强的口头和文字表达能力。

(4)较强的内外事务沟通和社交公关能力。

(5)较强的组织领导能力。

二、一线作业人员管理

(一)城市公共汽电车驾驶员安全管理

通过对营运车辆发生的交通事故(包括被门夹、车内摔伤)统计分析表明:车辆行驶的安全与否,主要依靠驾驶员的安全意识、操作技术、生理及心理功能和职业道德素质。因此,抓好对营运驾驶员的安全教育和培训,努力提高他们的文化素质和安全驾驶技能,是营运安全管理的一项重要基础性工作,也是做好驾驶员的工作、发挥驾驶员主观能动性、保证车辆安全运行的重要前提和基础。抓好驾驶员的安全教育和培训,要结合实际,注重实效。要根据国家和政府关于安全教育培训的法律法规和要求,针对营运驾驶员必须掌握的《中华人民共和国道路交通安全法》、城市公共汽电车驾驶员安全操作规程、安全行车相关知识等,结合各类典型事故案例,编制经常性的安全教育和培训计划。按照计划的步骤和要求有针对性对营运驾驶员进行系统的安全教育和培训。

1. 驾驶员在道路交通系统中的作用

驾驶员在其道路交通系统中的作用可以从以下几个方面进行表述:

(1)驾驶员是动态交通系统的信息处理者和决策者。

驾驶是由驾驶员介入车辆与道路之间所组成的人-车系统,经驾驶员的操作活动而使车辆在道路上行驶。据对驾驶员一天驾驶行为中的统计,在现有的城市道路交通环境中,城市公共汽电车驾驶员每个工作班要在车站停车近 200~300 次,接合离合器踏板和换挡要在2000 次以上,而每站之间驾驶员要完成 40 个左右的操作动作,一个工作班日,要完成的劳动操作总数达 5000 次以上。

驾驶员操纵车辆行驶的过程可以理解为信息收入、加工、决策以及信息输出这样一个反复进行的信息处理和决策的过程。例如驾驶员在驾驶车辆行驶的过程中,超车、会车、通过路口要观察各种交通标志、标线、交通信号以及处理各类交通复杂情况等。驾驶员通过视觉、听觉和触觉等感觉器官接受这些信息,经过大脑的信息处理,作出判断和决策。再通过中枢神经传达到手和脚,发出指令,操纵车辆,即改变了车辆的运动状态,直至达到人-车系统的预定目标,从而完成一个完整的驾驶过程。

在驾驶车辆行驶过程中,驾驶员需要连续不断地从道路环境中获取交通信息。因此,驾驶员必须是有较强的信息接受能力和信息处理能力,才能适应复杂的道路交通情况,控制车辆的行驶方向和速度,处理紧急的突发危险情况,从而避免行车事故的发生,确保行车安全。

(2)驾驶员是道路交通系统的调节者和控制者。

道路交通系统是一个综合的系统,其各个子系统的功能与作用不尽相同。道路与环境主要是为车辆的安全行驶提供交通环境信息;车辆则是完成各项运输(客运、货运)任务的工具。但是,不论是道路环境的功能,还是车辆的功能,其作用的发挥只能与驾驶员的操作相联系,才能真正体现出来。例如,所有的道路交通信息、环境信息,要靠驾驶员的感觉、知觉去了解,操纵车辆要靠驾驶员的手脚配合,进行加速、减速、转向、制动;汽车行驶的安全与否,要依靠驾驶员的思想意识、操作技术、生理及心理机能和职业道德素质。由此可见,驾驶员把人-车系统中各个子系统组成一个有机的整体,是统一协调各个子系统运转责任最重要的环节,充当了调节者与控制者的作用,也就是主导作用。

诚然,人-车系统中任何一个环节中出现了故障,都会给人民群众的生命财产和国家的物质财产带来巨大的损失。驾驶员如不能或错误地接收道路、环境信息,判断失误或错误的操纵车辆,就会导致事故的发生。

2. 驾驶员条件和应具备的能力

现代机动车辆,不仅速度快、冲力大,而且驾驶技术性强,操作复杂。驾驶员在行车中稍有疏忽,就有可能给国家和人民群众生命财产带来损失。因此,机动车驾驶员必须具备相当的条件。

(1)城市公共汽电车客运驾驶员从业条件。

《城市公共汽车和电车客运管理规定》(交通运输部令 2017 年第 5 号)第四章第二十七条规定,运营企业聘用的从事城市公共汽电车客运的驾驶员应当具备以下条件:

①具有履行岗位职责的能力。

②身心健康,无可能危及运营安全的疾病或者病史。

③无吸毒或者暴力犯罪记录。

④取得与准驾车型相符的机动车驾驶证且实习期满。

⑤最近连续 3 个记分周期内没有记满 12 分违规记录。

⑥无交通肇事犯罪、危险驾驶犯罪记录,无饮酒后驾驶记录。

(2)驾驶员应具备的能力。

驾驶能力是指驾驶员能顺利地从事驾驶活动所必须具备的心理特征,它是以一般能力为基础的一种特殊能力。驾驶员在驾驶活动中,应具备以下各种能力:

①灵敏而准确的感知能力。感知能力是指对驾驶所需要的一切信息,都能灵敏而准确地反映出来的能力。它在驾驶能力结构中,有着重要作用和地位。它为思维、判断和操纵等活动不断地提供可靠的依据。

②良好的注意力。驾驶员在驾驶中,必须对交通环境了如指掌,否则就谈不到对车辆的驾驶。良好的注意力包括注意的范围广、稳定性强,分配全面、正确、集中以及注意转移灵活、迅速等。

③良好的记忆能力。由于城市道路交通环境瞬息万变,驾驶员在情绪紧张、注意力集中的情况下,如果没有较好的记忆能力,就有危及行车安全的可能。良好的记忆能力包括识记的范围广、反应速度快、准确度高、保持着记忆的特性和再现的准确性。

④敏捷有效的思维、判断能力。驾驶员的思维、判断与行驶过程是同时进行的,驾驶员

必须对随时出现的情况,积极地进行思维、判断和估计各种可能性,采取果断措施。新的交通信息不断地出现,驾驶员就必须在原有判断的基础上构成新的判断。思维能力包括思维的敏捷性、独立性、连续性和创造性。

⑤迅速、准确的动作反应能力。在对交通情况有了及时和正确判断的同时,还必须实施准确的操纵。动作反应能力是指准确预见,反应迅速连贯,手脚协调,操作柔和、稳健。

⑥敏锐、周密的观察能力。观察是行车中至关重要的环节,特别在车辆行驶密度较大,情况比较复杂时,观察就显得更为重要。敏锐、周密的观察能力包括广阔的视野和灵活的环视能力以及准确、迅速地目测目标和车辆位置的能力。

⑦适应能力。车辆行驶在千变万化的交通环境中,这就要求驾驶员必须具备较强的适应能力。适应能力包括具有安全操纵车辆并适应行车环境的体力、体质、感觉、知觉、知识、技能、运动和心理机能。

⑧情绪的自控能力。情绪对行车的影响最为明显,驾驶员具有积极、冷静、稳定的情绪,才能发挥正常的技术水平,保证行车安全。驾驶员情绪过度紧张、激动、愤慨或处于低觉醒状态时,应进行理智的自我控制和调节,确保始终保持正常的情绪状态。

⑨坚强的意志力。掌握任何一门技术、技能,是一个复杂而又艰巨的过程,每一位驾驶员都必须要有坚强的意志,其表现为刻苦钻研的精神,克服困难的积极性和顽强性,以及操纵的果断性。

⑩独立自主的创造能力。驾驶员应在操纵车辆的运行过程中,把从教练员那里学到的知识、技能消化理解,创造性地融会贯通,形成自己独有的驾驶风格。

⑪熟练的操作技能。驾驶员驾驶车辆从出车前、运行中、到收车后的全部驾驶过程,通过眼、手、脚的配合协调,采取有效措施,达到动作敏捷、应付自如的状态。行车安全的首要因素,取决于驾驶员是否具有良好的素质。素质是指人或事物本来的性质,心理学上是指人的感觉器官和神经系统方面先天的特点。驾驶员的素质主要是指先天的交通特性和能力。应当承认这种交通能力存在不少缺陷,但通过实践和学习可以获得不同程度的提高和补偿。驾驶员的素质主要包括身体素质、性格素质和技术技能。驾驶员要做到安全行车,首先要从提高自身素质着手,要克服不利于安全驾驶的弱点、增强身体素质、注意性格修养、提高驾驶技术、增强应变能力。

3. 驾驶员的培训

机动车驾驶员的培训工作,是一个相互依存、相互制约、相互促进的程序化教学双边活动过程。培训计划在整个过程中起着统帅作用。因此,科学合理地编排培训计划,组织培训工作,是确保培训工作纵向层次分明,横向协调统一的关键,对于实施培训管理,实现培训目标,充分发挥整体效能具有重要作用。这里介绍驾驶员操作技能训练。

(1)操作技能的特点。人的动作方式有反射动作和意志动作两类。反射动作是在接受刺激后立即引起的本能反应;意志动作是经过大脑及小脑的调节而产生的动作反应。人们分解车辆操纵的一系列动作发现,它们恰恰是由一个个相互衔接的意志动作所组成的。所以,车辆操作技能的形成要遵循一个由认识到掌握的发展过程,即通过培训、一系列意志动作的反复训练,初步掌握要领,逐步提高进而达到熟练,最终形成较高水平驾驶技能的过程。

(2)操作技能训练程序。为了使驾驶员的操作技能水平有很快的提高,在培训过程中,必须遵循技能形成的规律组织好训练。

①认真做好操作技能分解动作的训练,把比较复杂的驾驶操作,分解成一个个相互衔接的基本动作,从这些分解动作练起,逐步达到熟练使各个分解动作衔接连贯,配合自如,使之掌握初步的驾驶技能。新驾驶员往往注意范围小、不善于分配和转移注意力,动作紧张、忙乱、呆板、生硬、不协调,多余动作多,教练员要针对这些缺点加以训练和指导,使驾驶员经过反复的练习,将一个个分解动作逐渐成为反射动作。

②分解动作的衔接和协调训练,在具备熟练操作动作的能力后,应及时地把相互衔接的分解动作有机地连接起来进行专项培训,以达到下列目标:

a. 操作技能逐渐熟练,动作准确性有所提高,忙乱和紧张现象得到控制,反应时间缩短。

b. 操作技能的衔接、协调能力逐步提高。

c. 行车经验得到积累,观察和感知能力得到提高。

对于其他存在的问题,需要经过重点帮教,加强辅导,予以解决。

③操作技能的熟练和完善。经过较长时间的训练和专项培训,分解动作逐渐协调并形成反射动作,行车经验有所积累,一旦危险情况出现,就能准确、连贯、娴熟地进行操作,从而减少危险隐患。

操作技能的形成一般分为三个阶段。第一阶段,操作技能提高上升较快;第二阶段,操作技能提高趋于缓慢,且时快时慢,高低起伏;第三阶段,操作技能趋于完善且稳定。

4. 驾驶员的教育

交通是国民经济的命脉,加强交通管理,预防交通事故的发生,保障人民生命财产的安全,维护正常社会秩序,已成为当今社会主义经济建设的一个十分重要的问题。发生一起道路交通事故的原因虽然很多,但其主要因素是驾驶员。驾驶员把握着交通安全的主动权,因此,驾驶员素质的高低直接影响着交通安全,上文阐述了驾驶员的素质由多方面要素组成,除心理、生理、驾驶操作技能技巧等素质外,还包括政治、思想、文化、道德方面的素质。驾驶员的职业道德、法制和安全观念是其政治思想素质的三个重要方面。在诸多的交通事故案例中,由于驾驶员的职业道德水平低、法制安全观念淡薄,从而导致交通事故发生的占相当大的比例。实践证明,提高驾驶员的政治素质,尤其是加强对驾驶员的职业道德和法制安全观念的教育,是十分必要的。这对保障道路交通安全畅通,减少道路交通事故,具有重要的意义。

(1)职业道德教育。

城市公共汽电车驾驶员职业道德规范是城市公共交通职业道德的一个组成部分,是社会主义道德原则和城市公共汽电车职业道德准则要求在驾驶员职业道德活动中的具体体现,是城市公共汽电车驾驶员先进思想和模范实践的经验总结,也是每一位城市公共汽电车驾驶员在实际工作中从思想到行为都必须遵循的准则和规范。驾驶员职业道德规范主要有以下5个方面。

①牢固树立驾驶员的职业思想。驾驶员在从事交通运输工作中,要以此来规范自己的行动,注重社会效益,提供安全、迅速、方便、正点、舒适、经济的优质文明服务,为企业不断提高经济效益。总之,为社会主义两个文明建设服务,是驾驶员所应具备的首要品德。

②牢固树立安全驾驶,优良服务意识,也就是驾驶员的职业责任。维护线路运行的畅

通,保证乘客的安全,尽可能为乘客提供方便、舒适的乘车条件和运行中的各种服务,以满足城乡居民出行的需要。这既是公共交通的根本任务,也是对城市公共汽电车驾驶员落实行业基本任务、保证运营服务质量的具体要求,是城市公共汽电车驾驶员职业道德的主要内容。要达到这些要求,城市公共汽电车驾驶员必须牢固树立"安全第一"的思想;严格遵守交通规则,认真执行操作规程;努力具备熟练的驾驶操作技术;必须具有对国家、对人民生命财产高度负责的精神和为乘客服务的强烈意识。

③牢固树立遵章守法意识,是驾驶员的职业纪律。树立遵章守法意识,是驾驶员职业纪律的基本要求。交通法规是驾驶员行车时必须遵守的规则,它体现法律的强制力,而职业道德规范则体现了道德上的约束力。具有一定的职业道德水平和觉悟,是驾驶员遵章守法的前提。

机动车驾驶员具有强烈的法律意识,才能保证国家和人民生命财产的安全,提高经济效益和社会效益。由于驾驶员守法的自觉性是建立在具有道德觉悟的基础上,这就要求每一位驾驶员首先要树立良好的道德风尚,注重道德修养;其次,必须严格遵守交通法规和安全制度的规定,无论何时何地,或何种情况,都要严格地自觉执行交通法规和操作规程,确保国家和人民生命财产的安全。

④牢固树立文明驾驶、礼貌行车的观念。文明驾驶,礼貌行车,是驾驶员职业态度、职业责任、职业良心、职业荣誉等基础规范的综合体现。文明驾驶,礼貌行车,必须坚持行车礼让,严格做到进站不拦非机动车,出站不抢直行车;必须摒弃那种"窄路相逢,勇者胜""你不仁,我不义"的错误道德观念;遇到他人违章,不等于自己可以违章;相对行人和非机动车,机动车是强者,要以强者保护弱者的驾驶道德观念注意主动礼让。

现代公共交通点多、面广、范围大,往返于城镇、出没于乡村,直接传播社会主义精神文明,是社会主义精神文明建设的"窗口"。因此,每一位驾驶员担负着传播精神文明的主要任务,具体要求是:

a.要有良好的社会公德。

b.要有良好、优质的服务作风。

c.要有良好的驾驶作风。

d.要有良好的驾驶道德品质。

e.努力提高驾驶职业技能。

⑤努力提高职业技能。驾驶员的职业技能指的是从事驾驶职业的实际操作经验、技术能力和理论知识的总和。职业技能是职业道德基本规范的要素之一,职业道德是通过一定的职业技能体现出来的;职业技能又是实践和提高职业道德水准的基本保证,努力培养良好的职业技能,是提高驾驶员职业道德的一项主要内容。

(2)法制教育。

驾驶员的法制观念与驾驶员的职业道德一样,也是其政治素质的一个重要方面。驾驶员法制观念淡薄,法律、法规知识贫乏,遵纪守法意识差,是导致交通事故发生的极大隐患。

5.驾驶员安全操作要求

城市公共汽电车具有行驶路线单一、运营时间长、载客量大、行驶速度低、机件损耗快等特点,一旦出现故障,会影响线路的正常运营,甚至会引发意外事故,危及乘客的生命财产安全。要想保证城市公共汽电车每天都能按照线路计划正运营,出站前做好安全检查是十分重要的。

(1)车辆技术状况检查。

每天出站前都要对车辆技术状况进行安全检查,发现异常和故障及时排除,保持车辆技术状况良好和车容整洁。

驾驶员应具体检查以下内容:

①机油、燃油、转向助力油、制动液、冷却液、风窗玻璃洗涤液是否充足。

②制动踏板的自由行程、制动蹄摩擦片的磨损情况、气压(油压)是否正常,制动管路有无渗漏现象。

③转向盘的自由行程是否正常,加速踏板、离合器踏板、制动踏板下方是否有异物;变速器换挡是否顺利,有无拖挡、响齿现象。

④仪表盘内各种仪表工作是否正常,前照灯、制动灯、转向灯、倒车灯、危险报警闪光灯是否完好、洁净,工作是否正常。

⑤车内外后视镜、广角镜和补盲镜是否完好无损、镜面洁净;刮水器片与风窗玻璃接触是否良好,刮水器是否正常。

⑥轮胎气压是否正常,轮胎磨损是否超过极限,胎面是否破裂、有划痕,胎纹中是否有异物。

(2)安全设施检查。

车内安全设施主要是用于保证运营途中乘客的乘车安全。出站前,驾驶员要对车内安全设施进行检查,确保安全设施完整有效。

驾驶员应具体检查以下内容:

①车门踏板是否牢固,有无破损和湿滑现象;车厢内乘客座椅是否完好无损,无松动。

②车上扶手和把手是否齐全、牢固;对于双层公共汽电车,还需检查楼梯踏板是否完好、牢固;设有轮椅区的公共汽电车,还需检查安全带约束装置是否齐全、有效。

③车窗是否能正常开启和关闭,应急门的手动开关是否能有效开启车门。

④安全锤、灭火器等安全装置是否齐全,安全锤是否顺手可取,灭火器是否在有效期内、是否便于提取。

⑤踏板、乘客区、铰接车的铰接段等区域的照明、监控摄像头、语音报站器、刷卡机、电子显示屏等电气设备是否工作正常。

⑥对于铰接式公共汽电车,需检查刚性段地板与转动部位地板之间的缝隙宽度、水平高度是否正常。

⑦对于电动公共汽车,需检查蓄电池中电解液的液面高度,检查蓄电池通气孔是否畅通;检查车顶搭铁与电线的接触是否松动。

⑧对于液化石油气(LPG)、压缩天然气(CNG)等新能源公共汽电车,需检查气管路是否密闭、有无泄漏。

三、其他相关工作人员安全管理

1. 车辆维修工作人员安全管理

对车辆维修工作人员安全管理的要求主要包括如下11项:

（1）按规定穿戴好劳保用品。

（2）工作前后，应对使用的机器、设备、工具、设施和工作现场进行认真的安全检查，消除事故隐患。

（3）车辆维修时，必须将车辆垫牢，支好安全凳，并在转向盘上悬挂警示牌。

（4）不准擅自拆除、毁坏开关等电气设施。

（5）不准乱拉、乱接电线；氧气、乙炔应分开存放，不准随处乱倒废油和残渣。

（6）禁止在场区和重点防火部位吸烟。

（7）禁止无证操作非本人使用的机械、设备和特种工具。

（8）严格执行操作规程，不盲目蛮干，不偷工减料，不漏修、误修。

（9）未经查明情况时，严禁随意闭合电闸。

（10）维修作业结束后，须及时清理工具设备，打扫工作现场卫生。

（11）减少返工，修旧利废，厉行节约，杜绝浪费。

2. 加油加气站工作人员安全管理

对加油加气站工作人员安全管理的要求主要包括如下 10 项：

（1）加油机操作人员，必须经培训考核合格，持证上岗。

（2）加油机操作人员进入操作现场，必须穿防静电工作服，不得穿化纤、毛料服装和使用该类物质的清洁工具，不得穿底部带有铁钉的鞋。

（3）在加油机启动计数器加零过程中，不得打开油枪开关。

（4）加油理要做到精心操作，油枪要牢固地插入油箱的注油口，防止油的渗漏、溅洒。

（5）加油员必须亲自操作加油机，不得折弯加油软管，不得将软管拉到极限位置。

（6）加油过程中随时注意加油机运转情况，发现异常应立即停止加油，排除故障后方可继续操作。

（7）加油机不得带病运转，不得存在跑、冒、滴、漏的现象。

（8）发现或发生危及加油站安全的情况，应立即停止加油。

（9）雷击天气应停止加油。

（10）停止作业应关闭加油机，切断电源。

四、乘客安全管理

1. 乘客安全素质

乘客是城市公共汽电车系统服务的对象，其在很大程度上影响着车辆的安全。乘客的不安全行为会导致不安全事件的发生，如携带易燃易爆危险物品乘车、在车辆行驶中嬉笑打闹、因拥挤摔倒等。乘客的安全意识淡薄可能使事故得以发展或扩散，安全意识较强的人能够及时发现事故隐患能够、果断应对，甚至能通过采取有效的措施化险为夷，而安全意识差的人可能就不能及时发现事故隐患或发现后采取措施不当，最终酿成事故，甚至可能使事故损失扩大。

2. 乘客安全管理措施

（1）规范乘客行为。乘客应严格遵守公共交通安全法规有关规定。交通运营管理部门应设立警示标志，对不能做的事情作出明确规定。

（2）加大安全宣传、教育力度。乘客在日常生活或工作中安全知识、经验等的积累对于乘客安全意识的培养和提高起到积极的促进作用。

相对于企业对职工进行的安全知识宣传、教育、培训，对乘客进行安全知识的宣传、教育难度要大一些，原因是乘客的流动性较大，且乘客的安全文化水平参差不齐，对安全问题的认识程度良莠不齐，对乘客接受宣传教育的约束力也较小。这些困难决定了对乘客的安全知识宣传要做到时间上灵活，形式上丰富多样，内容设计上要充分体现科学性、趣味性、易读性，尽量避免枯燥的说教，这样将有助于降低乘客对安全宣传的抵触情绪，提高其接受安全宣传教育的主动性和积极性。

3. 乘客应急教育

在车辆设计阶段考虑到了乘客的逃生问题，但在实际生活时，由于乘客对安全器材的陌生，安全逃生方式不了解，一旦在公共汽电车内发生突发事件，很容易造成不必要的人员伤亡。因此，乘客应该了解乘坐公共汽电车时，一旦遇到紧急情况，该如何使用安全器材和逃生。

第一，要冷静寻找疏散的通道，安全出口包括车门、逃生车窗以及车顶的天窗。可以使用车门上框的红色安全按钮打开车门，也可以推开安全逃生窗逃生，或使用安全锤砸碎玻璃逃生，紧急时乘客可通过车顶天窗紧急逃生。

第二，使用安全锤时要敲车窗的四个角，不要敲中间部位；找不到安全锤时，应利用一切可以利用的硬物，如皮带头和高跟鞋等敲开车窗。

第三，逃生过程中衣服不慎起火，乘客应尽快脱下衣服，用脚踩灭。如来不及脱下衣服，可就地打滚，将火压灭。发现他人身上的衣服着火时，可以脱下自己的衣服或用其他布物，将他人身上的火捂灭。

第四，学会利用车载灭火器，灭火器安放位置一般在驾驶座后部和车身中间。

第五，一旦出现火情，会挥发出大量的有毒气体，当发生火灾后，务必要记住捂住口鼻、屏住呼吸，尽量不要在匆忙逃生时吸入有毒气体。

（1）车门逃生方法。

在车遇险时，驾驶员第一反应就是停车、开门，疏导乘客下车。但在特殊情况下，如车辆受损断气、断电时，驾驶员无法通过仪表盘上的按钮将车门打开，这种情况下，作为乘客应该了解在公共汽电车的车门上方还配有一个车门开启安全阀，此安全阀在车辆断电、断气的情况下也可以打开。离门近的乘客只要将此安全阀旋转（旋转后车辆会释放气压），然后手动将门打开下车即可。

如果被困在失火的车中，上述方法无法打开车门，千万不要试图强行开车门，因为车门可能因撞击或高温变形，一般的破拆工具都很难打开，不要浪费宝贵的逃生时间，可选择从车窗逃生。

由于车辆的厂家、配置都不尽相同，因此安全阀的布置形式也不全相同，但都会有安全阀。

（2）车窗逃生方法。

在高峰时段，乘坐公共汽电车的人员比较多，车内拥挤，有时车内乘客移动起来十分困难，在遇险情时，距离门较远的乘客无法迅速从门逃生。在这种情况下或门无法打开的情况下,乘客就要选择从安全窗逃离。

如果是滑动车窗,乘客将车窗打开即可跳出。如果是封闭车窗,乘客则需要通过打碎车窗玻璃才能逃出。下面仔细讲述打碎封闭车窗玻璃的方法及注意事项。

首先,不要顾虑打碎玻璃时会划伤自己,目前,公共汽电车的车窗都是钢化玻璃,在被打碎后这种玻璃会成颗粒状,不会像家用玻璃那样危险。

一般情况下,车门对面的一侧,前后应该都有安全锤,安全锤挂在前后轮附近的车窗框上。安全锤为红色塑料手柄,锤体两头为不锈钢制的尖锐角,用尖锐角敲击玻璃窗的中心部位,凡是钢化玻璃,最脆弱的就是边和角,车辆的玻璃边和角都是贴在车窗框里,敲不到,所以就剩下第三脆弱的中心部位,敲击此处,用力比其他部位少,且玻璃碎裂概率高。

如果由于特殊情况一时无法找到安全锤,乘客们也不要惊慌。钢化玻璃面积虽然很大,但如果想用脚踹碎它或是用拳头打碎它却不是一件容易的事。而用尖状硬物,不需要用太大的力就可将其击碎。因此,在没有安全锤的情况下,应尽快找到一些尖状硬物,如钥匙、手表等,用其棱角击打车窗玻璃的中心部位。

(3)天窗逃生方法。

一些公共汽电车所配备的天窗是具有安全出口功能的。旋转其上的红色扳手,可以将天窗打开,打开后其开口可以通过一些身材较小的乘客,在危急关头,可为少数乘客多提供一种逃生方法。

(4)车外营救方法。

公共汽电车大多运行在市区,其线路上通常会有很多行人及驾驶员,如果车辆出现事故,这些人通常会对其进行营救,如果发生车门打不开的情况,车外人员可找东西打碎玻璃。此外,目前大部分公共汽电车都安装了车外开门安全阀,车外人员只要旋转该安全阀,也能够将车管路中的气放掉,方便车门的开启。

(5)车内灭火方法。

如果车内出现小的火情,在不危及生命,并且乘客已经全部安全转移的前提下,驾驶员及志愿者可用车内的灭火器进行灭火。公共汽电车内灭火器大多数布置在驾驶员驾驶座椅旁及车后门处清晰易见的地方。

灭火器的具体使用方法如下:

①使用手提式干粉灭火器时,应手提灭火器的提把,迅速赶到着火处。

②在距离起火点5m左右处,放下灭火器。

③使用前,先把灭火器上下颠倒几次,使筒内干粉松动。

④使用内装式或储压式干粉灭火器时,应先拔下保险销,用一只手握住喷嘴,另一只手用力压下压把,干粉便会从喷嘴喷射出来。

⑤用干粉灭火器扑救流散液体火灾时,应从火焰侧面,对准火焰根部喷射,并由近而远,左右扫射,快速推进,直至把火焰全部扑灭。

⑥用干粉灭火器扑救容器内可燃液体火灾时,亦应从火焰侧面对准火焰根部,左右扫射。当火焰被赶出容器时,应迅速向前,将余火全部扑灭。灭火时应注意不要把喷嘴直接对准液面喷射,以防干粉气流的冲击力使油液飞溅,引起火势扩大。

⑦用干粉灭火器扑救固体物质火灾时,应使灭火器嘴对准燃烧最猛烈处,左右扫射,并

应尽量使干粉灭火剂均匀地喷洒在燃烧物的表面,直至把火焰全部扑灭。

⑧使用干粉灭火器时,应注意灭火过程中应始终使其保持直立状态,不得横卧或颠倒使用,否则不能喷粉。同时注意干粉灭火器灭火后防止复燃,因为干粉灭火器的冷却作用甚微,在着火点存在着炽热物的条件下,灭火后易发生复燃。

第二节　城市公共汽电车客运企业装备设施

一、营运车辆

根据《公共汽车类型划分及等级评定》(JT/T 888—2014),公共汽电车分类标准如下。

(1)为城市内运输乘客设计和制造的客车,根据是否设有站立区可进行如下分类:

①设有乘客站立区的公共汽电车,即最大设计车速小于70km/h,设有座椅和乘客站立区,并有足够的空间供频繁停站使乘客上下车走动,有固定的线路和车站,主要在城市建成区运营的客车。

②未设置乘客站立区的公共汽电车,即未设置乘客站立区,有固定的线路和车站,主要在城市道路运营的客车。

(2)根据公共汽电车类型按车长不同,分为特大型、大型、中型和小型四种,详见表6-1。

公共汽电车按车长分类(单位:m) 表6-1

类型	特大型		大型	中型	小型
	双层公共汽电车	单层公共汽电车（含铰接车）			
车长 L	13.7≥L≥12	18≥L>12	12≥L>9	9≥L>6	6≥L>4.5

公共汽电车按照等级不同划分,详见表6-2。

公共汽电车按等级分类 表6-2

类型	特大型			大型			中型		小型	
等级	高二级	高一级	普通级	高二级	高一级	普通级	高一级	普通级	高一级	普通级

根据《城市公共交通分类标准》(CJJ/T 114—2007),公共汽电车可按如下标准分类:

(1)城市公共交通应按系统形式、载客工具类型、客运能力进行分类。

(2)城市公共交通分类,应采用大类、中类、小类三个层次。

(3)城市公共交通类别,应采用汉语拼音字母与阿拉伯数字混合型代码表示,城市公共交通分类代码的大类,采用城市公共交通"公交"两字的汉语拼音大写字母"GJ"和一位阿拉伯数字表示,中类和小类各增加一位阿拉伯数字表示。

(4)城市公共交通分类应符合标准中其他参数规定。

根据车辆的动力性能不同,公共汽电车分为:电动、压缩天然气、液化石油气、混合动力等。其中,电动公共汽车的分类可按照《电动公共汽车配置要求》(JT/T 1096—2016)进行。燃气公共汽车又可分为压缩天然气汽车(CNG)、液化天然气汽车(LNG)、吸附天然气汽车(ANG)、液化石油气汽车(LPG)。

根据《城市客车分等级技术要求与配置》,公共汽电车可划分如下:

(1)城市公共汽电车按运行特点分为:

①市区城市客车(市内公共汽电车):是为城市内客运而设计和装备的客车。这种车辆设有座椅及站立乘客的位置,并有足够的空间供频繁停站时乘客上下车走动。

②城郊城市客车(城郊公共汽电车):是为城郊间客运而设计和装备的客车。这种车辆设有座椅及可供短途乘客站立的位置。

(2)按车辆长为主参数,可分为如下四类:

①特大型城市客车:车辆长大于13m且小于等于18m的铰接客车;车辆长大于10m且小于等于12m的双层客车。

②大型城市客车:车辆长大于10m且小于等于12m的客车。

③中型城市客车:车辆长大于7m且小于等于10m的客车。

④小型城市客车:车辆长大于3.5m且小于等于7m的客车。

需要注意的是,车辆的等级和配置应符合相关规定。

(3)城市客车按照等级不同,可划分如下:

①特大型城市客车分为超1级、高级、中级、普通级四个等级。

②大型城市客车分为超2级、超1级、高级、中级、普通级五个等级。

③中型城市客车分为超1级、高级、中级、普通级四个等级。

④小型城市客车分为高级、中级、普通级三个等级。

二、车站设施

(一)车站基本设施

站台是提供乘客上下车的平台,有首、末站和中途站之分,是广义公共交通服务设施的重要组成部分。站台设施包括在公共汽电车的首末站或中途站的站台上为乘客提供候乘条件和服务信息的各种设施。

1.候车廊(棚、亭)

候车廊(棚、亭)是在公共汽电车站台上设置的为乘客候车时遮阳、避雨的服务设施。乘客出行首先要到站台候车,站台是乘客与公交客运服务的第一接触点,为乘客提供良好的候车环境,既是服务质量的内涵,也是公交企业服务宗旨的体现。

2.候车座椅

候车座椅是安装在候车廊(棚、亭)内提供候车人使用的坐具,也是候车廊(棚、亭)的配套设施。城市公共汽电车辆的运行间隔虽然不大,但对于老、幼、病、残、孕乘客来说,在候车时能有个可坐之物,暂时缓解一下旅途中的疲劳,其作用是很大的。特别是我国已进入老龄化社会,随着老年人的增多,在候车廊(棚、亭)中安装座椅,意义更为重要。

3.客运提示

客运提示是指在站台上为乘客提供的乘车服务信息。为了使乘客出行方便、乘车便利,在候车廊(棚、亭)内的可利用空间悬挂或张贴业务性或服务性宣传品,例如"乘车须知""线路图""换乘图""票价表"等。随着近几年我国经济建设的快速发展,许多城市公共交通的站台设施有了很大改善,为乘客乘车提供了很大的方便。

4. 通信与运行显示

通信与运行显示是指在站台上为乘客候车时提供的车辆运行信息,这是站台上的高档服务设施,是城市公共汽电车站台设施的发展方向。在站台上安装了通信和运行显示,乘客不论在哪个站,都能通过站台上的通信与运行显示,即时获得公共汽电车线路的车辆运行状况,把被动等车变成主动选择,这是城市公共交通实现智能化的最高阶段。

5. 站台护栏

站台护栏是站台上安装的供乘客排队候车的围挡设施。为了维护良好的乘车秩序和乘客候车利益,保证乘客的乘车安全,在有条件的首末站和中途大站上都应安装站台护栏。站台护栏的高度以 1.5m 左右为宜,护栏排队口的间距以 1m 左右为宜,安装要牢固。

(二)车站设施管理

站台设施中的候车廊(棚、亭)、候车座椅、站台护栏应由基建或行政部门负责设计、安装,并定期油饰。站台设施中的客运提示、通信与运行显示应由运营部门协调科技部门负责管理,确保服务功能的齐全和服务信息的准确。

城市公共汽电车站台是乘客与公共交通的第一接触点,也是公共交通企业为乘客提供直接乘行服务的开始,因而站台秩序的管理也是公共汽电车运营的重要内容。井然的站台秩序、良好的设施能够维护乘车秩序和运营秩序。

三、消防、环保与应急设施设备

可参考第三章相关内容。

四、加油、加气、充电站

1. 燃料系统的安全保护

(1)燃料箱及燃料管路应坚固并固定牢靠,不会因振动和冲击而发生损坏和漏油现象。不准许用户改动或加装燃料箱,不准许用户改动燃料管路。

(2)燃料箱的加注口及通气口应保证在机动车晃动时不泄漏。

(3)燃料箱的加注口和通气口不得对着排气管的开口方向,且应距排气管的出气口端300mm 以上,否则应设置有效的隔热装置。燃料箱的加注口和通气口应距裸露的电气接头及外部可能产生火花的电气开关 200mm 以上。车长大于 6m 的客车的燃料箱的加注口和通气口应距排气管的任一部位 300mm 以上。

(4)汽车燃料箱各部分不得前伸至前置汽油发动机的前端面。车长大于 6m 的客车燃料箱距客车前端面应大于等于 600mm,距客车后端面应大于等于 300mm。发动机后置的公路客车和旅游客车,其燃料箱的前端面应位于前轴之后。

(5)机动车燃料箱的通气口和加注口不得设置在有乘员的车厢内。

2. 气体燃料专用装置的安全防护

(1)气体燃料的供给系统应有有效的安全保护结构措施,以防止气体泄漏,每一个钢瓶阀出口端都应安装高压过流保护装置。

(2)对于双燃料汽车,应设置燃料转换系统并安装燃料转换开关。在燃料控制上,应具有当发动机突然停止运转时,即使点火开关打开也能自动切断气体燃料供给的功能。燃料转换开关的安装位置应便于驾驶员操作,其挡位标记应明显,能分别控制供油、供气两种状态。气体燃料和汽油电磁阀的操作均应由燃料转换开关统一控制;当电流被切断时,电磁阀应处于"关闭"位置。

(3)压缩天然气管路应采用不锈钢管或其他车用高压天然气专用管路,高压液化石油气管路应采用专用管路。不准许用户改动或加装钢瓶。

(4)钢瓶应被可靠地固定在车上,安装钢瓶的固定座应具有阻止钢瓶旋转、移动的能力,固定座应便于拆装工作。钢瓶安装在车上后,钢瓶编号应易见,钢瓶的强度和刚度不得下降车架(车身)结构强度也不应受影响。

(5)钢瓶安装位置应远离热源,必要时应采取隔热措施。在任何情况下,钢瓶及其所有高压管路和高压接头与发动机排气管和传动轴的任何部位之间的距离应大于等于100mm。当钢瓶及其所有高压管路和高压接头与发动机排气管的距离在100~200mm之间时,应设置固定可靠的隔热装置。

(6)钢瓶应安装在通风位置或采取有效的通风措施,阀门渗漏的气体不应进入驾驶室或载客车厢。

(7)钢瓶与汽车后轮廓边缘的距离应大于等于200mm。钢瓶安装在车辆车架下时,钢瓶下方和后方应采取有效防护措施,且钢瓶及其附件不得布置在车辆前轴之前。

(8)钢瓶不得直接安装在驾驶室、载客车厢和货箱内。当不得不安装在上述位置时,应用密封盒、波纹管及通气接口将瓶口阀及连接的高压接头与驾驶室、载客车厢或货箱安全隔离。密封盒等隔离装置应有很强的防护功能当车辆受到冲撞时应能有效地防止钢瓶冲入驾驶室、载客车厢或货箱内。

(9)通气接口排气方向应指向车尾方向并与地面成45°圆锥的范围内,能将泄漏气体排出车外,通气接口至排气管和其他热源距离应大于等于250mm,通气总面积应大于等于450mm²。

(10)钢瓶的安装和保护罩的设置,应能保证钢瓶集成阀的正常操作和检查。

(11)手动截止阀应安装在钢瓶到调压器之间易于操作的位置,阀体不得直接安装在驾驶室内。

(12)钢瓶至调压器之间应安装滤清装置,并易于检查、清洗和更换。

(13)高压管路的特殊部位(如相对移动的部件之间)应采用柔性管线,其余部位应采用刚性管线。

(14)刚性高压管路应排列整齐、布置合理、固定有效,不得与相邻部件碰撞和摩擦,所有高压管路和高压管接头应得到有效保护,高压管接头应安装在能看得见且操作者易于接近的位置。

(15)气体燃料的车辆应安装泄露报警装置,所有管路接头处均不应出现漏气现象。

3.充电装置系统的维护

作业人员应按照充电桩生产厂家的顾客手册进行定期维护与例行检查,保持其安全、清洁、完好,并做好相关维护与检查记录。

(1)安全与应急。

①充电站运营机构应设置安全管理组织机构,并配备专职或兼职的安全员,建立安全管

理制度和应急预案,建设安全应急保障体系,并负责制、修订充电站安全工作指导书,负责指导、监督、评估充电站安全管理工作。

②充电站管理人员是充电站安全管理第一责任人,对充电站安全进行管理。应建立运行值班制度,包括日常巡检、运行交接班、值班日志等。要落实、贯彻安全工作的相关规定及要求,组织开展充电站安全实施工作,落实各级人员的应急职责。

③安全员应对充电站进行巡查,纠正违规操作,发现安全隐患,及时采取措施。

(2)安全管理。

①充电站应按值进行日常巡视检查,分散充电桩应定期进行日常巡视检查。

②充电站每日应做好站内检查,当班管理人员应对作业现场进行监督,发现违章行为和不安全因素,有权制止并向上级反映情况。充电作业人员应定期或根据工作需要随时进行巡视。

③充电站每周组织一次安全检查。充电站运营机构每月对所辖充电站进行一次安全检查,并应根据季节特点和重大节日对充电站站进行专项检查。

④按国家及厂家设备技术规范等规定要求对充电设施进行定期维护。

⑤专业设备安全管理由专业服务机构或厂家售后负责,要求定期进行例行设备安全检查。对于偶发故障则要求相关充电桩生产厂家在故障发生后及时进行维修,对于重大故障要求一个工作日内到现场进行处理,对于常规故障要求三个工作日内到现场进行处理,对于轻微故障可电话指导充电站工作人员进行处理。

⑥电气设备在使用期间的检修、测试及维修应由专业人员进行,非专业人员不应从事电气设备和电气装置的维修,设备维修前应切断电源。

⑦各充电设备生产企业应按国家要求确保充电设备在各种场景中的应用安全,提供经过相关国家安全质量检测部门安全检测合格的产品。

⑧露天设置的充电桩应有安全防护措施,保证雷雨等特殊天气的充电安全。

⑨各相关充电设备生产企业应该提供一套设备安全维护、检查的要求,供各充电站管理人员使用。

(3)消防安全。

①充电站运营机构应定期进行消防安全检查,消防设施和监控器材应由专人定期进行维护,灭火和监控系统应处于完好状态。

②充电站运营机构应定期进行消防培训和应急演练,全体人员应掌握消防知识,熟知消防器材的位置、性能和使用方法。

③充电站内各紧急出口通道应保持畅通。发生火灾时,应能及时采取有效的处置措施,及时疏散人员,并报告有关部门。

(4)突发事件的应急处置。

①充电站运营机构应设置应急组织,建立突发事件应急预案,包括火灾、车辆故障、电池破损燃烧爆炸、供电系统故障、人员触电、设备故障、停电和断网等。

②应急预案应满足统一指挥、分级负责,组织机构健全,人员和物资配备充足,通信畅通,行动迅速、准确等基本要求。应急预案的主要内容应包括组织机构、人员、物资、事件等级、报告程序、事故处置方法、快速疏散方法、紧急救护措施、现场保护、清理和善后工作等。

③应急预案中涉及的应急设备应在指定场所存放,并由专人负责,定期检查应急预案所需物资的有效性。

④每半年应至少进行一次应急预案的全员培训和演练,针对演练中的问题,不断修改和完善应急预案。

五、防护器材与设备

(一)车辆安全防护装置

车辆安全防护装置包括安全带、车外后视镜、前风窗玻璃刮水器、安全锤、消防器材和三角警示牌等。城市公共汽电车客运企业防护装置具体要求可以参照道路旅客运输企业车辆安全防护装置的标准配备。

(二)劳动防护设备

劳动防护设备,是以消除或者降低工作场所的危害因素,使其在劳动过程中免遭或者减轻事故伤害及职业危害的个人防护装备。劳动防护设备类型包括防尘、防毒、防噪声、防振动、防非电离辐射、防电离辐射、防生物危害和人机功效学的防护等。

第三节 城市公共汽电车客运企业作业现场

一、城市公共汽电车客运作业与安全管理

(一)现场作业管理

城市公共汽电车客运企业需制定各岗位安全生产操作规程和安全生产作业规定,在下达生产任务的同时,布置安全生产工作要求,要求企业员工应熟知并严格按照制度、规程和作业规定进行现场作业,严禁违章指挥、违章操作、违反劳动纪律的"三违"行为。

车辆必须按规定的线路和站点按计划行车,未经批准不得越站甩客、站外上下客、改道行驶;企业应及时掌握极端天气及路况信息,如遇突发事件和恶劣天气,应提示驾驶员谨慎驾驶,必要时启动应急调度预案。

城市公共汽电车客运企业应制定安全稽查计划,定期上路对营运的车辆进行安全检查,并确保有检查记录等相关台账。

(二)驾驶员档案管理

城市公共汽电车客运企业驾驶员应取得相应车型要求的有效机动车驾驶证,并经培训合格,年龄不超过60周岁;企业应制定并落实驾驶员行车安全档案管理制度,实行"一人一档",驾驶员档案中至少应包括驾驶员的身份证复印件、驾驶证复印件、从业资格证复印件、驾驶经历情况表、入职资格审查表、相关教育培训考核情况表以及与企业签订的劳动合同等。

(三)安全值班

城市公共汽电车客运企业应制定并落实安全生产值班计划和值班制度,在清明、五一、国庆、元旦、春节、汛期、严寒冰冻天气等节假日和重要时期实行领导到岗带班,并保有值班

记录,切实做到安全值班"三有",即有制度、有计划、有落实。

二、城市公共汽电车客运车辆安全管理

城市公共汽电车客运企业应制定并落实车辆技术管理制度,落实专人负责车辆技术管理,按国家规定的技术规范对车辆进行定期维护与维修,维护、维修作业须在交通运输管理部门认定的汽车维修企业进行,同时需保存车辆维护与检测的相关记录台账。

每日出车前应按相关规定进行车辆例行检查,确认车辆性能完好,符合运营安全要求,如有异常,应及时进行维修。

企业应按"一车一档"规范建立并妥善保管车辆技术档案,相关内容记载及时、完整、准确、规范,不得随意更改。车辆技术档案中应包括车辆基本情况、主要部件更换情况、修理和二级维护记录、车辆综合性能检测、技术等级评定记录、车辆变更记录、行驶里程记录、交通事故记录等,以及车辆行驶证、营运证及购置完税等资质凭证。

三、城市公共汽电车客运安全作业环境创建

(一)相关方管理

企业应与其他相关方签订安全生产管理协议(也可是其他有关合同或租赁协议),明确相关各方的安全生产责任和义务,并对相关方进行统一管理,定期进行安全检查。

(二)警示标志

企业应在存在危险因素的作业场所和设备设施上设置明显安全警示标志,并告知危险种类、后果及应急措施。设备设施检修、施工等作业现场也存在有一定的危险因素,也必须设置警戒区域和警示标志,防止无关人员误入。

所设置的安全警示标志如涉及交通法规的,相关场所的警示标志要符合交通法规的要求,不得随意设置与自创。

第四节　城市公共汽电车客运隐患排查及应急处置

一、城市公共汽电车车辆安全隐患排查

(一)城市公共汽电车车辆在出站前的安全检查事项

(1)对于在公共汽电车停车场及车站等位置允许乘客上下车的,严禁乘客携带易燃、易爆、管制刀具、辐射物品、有毒有害物品和其他危险物品上下车。

(2)车辆行驶前,要检查车辆行驶证等是否齐全符合有效。

(3)驾驶员因饮酒、身体不适或者情绪严重不佳的,严禁出车。

(二)城市公共汽电车车辆安全例检项目

(1)转向:横(直)拉杆、转向球销、转向节及转向臂应无损伤,球销不得松旷,各部件连接齐全、完好,锁止可靠,转向灵活。

(2)制动:不得有漏油、漏气现象,行车制动系统工作正常,各连接锁销齐全、完好、牢靠,气压仪表工作正常。

(3)传动:传动轴、万向节不得有松旷现象;各连接部位螺栓齐全、完好,紧固可靠。

(4)灯光:前照灯、雾灯、转向灯、制动灯、后位灯安装牢靠,完好有效;刮水器工作正常。

(5)轮胎:不得有严重磨损、破裂或割伤;轮胎的气压符合要求。

(6)随车的安全设施:配备有三角警示牌、消防锤、灭火器等,且齐全有效。

(7)出站前需要检查的其他安全设备设施等。

(三)城市公共汽电车车辆停车场的安全隐患排查

城市公共汽电车车辆集中停放的停车场的安全设备设施(如灭火器、消防栓、视频监控、安全警示标识等)不得缺失,并应定期检查及维护,确保齐全有效。

(四)行驶中的危险路段安全隐患排查

为了使城市公共汽电车驾驶员能够安全驾驶、文明驾驶,确保乘车安全,应该加强对危险路段的安全隐患排查治理,城市公共汽电车客运企业的管理人员和驾驶员等要事先掌握路段的信息,排查所经过的危险路段的安全隐患,提前做好应急措施。危险路段包括但不限于以下路段:

(1)傍山险路。

(2)连续下坡路。

(3)长隧道及隧道群路段。

(4)桥梁路段,尤其是有危桥的路段。

(5)急弯陡坡路段。

(6)临水路段。

(7)路面积水路段。

(8)道路修缮、养护路段。

(9)遭遇恶劣天气、自然灾害坍塌、塌方的路段。

(10)积雪、积水甚至结冰路段。

(11)其他危险路段。

(五)恶劣天气下交通安全隐患排查

恶劣的天气条件,会加大车辆行驶的安全风险,因此在恶劣天气下行车也存在很多的安全隐患。城市公共汽电车客运企业主要负责人和安全生产管理人员要熟悉车辆及道路方面的安全隐患,有针对性地做好安全措施,最大限度保障交通安全。

1.雨雪天气的安全隐患

(1)雨雪天气路面潮湿,附着力下降,制动距离增大,快速运行时紧急制动容易侧滑或者翻车。

(2)雨雪天气行车时,视线比较差,驾驶员看不清车前障碍,容易因视线不清导致意外事故。

(3)雨雪天气行车时,道路上的行人和骑自行车人因穿戴雨具而影响其视力、听力,进而影响行车安全。

2.严寒天气下的安全隐患

(1)冰雪道路上行车时,附着力降低,使得车辆制动距离大大延长,稍一制动还会引起制动侧滑,破坏车辆的操纵稳定性。

（2）严寒天气下,车外气温很低,水汽遇到温度很低的玻璃会结冰,覆盖在风窗玻璃上,影响驾驶员的视线。

（3）低温下橡胶制品如制动软管、皮碗、轮胎等脆裂损坏和制动皮碗收缩等都会给行车安全带来威胁。

3.高温条件下的安全隐患

（1）高温条件下行车,醇型制动液容易产生"气阻",使得制动失灵。

（2）高温条件下行车,制动轮缸皮碗膨胀变形和制动液汽化,造成制动失灵。

（3）高温条件下行车,轮胎温度升高,橡胶软化,强度变差,胎内的气温升高、压力增大,很容易引起爆胎,造成事故。

（4）高温条件下行车,车辆发动机容易过热,长时间、长距离行驶,可能会引发车辆自燃事故。

（5）高温条件下行车,驾驶员容易产生疲劳、困倦感,同时行人和骑自行车人等在阴凉处通行而无视交通规则的现象增多,都会给行车带来安全风险。

（六）道路行驶过程中的违法行为安全隐患排查

城市公共汽电车驾驶员在道路运输日常活动中的违法行为,是引发交通事故的最大诱因,是道路运输企业的主要安全隐患之一。道路运输企业要严格查处道路运输违法行为安全隐患,严格禁止以下行为:

（1）驾驶员无证驾驶或者驾驶证与所驾驶车型不符。

（2）城市公共汽电车车辆在限速阶段超速,或者酒后驾驶。

（3）城市公共汽电车未在指定线路行驶,未在指定站牌上下车。

（4）城市公共汽电车驾驶员驾驶带病车辆。

（5）发现乘坐公共汽电车人员携带有毒有害危险化学品、管制刀具等,不予以制止的。

（6）城市公共汽电车驾驶员在行车过程中紧急制动、急转弯。

（7）城市公共汽电车驾驶员在行车过程中接打手机、吸烟、与行人攀谈。

（8）城市公共汽电车驾驶员在狭窄路段超车、不在公交车道上行驶。

（9）城市公共汽电车驾驶员具有闯红灯等行为。

（10）驾驶员的其他违法行为。

二、城市公共汽电车客运事故现场应急处置

城市公共汽电车在行车过程中发生交通安全事故时,要遵循一些基本的原则,即冷静判断、果断处置、避重就轻、先人后物、先方向后制动。

1.转向失灵的应急处置

当城市公共汽电车驾驶员发现转向失灵时,应尽快减速,在采取制动措施的同时,注意及时将危险警示信息传递出去,提醒道路上的其他车辆以及行人注意避让。车速较高时,不可紧急制动,否则车辆容易发生侧滑,甚至倾翻。同时告知车辆上的乘客坐稳扶好,防止发生碰撞事故或造成二次伤害。

2.制动失效的应急处置

城市公共汽电车行车中突然发现制动失效时,驾驶员最重要的是握稳转向盘,设法避开

交通复杂、人员较多的地方,并视情抢挂低挡或使用驻车制动进行减速,同时利用上坡道或天然障碍迫使车辆降速停车。

3. 侧滑的应急处置

在雨雪天气行车或者过泥泞道路时,车辆易发生侧滑。车辆侧滑时,驾驶员应避免猛转方向和紧急制动,车辆在转弯时应尽快避免速度过快猛打转向和紧急制动,在湿滑、泥泞的道路上,更应避免紧急制动或猛打转向。在车辆发生侧滑时,如果是因为制动引起的,应立即松抬制动踏板,如果是因为转向或者刚蹭引起的,不可踩制动踏板减速,应迅速向侧滑同方向转动转向盘,并及时回转,控制住方向后逐渐停车。

4. 行驶中熄火的应急处置

城市公共汽电车车辆在行车途中突然熄火时,驾驶员应迅速设法将车辆停到安全的地带,先稳定住乘客的情绪,疏散乘客至安全区域,开启危险报警闪光灯,设置警告标志,尽快设法维修或者找其他车辆来转运旅客,确保旅客能够达到目的地。

5. 碰撞的应急处置

当车辆发生碰撞时,如是正面碰撞,驾驶员应紧急制动,以减少碰撞力。如果不是正面碰撞,应迅速判断撞击的方位和力量,调整方向,努力使正面碰撞变为侧面刚蹭,减少碰撞的伤害程度,同时撞车之后要及时对乘客等人员进行安全处置。

6. 爆胎时的应急处置

当觉察到轮胎爆裂时,驾驶员应及时握紧转向盘,控制方向,同时缓踏制动踏板,尽快降低车速,并迅速抢挂低挡。

7. 失火时的应急处置

车辆着火时,应迅速将车辆驶向人员稀少的空旷地带,远离加油站、建筑物、高压线、树木及其他易燃物品,并设法救火。如果发动机着火,应迅速关闭发动机,尽量不打开发动机舱盖,从车身通气孔、散热器及车底进行灭火。

8. 其他公共交通运营中突发事件的处理

(1)运营中发生冒烟、起火、漏电事故时,应立即停车,打开车门,切断电、气源,疏散乘客,用消防器材灭火,及时报警。

(2)发生客伤事故时,应积极抢救受伤人员,保护现场,寻找证人,及时向相关部门报告。

(3)发现可能造成严重损害人身安全的可疑危险物品(例如爆炸物、剧毒物等),应立即组织乘客离车疏散,并迅速报警。

(4)遇有持械抢劫伤人等事件时,应保持冷静,并寻机报警。

(5)发生重大盗窃事件时,应协助失主报警。

(6)遇有严重传染病流行时,应按《中华人民共和国传染病防治法》的要求处理。

(7)遇有突发疾病的乘客时,应立即向急救中心呼救,并协助医务人员抢救病人。

(8)发生交通事故时,应按交通法规的相关规定处置。同时,组织乘客远离事故现场,选择安全的地方等候,以防造成二次伤害。

第七章　出租汽车企业安全管理

案例引入

粟某驾驶一辆出租汽车，沿焦作市建设路由东向西行驶，由于车速较快，该出租汽车与陈某驾驶的出租汽车迎面相撞，造成陈某当场死亡，3名乘客身受重伤。

事故原因

经事故责任认定，粟某驾驶出租汽车跨越道路中心黄实线，行驶到道路左侧，负事故的全部责任。

事故防范措施

驾驶员在驾驶车辆过程中，应严格遵守交通规则，切忌违章违规驾驶。同时，出租汽车企业应加强对驾驶员的安全教育培训，提升其驾驶技能和安全意识。

第一节　出租汽车企业人员管理

一、安全管理人员管理

（一）安全生产管理人员

出租汽车企业安全生产管理人员一般是指出租汽车企业各部室负责人，出租汽车企业下属各分公司各科室负责人以及车队负责人、班组长。部（科）室一般设置有人力资源部（科）、资产部（科）、策划部（科）、运营管理（科）、安保部（科）等。

具体人员配备可以参照《安全生产法》相关规定执行。

1. 基本要求

出租汽车企业安全生产管理人员具体负责本企业安全生产管理工作，具体如下：

（1）在主管安全生产负责人的直接领导下，对本企业安全生产工作负权限范围内的管理责任，对交办的工作任务要按时按质完成。

（2）履行安全生产检查职责并做好检查记录，及时纠正违反安全生产规章制度和安全操作规程的行为，发现安全隐患及时上报并督促整改。

（3）组织制定和修订完善本企业安全生产规章制度和操作规程，并贯彻实施。

（4）按照法律法规要求和企业规定，履行安全生产管理人员职责。

2. 出租汽车企业安全生产管理人员主要职责

（1）经理办公室负责人安全生产职责。

①协助经理做好有关安全生产文件的传递工作。

②协助经理处理和检查督促有关部门,对重大劳动安全技术课题进行研究,检查安全生产防护措施的落实情况。

③在编制企业规划、方针、目标及经营承包责任制协议书时,必须同时将安全生产工作纳入规划。

④协助组织安全生产工作综合检查,督促整改重大事故隐患,并协调各部门开展工作。

（2）人力资源部门负责人安全生产职责。

①监督检查本企业贯彻执行国家和出租汽车企业颁发的安全生产法律法规和文件,与有关部门制订本企业安全生产目标管理计划,定期研究分析企业安全生产情况,提出工作意见,年终向经理报告目标管理完成情况。

②监督本企业生产部门对职工进行安全生产教育和特种作业人员的安全技术培训及持证上岗情况。检查企业特种设备的建档登记,定期检验情况。

③督促有关部门做好职工的劳动保护工作。

④负责对本企业伤亡事故报告、统计、分析工作,参与工伤事故调查,对事故责任者提出处理意见,并负责工伤事故的报告认定、确定伤残等级等工作。

⑤组织安全生产检查工作及督促有关部门按期解决检查出的问题。

⑥按照劳动保护用品的发放规定负责劳动保护用品的发放,监督有关部门供应符合卫生要求的防暑降温饮料和物品。

⑦监督检查企业在生产过程中的安全生产工作,深入基层,了解生产现场,对安全生产工作情况提出整改意见,督促有关部门及时解决事故隐患。

⑧有权制止违章指挥、违章作业行为,对特别危险重大情况有权停止其作业,并立即向领导汇报。

⑨负责组织审查、修订企业安全生产制度和参与审核安全操作规程的工作。

⑩组织安全生产竞赛活动,总结推广经验,对成绩突出的单位和个人给予表彰。

⑪参加审查新建、改建、扩建工程的设计、验收和试运行工作,发现不符合安全生产规定的问题有权要求解决,否则,有权提请劳动保护监察机构或上级部门制止施工或生产。

（3）资产部门负责人安全生产职责。

①负责安全技术措施的制定。

②在推广新技术、新材料、新工艺时,在组织试验过程中,应制订相应的安全操作规程,在正式投产前,应做出安全技术鉴定。

③负责编制企业内部车辆和设备的维修制度,安全操作规程及安全管理制度,并督促检查执行情况。

④负责本企业起重设备、锅炉、压力容器、电梯、场内机动车、手持、移动式电动工具等各种电气和动力设备的管理及建档登记。加强设备的检查和定期维护,使设备保持良好的使用状态。

⑤负责劳动保护计划的实施和对安全隐患的整改。

⑥负责审查自制和改造设备的安全性能。

⑦在产品设计、工艺布置、工艺流程、工艺装备设计时,严格执行有关安全标准和规程,保证职工的安全和健康。

⑧参加检查新建、改建、扩建工程的设计验收和试运行工作,发现不符合技术标准、规范、要求及不符合安全生产规定的问题,有权要求解决,否则不予接管使用和运行。

⑨参与工伤、设备事故的调查分析,并从技术方面提出事故原因和防范措施。

⑩检查企业机械设备的安全防护装置,确保安全装置齐全、灵敏、有效。

⑪负责环境保护治理项目,要认真执行劳动保护"三同时"的规定,参加环保项目的设计、审查和竣工验收工作,环境保护治理项目,应符合安全技术和职业卫生的要求。

(4)行政部门负责人安全生产职责。

①做好防止"食物中毒和煤气中毒"工作,消除中毒死亡事故。

②负责炊事机械、常压锅炉、取暖设备及浴室的安全管理,做到定期检查,保证设备处于良好状态。

③负责对本部门人员的安全生产教育及有关的安全生产工作,会同劳动部门对操作人员进行安全技术培训和考核。

④负责建全本部门机械设备操作规程,做好本部门特种设备的建档登记工作(取得质量技术监督部门核发的特种设备使用许可证),并定期检验。

⑤负责企业从事有职业危害职工的定期体检工作,发现禁忌病症和职业病时应配合劳动部门提出处理意见。做好急性中毒、灼伤、触电等事故及职工伤病的救护工作。

⑥在基建中炉等特种设备的报批、审验、工程竣工后取得质量技术监督部门的使用证明。

(5)安全保卫部门负责人安全生产职责。

①负责本企业防火、防爆、防毒、防盗和治安等工作的具体领导、监督、检查工作,认真贯彻执行公安消防条例,协助经理做好消防工作,防止发生火灾事故。

②负责本企业的防火管理工作及定期组织防火、防盗和安全保卫的检查工作,对重大隐患及时报告有关领导后,督促有关部门限期解决。

③负责对本企业非营运驾驶员的安全行车教育,防止发生各类交通事故。教育驾驶员严格按操作规程驾驶,严格遵守交通法规。

④发生企业场院内的车辆伤害事故,会同劳动部门共同处理。

(6)财务部门负责人安全生产职责。

①监督企业按上级有关规定,保证提取的安全技术措施等经费专款专用。

②监督有关部门按审定的安全技术措施及劳动保护经费的合理使用。

③监督企业制定的年、季、月安全技术措施和劳动保护经费计划。

(7)工会部门负责人安全生产职责。

①监督企业贯彻执行国家安全生产的各项法律法规、规章制度,协助企业不断改善劳动条件,解决影响职工安全和健康的问题及隐患。

②把安全生产工作纳入工会委员会的议事日程,负责组织和开展多种形式的安全生产方案的竞赛,并把安全生产作为评比先进的重要内容。

③参加企业的安全生产检查活动,对检查出的问题跟踪整改并督促解决,保证职工安全生产。

④监督企业执行国家有关女职工的劳动保护的相关规定。

⑤参加企业伤亡事故的调查、处理工作,并提出工会部门的意见。

⑥加强对所组织的各类文体、休养活动的安全管理、教育,防止发生各类伤亡事故。

(8)车队或车间负责人的安全生产职责。

①车队或车间负责人是本车队或车间安全生产第一责任人,对车队或车间的安全生产工作负全面的领导责任,在(分)公司经理领导下工作,接受劳动部门的安全监察。

②认真贯彻执行国家安全生产方针、政策和公司有关安全生产的指示、规章制度,做好文明生产,贯彻安全生产"五同时"原则。

③负责车队或车间的安全生产工作,保证车队或车间年度"安全生产目标管理责任书"中各项指标的落实。

④负责组织召开车队或车间每月一次的安全例会,组织落实每周的安全生产检查工作,参加(分)公司的安全生产例会和安全生产检查,消除隐患,对"三违"(违章指挥、违章操作、违反劳动纪律)现象从严处理。

⑤负责组织落实对车队或车间职工的安全生产教育工作,组织落实新职工的安全教育,提高全员安全生产意识和自我保护意识。

⑥负责组织落实车队或车间季节性安全生产的重点工作,做好夏季防暑降温、防食物中毒,防溺水,冬季防滑、防煤气中毒等工作的落实,防止发生车辆伤害、机械伤害、爆炸等恶性事故。

⑦发生因工伤亡事故要及时报告公司劳动部门,组织抢救,保护现场,参加事故调查,对事故按照"四不放过"的原则处理。

(9)车队工会负责人安全生产职责。

①工会主席在车队队长的领导及工会等部门的业务指导下工作,接受劳动部门的安全监察,在分管工作中涉及安全生产内容的,应承担相应的领导责任。

②贯彻执行(分)公司安全生产管理制度,负责车队有关安全生产规章制度镶框上墙,并贯彻执行。

③负责落实本车队年度"安全生产目标管理责任书"中有关指标的完成,参加车队安全生产例会和安全生产检查,解决或督促有关部门及时解决安全隐患。

④负责车队干管人员、后勤人员的安全教育;负责落实新职工的车队级安全教育和职工的转岗、复工安全教育;负责建立、健全车队安全生产管理台账,实现安全生产规范化管理。

⑤负责车队生产、生活设施和机电设备的安全管理工作。防止发生煤气中毒、机械伤害、触电、火灾、爆炸等事故的发生。

⑥负责车队环境卫生、饮食卫生工作,教育职工严格执行食品卫生法,防止发生食物中毒事故。

⑦车队发生工伤事故,要及时报告队长和(分)公司劳动部门,做好事故现场保护工作,配合劳动部门做好事故调查,制定、落实整改措施。

(10)安全队长的安全生产职责。

①安全队长在车队队长的领导和(分)公司安全部门的业务指导下,负责本车队的行车安全,是车队行车安全的责任人。在其分管工作中涉及劳动安全内容的,应承担相应的领导责任。

②贯彻执行(分)公司各项安全管理制度,保证安全生产制度的落实。

③协助队长落实"安全生产目标管理责任书"的规定指标。参加车队安全生产例会和安全生产检查,落实隐患整改措施。

④负责对驾驶员进行劳动安全教育,做好驾驶员的安全日活动,教育驾驶员遵章守纪,严禁危及安全的故障车上路运行。

⑤重大节假日或恶劣天气时,要对职工做好安全宣传教育和安全警示工作。

⑥协助工会主席做好安全生产台账的管理。

⑦发生工伤事故要及时报告队长和(分)公司劳动部门,做好事故现场保护工作,配合劳动部门做好事故调查和制订、落实整改措施。

(二)安全技术人员

出租汽车企业安全技术人员主要是指车辆技术管理人员。

1. 基本要求

(1)企业安全技术人员对本职业务范围的安全生产工作负责。

①负责本职业务范围内的安全技术把关,确保各项技术工作的安全可靠。

②负责编制本专业的安全技术规程及管理制度。在编制开、停工或设备检修、技术改造方案时,要有可靠的安全技术措施,并检查执行情况。

③在本专业范围内对员工进行安全操作技术与安全生产知识培训,组织技术练兵活动,并进行定期考核。

④开展现场安全检查,发现事故隐患及时提出并予以消除。制止违章作业,在紧急情况下对不听劝阻者,有权停止其工作。

⑤对工程和技术方案进行审查、验收,参加有关事故调查、分析,提出预防措施和建议。

(2)出租汽车企业安全技术人员主要职责。

①贯彻执行公司安全生产管理制度和安全操作规程,执行车辆安全技术标准及公司有关规定。

②建立、健全车辆安全技术管理台账,掌握车辆安全状况,负责新车维护后的验收,加强车辆安全系统检查,做到检查制度化,保证车辆安全运营。

③协助车队队长落实"安全生产目标管理责任书"的规定指标。参加车队安全生产例会和安全生产检查,落实隐患整改措施。

④负责领导、检查驾驶员的安全教育,对驾驶员反映的车辆设备安全隐患和问题及时采取措施,并落实解决。

⑤负责对驾驶员进行车辆常规维护知识、常见故障分析等方面的安全技术教育。督促驾驶员认真执行出车前的检查规定。教育职工当车辆发生危及安全的故障时,必须停运,及时报修,保证营运车辆状态完好。

⑥负责组织、协调故障车的报修、抢修工作,督促检修人员做好安全措施的落实,防止发生工伤事故。

⑦负责督促、检查各种修理工具、电器设备的安全使用,定期对手动、移动式电动工具送检。

⑧发生工伤事故要及时报告车队队长和(分)公司劳动部门,做好事故现场的保护,配合劳动部门做好事故调查和制定、落实整改措施。

二、一线作业人员管理

出租汽车企业的一线作业人员主要包括驾驶员、机动车维修人员(机修人员、电器维修人员、钣金维修人员、喷涂人员)等,其中机动车维修人员安全管理将在第八章中做具体阐述,本章只阐述驾驶员安全管理。

(一)基本要求

《出租汽车驾驶员从业资格管理规定》(交通运输部令 2016 年第 63 号)第一章第三条规定,国家对从事出租汽车客运服务的驾驶员实行从业资格制度。第二章第十条规定,申请参加出租汽车驾驶员从业资格考试的,应当符合下列条件:

(1)取得相应准驾车型机动车驾驶证并具有 3 年以上驾驶经历。

(2)无交通肇事犯罪、危险驾驶犯罪记录,无吸毒记录,无饮酒后驾驶记录,最近连续 3 个记分周期内没有记满 12 分记录。

(3)无暴力犯罪记录。

(4)城市人民政府规定的其他条件。

(二)出租汽车驾驶作业安全操作要点

1. 一般要求

(1)严格遵守道路安全法律、法规和道路运输驾驶操作规程,谨慎和安全驾驶,文明礼让,安全行车。

(2)出车前、行车中、收车后要做好车辆的日常检查和维护,确保车辆安全技术状况良好;保持车辆清洁和车内空气清新,保证车上消防等各项设备、设施齐全有效。

(3)出省、市、县境或夜间去偏僻地区时,应向本单位和有关部门报告并办理相关手续。

(4)严禁酒后驾车、疲劳驾车、带病驾车,行车途中不应接打手机。应劝阻乘客提出的不利于安全行车的要求。

(5)载客时不应超过核定的载客人数,不应装载可燃、易爆等危险物品。

(6)行车中,要系好安全带,并提醒乘客系好安全带,不要将手和头部等身体部位伸出窗外。

(7)乘客上车坐稳后,确认车门关好后起步;起步或停车时,应尽可能平稳,以避免乘客在车上受伤。

(8)乘客上下车时,车辆应与人行道平行停靠,并在右侧下车。在交通法规禁止上下乘客的地方,驾驶员应劝拒乘客上下车。

(9)行车途中密切关注车辆技术状况,发现故障或不安全的隐患,应及时停车排除,不得驾驶带病车辆继续行驶。

(10)车内发生治安、刑事案件,应及时报警。

(11)车辆发生火灾时,应立即停车,首先帮助乘客下车至安全区域,然后进行灭火。

2. 行车安全要求

（1）进入驾驶室前，应观察停放的车辆附近可能有行人出现或有玩耍的儿童、其他停放的车辆，以及停车时没有发现的障碍等，确认安全后再起步。

（2）驾驶车辆起步前，应通过后视镜仔细观察左、后方道路交通情况，在不影响其他车辆和行人正常通行，确保安全的前提下顺利完成起步。车辆起步后，应注意观察车辆左侧道路情况，确认安全后再缓慢向左转向，安全驶入行车道。

（3）起步后汇入车流时，应先通过后视镜观察左、后方正常行驶的车辆，正确估计车流速度和安全距离，根据车流情况选择汇入的最佳时机，在不影响正行驶车辆的情况下安全汇入车流。

（4）驾驶车辆在多车道的道路上超越车辆、避让障碍、转弯、掉头或停车需变更车道时，应注意观察道路交通流的状态，正确选择行驶车道和判断变更车道的时机，安全完成行驶车道的变更过程。

①变更车道时，首先要观察与判断车辆后方、侧方和准备变更的车道上的交通流情况；确认安全后，打开转向指示灯示意，并再次通过后视镜观察两侧道路上有无车辆超越，确认准备驶入的车道留有安全距离后，在不妨碍该车道内车辆正常行驶的情况下，平稳转向。驶往所需车道后，关闭转向指示灯。

②每次变更车道，只能变更到相邻的车道；若需变更到相邻车道以外的车道，应先变更到相邻的车道，行驶一段距离后，再变更到另一条车道。在车道分界线为实、虚线的路段，处于实线一侧的车辆严禁变更车道。

③在交叉路口变更车道，应提前观察道路交通标志和路面标线，根据需要行驶的方向选择行驶车道，按导向箭头方向在进入实线区前驶入导向车道。

④避让障碍变更车道时，应适当提前进行变道；防止相邻的车道有来车阻滞变道而造成制动停车或因强行变更车道发生碰撞事故。

⑤变更车道时，应避免突然急转转向盘驶入相邻的车道，防止与正常行驶的车辆相碰撞或因路面光滑引起车辆侧滑。但在向左或向右变更车道时不宜过于缓慢，长距离压线行驶会影响其他车辆行驶，一般情况应在 50～60m 的距离之间变更车道。

（5）驾驶车辆在道路上行车中，会频繁地与对方车辆进行交会；驾驶员应根据双方车型、车速及道路状况和交通情况，选择正确的会车地点和车速进行会车。

①在有中心线的道路上会车，观察道路两侧交通情况，若路面较宽且条件允许时，可不降速直接交会。

②在狭窄路面会车时，应根据路面的宽度降低车速，同时保持足够的横向安全距离，低速通过。会车有困难时，有让路条件的一方应让对方先行。在狭窄的坡路，下坡车让上坡车先行；下坡车已行至中途而上坡车未上坡时，下坡车先行。

③遇道路宽度仅能容纳一辆车通过的路段、窄桥时，距狭窄处距离近、车速快的一方先行，距离较远、车速慢的一方应主动让行，不可盲目抢行。

④弯道上会车，应以道路中心线为界；未划有中心线的弯道，保持一定的横向间距，两车均紧靠道路右侧低速交会。

（6）驾驶车辆超越前方同方向行驶的车辆前，必须认真观察道路前方情况，尤其是被超车前方的情况,正确地判断是否有影响超车的因素,正确预测超车所需的时间和距离,确保超车安全顺利进行。

适合超车的路段应是道路宽直、视线良好、对面无来车且道路两侧均无影响超车障碍物的路段。准备超车时,应与前车保持一定的安全距离,提前开启左转向灯、鸣喇叭,夜间还需变换使用远、近光灯示意;确认前车让超并有充足的安全距离后,从前车的左侧超越。超越过程中随时注意被超车动态,尤其是前车的转向灯、制动灯的变化;在超越被超车并与被超车辆拉开一定的安全距离后,开启右转向灯,驶回原车道。

超越停放在路边的机动车时,应减速、鸣喇叭,随时观察其动态,并与其保持较大的侧向间距;防止车门突然打开或起步驶向车行道,尤其要警惕对被超车头前端的观察,注意是否突然有行人横穿道路。

超车时要注意后方有无车辆准备超车,后方情况不明,不得超车,以防向左行驶超车时,造成后方驶来的车辆无法躲避而发生刮碰事故。超车过程中有可能和对方来车交会时不得超车,避免因侵占对方车辆行驶路线而与对方来车或被超车辆发生剐碰事故。

(7)高速公路行车,应注意以下几个方面:

①驾驶员没有休息好或感到有些疲劳时,不要驾车进入高速公路。在高速公路上行车时,最好在1.5~2h到就近的服务区休息一下;若感觉有点疲倦或有睡意时不要再继续驾驶,最好立即休息。

②驾驶员在选择车道时,必须严格遵守规定,按要求各行其道。如果长时间非法侵占其他车道行驶,会影响高速公路车辆的行驶速度,无法保证道路畅通,甚至会造成高速公路拥堵。

③行车中应控制好车速和与同车道车辆的间距,不可过分地相信感觉,应依据车速表确认车速;充分利用行车间距确认路段,调整与前车的行车间距和速度。车速超过100km/h时,与同车道前车保持100m以上的距离;车速低于100km/h时,与同车道前车距离可以适当缩短,但最小距离不得少于50m。

④车辆在高速公路意外撞击护栏的瞬间,驾驶员应握紧转向盘稳住方向,适当修正,极力控制车辆反弹;切忌紧急制动、猛转转向盘或迅速向相反方向转向躲避,以避免事故扩大。

⑤轮胎突然爆裂时,车身迅速歪斜,转向盘向爆胎侧急转,此时驾驶员要保持镇静,切不可采取紧急制动,应全力控制住转向盘,松抬加速踏板,尽量保持车身正直向前,并迅速抢挂低速挡,利用发动机制动使车辆减速。在发动机制动作用尚未控制住车速前,不要冒险使用行车制动器停车,以免车辆横甩发生更大的危险。当前轮胎爆裂已出现转向时,驾驶员不要过度矫正,应在控制住行车方向的情况下,轻踏制动踏板,使车辆缓慢减速。

⑥驶入弯道时,应适当降低车速,高速行驶会失去对车辆的控制,造成事故;为了避免因转小弯与侧面车辆剐蹭,禁止在弯度小的弯道上超车;在左转弯道行驶时,由于视距会变短,应尽量避免超车。

⑦当车辆在高速公路上发生事故或出现故障时,应立即开启危险报警闪光灯,设法把车辆停在路肩、紧急停车带等安全地段,并设置停车警告标志、拨打求救电话、报警;驾乘人员不要留在车内或车辆附近逗留,应迅速退到护栏以外等安全地带等待救援,尤其在雾天发生交通事故时,应立即停车,驾乘人员应尽快从右侧车门离开车辆,避免发生二次事故。

⑧雨中在高速公路上行车时,应及时降低车速,尽量避开易积水的凹地,尤其在弯道和斜坡路段要减速行驶。发生"水滑"现象时,不要慌张地转向、制动,应两手紧握转向盘,缓抬加速踏板,充分利用发动机制动,并冷静地等待减速,使轮胎与地面的摩擦作用恢复。

⑨雾天在高速公路上行驶时,由于能见度降低,无论是突然停车还是突然加速都很危险,往往会引发群车追尾的重大交通事故。当遇到高速公路起雾时,应及时打开雾灯和近光灯,降低速度。如果能见度过低时,应暂时驶离高速公路,将车停到附近的服务区。不能驶离高速公路时,应选择紧急停车带或路肩停车,并按规定开启危险报警闪光灯和放置停车警告装置。

⑩高速公路穿山越岭,纵横延伸难免要穿越隧道,即便是照明条件好的隧道,隧道内与隧道外的光线也有差异,尤其在白天驶入、驶出隧道时都对视觉有很大的刺激,反应迟缓,易造成因对车速、行车间距的判断不准确或失误而导致事故。隧道是高速公路上行车的最危险路段之一,为了确保安全通过隧道,驶入隧道前应在距隧道入口50m左右,开启前照灯、示廓灯、后位灯,以便观察前方情况以及引起后方车辆的注意;选择亮绿灯信号的隧道口作为入口,并按照隧道口标志上规定速度调整车速;同时注意车辆的装载高度是否在标志限定的高度之内。

进入隧道后,应将注视点放到隧道前方的远处,不要看两侧的隧道壁,以避免强烈的速度感;行驶中,控制好车速,注意保持足够的安全行车间距;严禁在隧道内变更车道、超车和随意停车;不宜在隧道内鸣喇叭,以防噪声影响其他车辆行驶;双向行驶的隧道内禁止使用远光灯。

驶出隧道前,应通过车速表确认行车速度,不能凭直觉判断车速;驶到出口时,握稳转向盘,以防隧道口处的横向风引起车辆偏离行驶路线;驶出隧道后,在亮适应过程中切勿盲目加速,以免因视力瞬时下降不适应而造成危险。

车辆如果在隧道内出现故障时,只要还能行驶,应尽可能地将车驶出隧道,严禁在隧道内停车。当车辆无法驶出隧道时,应设法将车移到特别停车点,开启危险报警闪光灯,在车后方150m处设警告标志,并通过紧急电话向高速公路管理中心报警。车上人员必须离开车辆站到安全的地方,等待救援。

(8)驾驶员在使用行车制动时,可根据不同的情况采用紧急制动、预见性制动、间歇制动(气压制动车辆)等方式,使车辆减速或停车。紧急制动是在紧急情况下不得已而采取的制动形式,具有一定的危险性,不到万不得已应避免使用。预见性制动、间歇制动,是行车中减速和停车最常用的制动方法。驾驶员在行车中,应集中注意力,仔细观察,提前处理道路上的各种情况,及时预测险情,采取预见性制动,保证车辆安全平稳的行驶、减速或停车。

(9)驾驶员在行车中,要严格遵守法律法规的限速规定;在没有限速规定的路段,应保持安全的行车速度,保证有足够的时间判断道路情况和处理险情;车速一定要控制在前车突然停车时,能及时停车而不会发生追尾事故;在夜间行车,要确保能在前灯所能照射到的距离内停车;在容易发生危险的路段,以及遇有沙尘、冰雹、雨、雪、雾、结冰等气象条件时,应当降低速度行驶,绝对不要超速行驶。

(10)为了避免转弯撞到保护栏上或飞出路外,当发现弯路标志、城镇的直角转弯路口或急转弯时,应及时充分减速,并根据弯道的情况确定车速;遇视线不良的弯道,应减速、鸣喇叭、靠右行;通过急转弯路时,必须低速,尽量沿弯道外侧平稳缓慢行驶;设有弯道镜的路口,还要仔细观察镜中的影像。转弯过程中,避免使用紧急制动;同时注意观察对面有无车辆行驶,严禁在弯道超车。

(11)驾驶员在行车中应时刻想到盲区的存在,在车辆起步、变换车道、交叉路口转弯时,要适时转头观察后再进行操作,避免事故发生。另外,尽量不要在其他车辆的盲区内行驶;尤其遇到大型车辆时,要小心谨慎,因为大型车辆的盲区范围要更大一些。

(12)车辆在道路上临时停车,应注意以下几个方面:

①在道路上临时停车,应选择道路平坦、坚实、视线开阔、不影响交通的安全地点,按顺行方向靠路边停放。停车后,要求车正、轮正,右侧车轮距离便道不得超过0.3m。

②在城市街道上临时停车,应在指定地点依次停放,不得在道路两侧并列停放或逆向停车;与其他车辆临近停放时,按顺行方向靠道路右侧依次停放,并保持适当的纵向间距,不得与其他车辆并排停放。

③在道路上临时停车后,驾驶员要认真观察后视镜及周围情况,当确认安全后再开车门下车,以防开车门时妨碍其他车辆、行人的安全。

④夜间或遇风、雨、雪、雾天临时停车时,须开启危险报警闪光灯、示廓灯及后位灯。

(13)行车中经常会遇到拥堵的路段,尤其在车辆通行的高峰时段,拥堵就更为明显。驾驶员在行车中发现前方道路拥堵时,应减速依次缓行,鸣喇叭催促根本不能解决已经形成的道路拥堵;寻找机会从车辆空间左右穿插通过,只能加剧拥堵,甚至导致交通事故。

(14)交叉路口的交通情况复杂,是事故的多发地点,经常出现突如其来的违法通行的车辆或行人。因此,在通过交叉路口时,应仔细观察前方及左右两侧的车辆和行人,谨慎驾驶,注意以下几个方面:

①行经交叉路口时,即便是绿色信号灯亮时也千万不能大意,应做好出现一些特殊情况的准备,预防其他方向的车辆和行人违法进入路口。

②在交叉路口左转弯时,注意预防迎面直行而来的车辆或自驾车背后可能有摩托车、助力车等,要加倍小心。

③在交叉路口右转弯时,要仔细观察右后视镜,必要时转头观察右侧交通状况,注意避让直行或者右转的摩托车、自行车和助力车,更要注意避让对面的左转车辆。

④在接近交叉路口时,应该注意前面的车辆,尤其是相邻两前车的动向,保持安全的车距。为了提醒后面车辆的注意,制动时应分几次踩踏制动踏板,以防发生追尾事故。

⑤通过交叉路口时要控制好车速,绿色信号灯亮后,通过交叉路口直行时,应以随时能停车的速度行驶;跟随前车右转时,应注意观察右侧情况,减速行驶。

⑥直行、左转弯通过没有交通信号灯控制的路口,应减速确认安全,在有优先权的道路上行驶,接近视线不好的交叉路口时,也应以能随时停车的速度行驶。

⑦为了避免路口堵塞,通过路口时一定要减速,即使是道路条件很好,也应在通过路口前换入低速挡,尽量避免在通过路口时换挡,避免因减挡不及时而熄火。

⑧通过没有交通信号控制的交叉路口时,应相互礼让。即使有优先通行权,也要慢行或暂停,注意避让行人和自行车。

(15)发现前方路口堵塞时,为了避免被卡在拥堵的路口内,应减速或停车,依次通行或等候,不要往前加塞,等前方路口疏通后,方可继续行驶。

(16)在驾驶车辆连续下长坡时,应用挡位控制速度,合理地使用行车制动,必要时可挂低速挡控制车速,始终将车速控制在能控制的范围内,严禁采用踏下离合器踏板或空挡滑行的方式控制车速,否则会有导致制动失效的危险。

(17)为防止与从支路突然驶入的车辆相撞,行至主支干道交汇口时,应提前减速,注意观察,谨慎驾驶。

(18)雨中行车,因路面与轮胎间的附着系数减小,影响制动效能,并且很容易发生横滑或溜滑的现象。大雨或暴雨时,风窗玻璃上形成溪水,有时靠刮水器也难以改善视线;刮水器片在雨中左右摆动,不同程度地影响着视线;此外,雨天能见度低,视线不良。为了确保雨天行车安全,行车中应主要注意以下几个方面:

①行车中应将车速控制在规定的范围内,并根据实际需要调整车速;能见度在50m以内时,最高时速不得超过30km/h。

②注意观察蒙蒙细雨中的行人和骑车者,由于行人头戴雨帽,致使视线、听觉都受限;一手握车把另一手撑伞骑自行车者更易左右摇晃,对交通情况不易察觉,车辆临近时,应预防其突然转向或滑倒。

③遇到大暴雨或特大暴雨,刮水器不能满足能见度要求时,不要冒险行驶,应选择安全地点停车,并开启危险报警闪光灯和示廓灯,待雨小或雨停时再继续行驶。

④根据车辆和道路的情况,特别是通过容易引起滑转的道路时,应严格控制车速;如果发生车辆横滑或侧滑情况,切不可急转转向盘或紧急制动,应利用发动机制动减速。

⑤雨中遇到行人时,要提前减速、鸣喇叭,严禁争道强行,不要从行人身边急速绕过,与其保持一定的安全距离,以免溅起的泥水弄脏行人的衣服。

⑥雨中跟车、超车、会车时,要与车辆及道路边缘适当加大安全距离;在傍山路、堤坝路或沿河边路上,不宜沿路边缘行驶;久雨天气或大雨中行车,要注意路基是否疏松和可能出现坍塌情况,尽量选择道路中间坚实的路面行驶。

(19)行车中经过积水路面时,应特别注意减速慢行;加速或保持正常车速通过,溅起的水花会冲击前风窗玻璃,阻挡驾驶员的视线,导致其无法观察前方情况,进而引发车辆失控或交通事故。另外,驾驶车辆行经两侧有行人或非机动车行驶且有积水的路面时,更应减速慢行,以免泥水飞溅到行人或非机动车驾驶员身上。

(20)夜间控制行车速度对安全行车十分重要。因为夜间即使开着前照灯,可视距离也比白天短得多;遇到危险时,留给自己的反应和处置时间相对较短。所以,在夜间行车时,车速更应适当放慢,以保证车辆的制动距离在前照灯照亮的距离之内,从而能及时应对危险情况。由于夜间很难判断跟车距离是否可以超车,当发现前方有车辆时,应控制好车速,保持较大的车距,尽量不要超车。

夜间行车离不开灯光的照明,如果使用灯光不正确,不仅影响驾驶员观察道路上的情况,而且还会导致交通事故。开启车灯不仅仅是为了照明,更重要的是让其他交通参与者能够观察到车的存在。车辆前照灯的开启时间,应设置在灯光能显示出车的轮廓时,这样更为安全。

夜间在照明不好的地方尽量使用远光灯,对面有来车时,要及时把远光灯切换成近光灯,不要使对面的驾驶员目眩。夜间在照明条件较好的市区或路段行车,应使用近光灯,以安全的速度行驶,同时借助路灯,尽量把驾驶员的视野扩大到前照灯光以外的区域。

通过交叉路口、转弯或变更车道时,应提前开启转向灯,并在150m以外开、闭远、近光灯示意路口左右方向来往的车辆和行人;右侧路口有来车时,应根据来车灯光的远近,确定是先行还是避让。在没有路灯或照明不良的道路上会车,应在距对面来车150m以外两车交替使用远、近光灯,开启远光灯是为了观察自己一侧道路上的交通情况;开启近光灯是让对方车辆开启远光灯观察道路上的交通情况。

夜间会车时,应在距对面来车150m以内,将远光灯改用近光灯,根据道路条件控制车速,使车辆靠道路右侧保持直线行进;眼睛不宜直视对方来车的灯光,可以注视路面的右侧,以避开对方来车的直射灯光的干扰。遇对面车辆不切换为近光灯时,须冷静对待,应在仔细观察道路右侧边缘的同时,用眼睛的余光观察来车。

上坡时提前加速,进行远、近光的变换,提醒对面来车注意;将驶近坡顶时,要合理控制车速,将远光灯变换为近光灯,以防对面来车炫目而造成车辆失控。

下坡时应使用远光灯,以增大视线范围。

夜间停车时,须开启右转向灯,同时变换远、近光灯,选择停车地点;按交通法规的要求在安全地点停车后,打开示廓灯和后位灯;有危险报警闪光灯的车辆,应将危险报警闪光灯打开,以提示前后来往的车辆、行人及非机动车辆。尽量不要开启车内灯光,因为夜间行驶,眼睛会逐渐适应黑暗的环境;若打开车内灯,则会使已经适应黑暗环境的视力突然下降,影响驾驶员驾驶。

(21)提前预测和及时处置险情,能有效地预防和避免交通事故。有些时候,看不见的危险可能会潜伏在驾驶员的视线死角里。很多交通事故的发生就是因为驾驶员没有预测到险情,在可能发生危险的地方没有做到提前预防。

行车中遇到道路前方有玩耍、上学或放学的儿童,要及时减速,以随时能够停车的速度行驶,预防儿童突然跑向路中央。前方突然有皮球滚入路中时,应立即减速,因为皮球后面随时可能有儿童突然出现,必须及时减速或停车。

当发现前方车辆减速靠右停车时,应留出横向安全间距,并减速行驶,以防前车突然起步或突然打开车门。行车前方有其他出租汽车时,应减速并稍靠近中心线行驶,以防出租汽车随时停车。驶近停靠车站的公共汽电车时,要减速慢行,行人可能从车前突然横穿出来。跟在大型车辆后面时,应保持安全距离,尽量避免在大型车辆尾部盲区内行驶。

通过没有信号灯的路口,即使有优先通行权,也一定要减速慢行,以防其他没有优先通行权的车辆抢行。在交叉路口时,即使是绿灯亮,也要减速慢行,预防看不到的违法的车辆和行人突然出现。行至视线被遮挡的急转弯处,要减速慢行,因为无法看清被挡住的交通路况。

夜间行车,遇对面来车不关闭远光灯时,驾驶员会看不清道路情况。此时应减速或停车让行,并随时注意后方车辆。

(22)雾天是最为恶劣的气象条件,发生交通事故的概率比平常高出几倍,甚至几十倍。因浓雾造成几十辆车辆连续追尾的事故屡见不鲜,损失惨重。因此,保证雾中行车安全显得尤为重要。

雾刚生成时,浓度在不知不觉中逐渐增加,驾驶员虽然能逐渐适应,但能见度却在渐渐缩短。雾气会使风窗玻璃外形成小水珠,驾驶室内的热气同样使风窗玻璃内凝成水珠,影响视线,浓雾时能见度更低;低洼的路面上分布一层厚度为1m左右的浓雾时,虽不影响透视距离,但却看不清路面上的石块、沟坎、凹坑等障碍物。雾形成后会逐渐变浓,在冬天还会使路面上形成薄霜或薄冰,极易导致车辆侧滑。

帮助驾驶员判断方向和车速的路标以及树木等参照物,在雾天变得难以看清;驾驶员的速度感迟钝,对车速的判断往往要比实际车速低;尽快冲出浓雾包围的急切心理支配,会促使驾驶员无意中提高车速。由于路边参照物模糊不清,驾驶员与前方车辆保持的距离往往过近,甚至会误将前车停车时开着的后位灯误认为是行驶车辆的后位灯,紧跟而导致撞车。

雾天行车中驾驶员应打开雾灯及示廓灯,严格遵循靠右侧通行的原则缓慢行驶,车辆之间及行人之间都要保持充足的安全距离,严格根据能见度控制车速,适时鸣喇叭,以引起行人和车辆注意。密切注意路面及地理环境,尤其是通过村庄、路口、车站及行驶于山路转弯处时,应仔细观察周围情况,做好避让停车的准备,以免发生碰撞和刮蹭。

雾较大时,可间歇使用刮水器,以便把风窗玻璃上因雾气凝成的小水珠刮干净,以改善视线。驾驶室内的热气在风窗玻璃内侧凝成的小水珠,可用风窗玻璃除霜功能清除或用干毛巾擦干;进入浓雾区前,应谨慎行驶,必须把车速控制在能及时停车的范围内。

雾天能见度较低时,应先将车开到路边安全地带或停车场,等能见度好转时再继续行驶。如果一定要在雾中行车,就要根据雾天的能见度情况,选择遇到情况时能迅速停车的行驶速度行驶(视距必须大于制动停车距离)。

雾中尽量选择宽阔的路段和地点会车;会车时,应关闭雾灯,以免给对方造成炫目;适当鸣喇叭提醒对面车辆注意,发现可疑情况,应立即停车让行。

发现对面来车车速较快,没有让道意图时,应主动减速让行,必要时靠边停车;前方有障碍物时会车,要留出提前量和安全间距;会车后开启雾灯。

雾天严禁超越正在行驶的车辆。发现前方车辆靠右边行驶时,不可盲目绕行,要考虑到此车是否在避让对面来车;超越路边停放的车辆时,要在确认其没有起步的意图而且对面确无来车后,适时鸣喇叭,从左侧低速绕过。

雾天行车,能见度在30m以内时,车速不得超过20km/h;浓雾能见度减至5m以内时,应及时靠边选择安全地点停车,并开启危险报警闪光灯、后位和示廓灯,待浓雾散开后再继续行驶。

雾天跟车行驶时,应密切注意前车动态,保持较大的跟车距离,适当控制车速,切不可急转转向盘、猛踏或快松加速踏板,以防侧滑。雾中避免开前照灯行驶,强光照在雾上会引起散射,影响视线,造成视距缩短,甚至看不清前方的路面和交通情况。

(23)冰雪天气行车,有条件时可更换防滑轮胎或安装防滑链,也可用钢丝绳绕在车轮上做短距离行驶;在驱动轮上装防滑链,左右要对称,松紧要适度,通过冰雪路段后,立即拆除,以免损坏路面和轮胎。

没有安装防滑链的车辆在雪地起步时,可采用比平时高一挡位起步,利用离合器半联动和轻踏加速踏板的办法实现平稳起步;起步困难时,可在驱动轮下铺垫干草、炉渣、沙子等物辅助起步。

在雪地行车中,由于积雪覆盖着道路,有时沟壑被积雪掩盖,道路的轮廓难以辨别;行车时应根据道路两旁的树木、电杆等参照物判断行驶路线,利用发动机的牵阻作用控制车速,低速行驶;在有车辙的路段应循车辙行驶,不可急打急回转向盘,以防车辆侧滑偏出道路。

会车时应选择比较安全的地段靠右侧慢行,适当增大两车的横向间距,且与路边保持一定距离,必要时,可在较宽的地段停车让行。跟车行驶应与前车保持较大的纵向距离,一般为正常道路条件的1.5~3倍;遇前车放慢速度,后车需要减速时,可采用间歇缓踏制动踏板,同时使用驻车制动器的方法,切忌将行车制动器一脚踏到底或使用驻车制动器过急过猛。

当车辆行至弯道、坡道及河谷等危险地段时,要提前缓抬加速踏板,平稳降速,适当加大转弯半径,不可猛打猛回转向盘,做到早转或少转,以防车轮侧滑。

需要停车时,应提前减速或换用低速挡,缓慢地制动;前方遇有情况时,应提前降低车速,必要时换入低速挡控制,尽量避免使用行车制动器制动。冰雪天气行车应注意以下事项:

①在雪地长时间行驶,应佩戴有色眼镜,以防造成炫目而影响行车安全。

②使用气压制动的车辆,应预防储气筒控制阀和制动管路中产生结冰而致使制动失效。

③在结冰山路上行驶,必须安装防滑链;通过结冰路段后应及时拆除,以免损坏路面和轮胎;在有积雪的坡道上行驶,应提前换入低速挡,加速时不可过急,中途避免换挡。

④傍山险路降雪结冰后,应根据冰雪厚度、坡道大小、弯道急缓及路面宽窄等情况,决定能否通过,必要时应停车勘察,不可盲目冒险行驶。

⑤在冰雪路面较长时间停车时,应选择适当地点,可在轮胎下垫以木板、树枝或柴草等物。

⑥在弯路、坡道及河谷等危险地段行驶时,更应注意选择好行驶路线;路况稍有可疑应立即停车,待察看清楚确认安全后再继续行驶。

(24)山区道路行车,由于坡陡、急弯较多,驾驶员视线经常被遮挡,无法预料到前方可能存在的危险。当车辆接近坡顶或者弯道的时候,一定要降低车速,尽量靠路右侧行驶,以便在遇到危险时能及时处置。车辆进入山区道路后,要特别注意"连续转弯"标志,并主动避让车辆及行人,适时减速和提前鸣喇叭。在通过山区道路弯道时,要做到减速、鸣喇叭、靠右行;临近一面临崖弯道,必须提前降低车速,同时应尽量避免靠临崖一侧太近。下坡时由于惯性作用,车速会越来越快,应及时根据坡道情况减挡行驶,充分利用发动机制动控制车速,千万不能高速行驶或踏下离合器踏板滑行,更不能空挡滑行。下长坡时尽量避免长时间连续使用行车制动,以避免因制动器温度升高而使制动效果急剧下降。下坡中途停车时,踏制动踏板要比在平路时提前。车辆上坡行驶,要提前观察路况、坡道长度,及时、准确、迅速减挡,使车辆保持充足的动力。上陡坡时,应在坡底提前减挡,加速冲坡。车辆在山区上坡路驾驶,减挡要及时,避免拖挡行驶导致发动机动力不足。

(25)通过桥梁时,应及时降低行驶速度,注意桥头限制载质量或限制轴载质量标志所限定的数值或提示,严格遵守通行规定,根据桥面的宽度,选择安全的通过方法,做到减速、礼让、慢行,尽量避免在窄桥上换挡、制动、会车和停车。

通过漫水桥时,应停车观察水情,确认安全后,让乘客下车步行过桥,车辆在引导下低速通过;行驶中视线应尽量避开水流,避免在中途变速、急剧转向和停车。若遇洪水或河水漫过桥面时,不得冒险通过。

通过立交桥前,应注意观察立交桥的形式,并注意指路标志和指示标志所指引的行驶方向,根据需要按标志所引导的方向确定行驶路线;通过立交桥时,按规定或限速标志限定的速度行驶,确保行车安全。

通过木桥、吊桥、浮桥和便桥前时,应首先停车检查能否通过,确认可以通过时,用低速挡匀速平稳缓慢行驶,中途不可变速、制动、停车和起步,以免引起对桥梁的冲击而发生意外。

(26)车辆遇险时,应在确保安全和尽量减少损失的前提下,避开损失较重或危害较大的一方,尽可能减少危害;宁可财产受损失,也要确保人的安全。车辆遇险前的一瞬间,应先使用制动降速,在确认安全的情况下,平稳转动转向盘,并果断采取一切有效措施保护乘车人不受伤害或少受伤害,要尽量避免车辆发生倾覆。车辆遇剐蹭或制动失效时,应迅速告知乘客向车厢中部或没有被刮碰的安全一侧挤靠,并抓住车内固定物,避免车身变形挤伤身体。遇到非常情况或者发生事故时,应力所能及地将损失降到最低限度,决不能因应急避险造成二次事故或更大的损失。

(27)遇转向失控时,要沉着冷静判明险情程度,应尽快减速,在采取制动措施的同时,注意及时将危险警示信息传递出去,提醒道路上的其他车辆以及行人注意避让。车速较高时,不可紧急制动降速,否则车辆容易发生侧滑,甚至倾翻。

(28)行车中突然发现制动失效时,最重要的是握稳转向盘,设法避开交通复杂、人员较多的地段,并视情况抢挂低挡或使用驻车制动进行减速;使用驻车制动操纵杆时应逐渐用力,不可一次拉紧,一次拉紧容易将驻车制动盘"抱死",损坏传动机件而丧失制动能力。同时,可利用上坡道或天然障碍迫使车辆降速、停车。

下坡途中遇制动突然失效时,首先观察路边是否有可利用的坡道,若有可将车辆驶向坡道,以阻止车辆前进,帮助停车;若没有可利用的坡道时,应果断地利用天然障碍物,给车辆造成阻力,必要时可把车靠向路旁的岩石或树林,利用天然障碍达到停车脱险的目的,以减少损失和伤亡。

三、现场管理人员管理

出租汽车企业现场管理人员主要包括班组长、安全员、调度员等。

1.班组长

班组是出租汽车企业最基层管理组织,主要包括车辆维修班组和车辆运营班组,班组长具体负责本组各项安全生产工作。

班组长的主要职责如下:

(1)认真执行有关安全生产的各项规定,教育督促本班组员工严格执行安全生产规章制度和安全操作规程,对本班组的员工在生产中的安全负责。

(2)负责对新调人、新换岗和临时参加生产的员工进行现场安全教育,并向员工如实告知作业场所和工作岗位存在的危险因素、防范措施以及事故应急措施。

(3)组织员工学习安全生产操作规程,检查执行情况,及时发现、制止违章操作行为,杜绝蛮干作业。对一般的安全隐患,要采取临时控制措施,并及时上报。对重大安全隐患,要立即停止作业和上报。

(4)负责对本班组区域内的安全设施、器材进行管理和维护,发现问题,及时报告。

(5)如发生安全事故,要立即组织人员抢救,保护现场,立即上报。

(6)对安全生产中的好人好事及时表扬和上报,把安全生产工作纳入生产指标中一并考核。

(7)因工作需要交接班时,做好交接班记录。

2.安全员

出租汽车企业安全员主要职责如下:

(1)安全员在协助车队长做好机动车维修、行车安全和交通事故的处理工作中,涉及安全生产内容的承担相应的责任,并对本岗位的安全生产负直接责任。

(2)熟悉掌握并贯彻执行车队或车间有关安全生产制度。

(3)配合车队长做好对驾驶员、机动车维修人员、特种作业人员等的安全生产教育工作。

(4)遇有季节性天气变化或其他特殊情况,及时对驾驶员进行警示教育和培训,防止车辆伤害事故的发生。

(5)当发生工伤事故时或接到驾驶员、机动车维修人员、特种作业人员等的事故报告时,应及时报告车队长或车间主任,并协助领导保护事故现场。

3.调度员

根据《出租汽车运营服务规范》(GB/T 22485—2013)的规定,出租汽车企业宜建立车辆调度中心,采用网络和电话进行车辆调度,配置的电话线路接听席位应满足乘客及时要车的需要,并应为乘客提供满足需要的饭店、机场、火车站的公共调度服务。上述两规定均需要出租汽车企业设置调度员,调度员应通过交通行政主管部门考核并取得调度员证件后持证上岗。

调度员主要职责如下:

(1)严格执行操作规程和安全生产作业规定,严禁违章指挥、违章操作、违反劳动纪律。

(2)掌握极端天气及路况信息,及时提示驾驶员谨慎驾驶,遇突发事件和恶劣天气,启动应急调度预案。

(3)按序派车,做好派车记录。

(4)维护运营秩序,对出租汽车驾驶员扰乱运营秩序的行为进行制止和纠正。

(5)对出省、市、县境或者夜间到偏僻地区营运的出租汽车进行登记。

(6)发现违法犯罪活动或者违法犯罪嫌疑人,应及时向公安机关报告。

(7)不得为出租汽车驾驶员私揽业务或者利用职务牟取私利。

四、应急救援人员管理

为保障事故状态下应急预案能够有效实施,企业应建立与本单位安全生产特点相适应的专兼职应急救援队伍,或指定专兼职应急救援人员。为了保证事故状态下应急救援工作能够顺利开展,并及时控制事态的发展进程,企业应加强应急队伍的日常训练,使其具备过硬的应急处理能力。

出租汽车企业应根据行业特点,应加强驾驶员、车辆维修人员、车间主任、车队队长、班组长、安全员、调度人员等一线工作人员和现场管理人员应急处理能力的培训工作,开展应急预案的宣传教育及培训活动,普及生产安全事故预防、避险、自救和互救知识;使有关人员了解应急预案内容,熟悉应急职责、应急程序和应急处置方案。

出租汽车企业应急救援队伍一般由指挥组、通信组、疏导组、抢救组、后勤保障组、统计分析组6个核心应急响应工作小组组成。

(1)遇有突发事件,出租汽车企业须立即启动相应的应急预案,各工作小组要根据总指挥部的命令立即赶赴现场,并在现场指挥组的统一协调下,根据分工迅速展开各项救援工作。

(2)指挥组任务职责。立即对现场情况进行了解,迅速掌握第一手资料,指挥各工作小组迅速进入工作状态,同时要边处置、边汇报,及时向指挥部提出控制事件、事态发展的建议和措施。现场指挥组要保证与总指挥的通信联络,随时向总指挥汇报事态发展情况和现场处置情况,保证信息畅通。

(3)通信组任务职责。根据现场情况,随时与外界保持正常的通信联系,要及时按总指挥部的命令报警,可立即拨打110、119、120、122联网报警电话中的任何一个号码。及时为总指挥提供现场准确的信息,积极与当地有关公安、司法机关或有关医疗机构取得联系,必要时求得支援与帮助。遇有新闻媒体的现场采访,首先要征得总指挥部的批准,并由总指挥部确定统一答复口径。

(4)疏导组任务职责。积极疏导现场中心和周边围观群众,劝说无关人员离开现场,维护现场秩序,积极协调有关人员努力开通应急通道,疏散车辆;保证消防、急救、公安等部门的急救车辆能及时顺利到达中心现场。同时,要注意现场周围警戒,防止坏人趁机哄抢、破坏。

(5)抢救组任务职责。根据现场情况迅速组织工作人员,积极抢救受伤人员和贵重物资,并迅速与当地急救中心或就近医疗机构联系,协助有关部门妥善安置受伤人员,抢救物资。

(6)后勤保障组任务职责。要根据事件性质和发展情况,迅速筹集现场急需救急物资,征集调配救急车辆,协助有关工作小组做好疏导、抢救等各项善后工作。

(7)统计分析组职责。做好日常信息的收集、分类、汇总、上报工作,并及时将有关信息反馈指挥部。日常工作中要做好不安全、不稳定因素的捕捉、预测、分析、情况通报。

第二节 出租汽车企业装备设施

一、营运车辆

(一)车辆管理

1. 出租汽车基本要求

(1)更新出租汽车车辆的车体颜色与规定颜色不一致的,出租汽车经营者应当将车体颜色更改为出租汽车规定颜色。

出租汽车需要更新的,必须按照行业管理部门要求清除原有出租汽车相应的营运标识,并变更为区别于本市出租汽车的其他车体颜色。

出租汽车的行业管理部门通过招投标的方式确定具有资质的汽车修配公司开展出租汽车专用车体颜色的改色工作。

(2)出租汽车经营者在购置车辆后,应当在市道路运输管理机构指定的地点,按规定的流程喷印、安装出租汽车标志顶灯、价格标签、里程计价器、出租汽车综合信息系统、待租显示器、服务监督卡、营运牌、车身标志颜色及两侧营运标志和监督投诉电话等标志及设施。

(3)出租汽车"油改气"必须到具有资质的专业改装公司进行,并向市道路运输管理机构备案。年审时应当提供"油改气"安装合格证及定期检验合格标志,对未能提供安装合格证及检验合格标志的,不予年审。

2.出租汽车的车容、车貌要求

(1)车身漆色鲜亮,无破损、无脱落、无积垢,保持车辆清洁。

(2)标志顶灯安装规范,外壳完整,字迹清晰;车辆前方号牌上方安装营运号牌,字迹清晰。

(3)车前门两侧印贴营运标志、在规定位置喷印监督电话号码和标志,字迹、图案清晰,无褪色和缺字。

(4)车后门两侧规定位置张贴价格标签,并保持完整、规范。

(5)在规定位置安装计价器,确保性能良好,计程计价准确。

(6)副驾驶座平台右侧按规定放置当班出租汽车驾驶员服务监督卡。

(7)按管理部门要求安装 GPS、LED 显示屏和安全防盗抢等装置。

(8)车辆配备灭火器、安全锤、故障警示牌等安全设施设备齐全有效,车门车窗开闭自如,锁止可靠。

(9)车内按规定配置座套,保持干净整洁,无破损,每周最少清洗更换一次。

(10)车厢内外卫生清洁,无尘土、无脏物、无异味、后备箱内无杂物,雨、雪停后一天内及时清理车身污渍或者残雪。

(11)车辆内外不设置、张贴未经批准的广告,不做个性化装饰,及时清除过期标识。

3.建立出租汽车计价器统一管理、备案登记制度

根据行业发展需要对计价器功能提档升级的,应及时更新换代产品。出租汽车更新时,原有计价器可以继续使用的,需持技术监督部门检验合格证明申请留用;不能继续使用的,应在道路运输管理机构的监督下销毁。

(二)车辆维护

按照《汽车维护、检测、诊断技术规范》(GB/T 18344—2016)的规定,车辆维护分为日常维护、一级维护和二级维护。

日常维护是指出车前、行车中、收车后,以清洁、补给和安全检视为作业中心内容,由驾驶员负责执行的车辆维护作业。

一级维护是指除日常维护作业外,以清洁、润滑、紧固为作业中心内容,并检查有关制动、操纵等安全部件,由维修企业负责执行的车辆维护作业。

二级维护是指除一级维护作业外,以检查、调整转向节、转向摇臂、制动蹄片、悬架等经过一定时间的使用容易磨损或变形的安全部件为主,并拆检轮胎,进行轮胎换位,检查调整发动机工作状况和排气污染控制装置等,由维修企业负责执行的车辆维护作业。

具体的维护内容、维护周期应按照《汽车维护、检测、诊断技术规范》的规定执行。

二、消防、环保与应急设施设备

(一)消防器材的配备和使用

1. 车辆、营业站、停车场及维修厂(车间)消防器材的配置

根据车辆、营业站、停车场及维修厂(车间)的防火要求,应本着实用、有效、经济的原则配置消防器材,针对防火控制面积、物品、对象等配备消防器材。有条件的停车场及维修厂,有消火栓的就可以多考虑用水灭火。无消火栓的营业站、停车场及维修厂可以从周围环境考虑借用消防设施,如利用河、湖取水和工程用水井、水池、工程用水车等,但对重点部位必须使用质量符合国家标准的灭火器材。

2. 常用消防器材的使用方法

车辆、营业站、停车场及维修厂(车间)常用灭火器材有干粉灭火器、泡沫灭火车、消防水龙带。常用的灭火器,主要是干粉灭火器。干粉灭火器是将以干粉为灭火剂,二氧化碳或氮气为驱动气体的灭火器。干粉灭火器用来灭火的粉末,一般由灭火剂和添加剂组成。由于干粉能迅速覆盖燃烧面,使可燃物与空气隔离,进而达到灭火效果。干粉灭火器根据驱动气体储存方式不同,可分为储气式和储压式两种类型;按充入的干粉灭火剂种类不同,可分为有碳酸氢钠干粉灭火器(BC干粉灭火器)和磷酸铵盐干粉灭火器(ABC干粉灭火器)两种。

灭火时,可手提或肩抗灭火器快速奔赴火场,在距燃烧处5m左右放下灭火器。如在室外,应选择上风方向喷射。使用的干粉灭火器是外挂式储气瓶,操作者一手紧握喷枪,另一手提起储气瓶上的开启提环。如果储气瓶上的开启提环是轮式的,则按逆时针方向旋开,并旋到最高位置,随即提起灭火器,当干粉喷出后,迅速对准火焰的根部扫射。使用的干粉灭火器若是内置式储气瓶或者是储压式的,操作者先将开启把上的保险销拔下,然后握住喷射软管前端喷嘴根部,另一只手将开启压把压下,打开灭火器进行喷射灭火。有喷射软管的灭火器或储压式灭火器,在使用时,一手应始终压下压把不能放开,否则会中断喷射。使用干粉灭火器扑救可燃、易燃液体火灾时,应对准火焰根部扫射。如被扑救的液体流淌燃烧时,应对准火焰根部由近而远,并左右扫射,直到火焰被全部扑灭。

(二)应当采取的消防安全措施

(1)企业应建立消防安全责任制度,确定消防安全负责人,制定用火、用电、使用易燃易爆材料、车辆驾驶等各项消防安全管理制度和操作规程,设置消防通道、消防水源,配备消防设施和灭火器材,并在营业站、停车场及维修厂(车间)入口处设置明显标志。

(2)在设有车间或者仓库的建筑物内,不得设置员工宿舍。

(3)进入生产、储存易燃易爆危险物品的场所,必须执行国家有关消防安全的规定,禁止携带火种进入生产、储存易燃易爆危险物品的场所。禁止在具有火灾、爆炸危险的场所使用明火;因特殊情况需要使用明火作业的,应当按照规定事先办理审批手续。

(4)进行电焊、气焊等具有火灾危险的作业人员和自动消防系统的操作人员,必须持证上岗,并严格遵守消防安全操作规程。消防产品的质量必须符合国家标准或者行业标准。

(5)电器产品、燃气用具的质量必须符合国家标准或者行业标准。任何单位、个人不得损坏或者擅自挪用、拆除、停用消防设施、器材,不得埋压、圈占消火栓,不得占用防火空间,不得堵塞消防通道。

(三)安全、环保、应急物资配备

(1)安全生产事故应急预案的编写应当根据本单位生产运营的特点、范围,针对工作场所易发生重大事故的部位、环节进行监控,制定符合本单位实际的安全生产事故应急救援预案并配备必要的安全、环保、应急物资。

(2)为保障安全生产应急管理制度的有效实施,必须具备如下保障措施:

①通信与信息保障。明确与应急工作相关联的单位或人员通信联系方式和方法,并提供备用方案。建立信息通信系统及维护方案,确保应急期间信息通畅。

②应急队伍保障。明确各类应急响应的人力资源,包括专业应急队伍、兼职应急队伍组织与保障方案。

③应急物资装备保障。明确应急救援需要使用的应急物资和装备的类型数量、数量、性能、存放位置、管理负责人及其联系方式等内容。

④资金的保障。明确应急专项经费来源、使用范围、数量和监督管理措施,保障应急状态时生产经营单位应急经费的及时到位。

⑤其他保障。根据本单位应急工作需求而确定的其他相关保障措施(如交通运输保障、治安保障、技术保障、医疗保障、后勤保障等)。

(3)工作场所应根据实际情况配置必要的应急救援物资,主要包括如下物资:

①安全防护用品,包括防护服(衣、帽、鞋、手套、眼镜),安全网、安全带、防护面具等。

②电气设备,包括发电机、变压器、电缆、配电箱、电焊机,切割机、照明设备等。

③给排水设备,包括水泵、水带、水管、阀门等。

④检测设备,包括有毒有害检测仪器。

⑤通信设备,包括对讲机、手机等。

⑥通风设备,包括通风机、强力风扇、鼓风机。

⑦水工设备,包括抽水机、潜水泵、深水泵。

⑧消防器材,包括灭火器、灭火弹等。

⑨垃圾清理用品,包括垃圾箱(车、船),垃圾袋。

⑩急救药箱,包括现场简单救助所用药品、器具。

⑪其他设备、物资、材料。

三、防护器材与设备

出租汽车企业防护主要包括车辆安全防护和工人劳动防护。车辆安全防护主要通过汽车附属设备(设施),如汽车安全带、后视镜、安全锤等防护装置实现;劳动防护主要通过劳动防护设备,来消除或者降低工作场所的危险因素,使工人在劳动过程中避免或者减轻事故伤害。正确选择、使用和维护防护设备(用具)是保证从业人员的安全与健康的前提。在生产作业中,应根据工作环境和作业类别选用防护用品,按要求正确维护防护用品,从而确保防护用品的防护效果。出租汽车企业防护器材与设备具体要求可以参照道路旅客运输企业防护器材与设备设置。

第三节　出租汽车企业作业现场

一、出租汽车作业与安全管理

（一）现场作业管理

出租汽车企业需制定各岗位安全生产操作规程和安全生产作业规定，在下达生产任务的同时，布置安全生产工作要求，要求企业员工应熟知并严格按照制度、规程和作业规定进行现场作业，严禁违章指挥、违章操作、违反劳动纪律的"三违"行为。

出租汽车企业应制定突发事件和恶劣天气应急调度预案，明确专职部门或专职人员负责及时收集天气和路况有关信息；如遇突发事件和恶劣天气，应提示驾驶员谨慎驾驶，必要时启动应急调度预案。

出租汽车驾驶员应熟知运营过程相关服务注意事项，如车辆起步前，驾驶员应告知乘客安全乘车须知，督促、提醒乘客采取佩戴安全带等安全防护措施。

（二）驾驶员档案管理

出租汽车驾驶员应经培训合格，取得有效的《中华人民共和国机动车驾驶证》《出租汽车驾驶员从业资格证》等，年龄不超过 60 周岁；企业应制定并落实驾驶员行车安全档案管理制度，实行"一人一档"，驾驶员档案中至少应包括驾驶员的身份证复印件、驾驶证复印件、从业资格证复印件、驾驶经历情况表、相关教育培训考核情况表以及与企业签订的劳动合同等。

企业应严格审查驾驶员的驾驶证件、从业资格和驾驶经历，不符合要求的一律不得聘用。聘用期间要求驾驶员不得将出租汽车交给无客运资格证件的人员驾驶或者移作他用；驾驶车辆期间应按照合理路线或者乘客要求的路线行驶，遵守交通规则，不得恶意绕路、乱收费等。

（三）安全值班

出租汽车企业应制定并落实安全生产值班计划和值班制度，在清明、五一、国庆、元旦、春节、汛期、严寒冰冻天气等节假日和重要时期实行领导到岗带班，并保有值班记录，切实做到安全值班"三有"，即有制度、有计划、有落实。

二、出租汽车车辆安全管理

出租汽车企业应制定并落实车辆技术管理制度，落实专人负责车辆技术管理，并按国家规定的技术规范对车辆进行定期维护；车辆维护、维修作业须在交通运输管理部门认定的汽车维修企业进行，要与维修企业签订相关合同，车辆维修后要保有车辆维护维修相关记录。

出租汽车企业应落实专人负责车辆安全工作，对车辆定期进行安全检查，并建立车辆安全定期检查工作的相关记录台账。企业应制定岗位职责和车辆安全检查制度和出车前安全检查登记台账，每日出车前应按相关规定进行车辆例行检查，确认车辆性能完好，符合运营安全要求的予以发车。

出租汽车企业应按"一车一档"规范建立并妥善保管车辆技术档案，相关内容记载及时、完整、准确、规范,不得随意更改。车辆技术档案中应包括车辆基本情况、主要部件更换情况、修理和二级维护记录、车辆综合性能检测、技术等级评定记录、车辆变更记录、行驶里程记录、交通事故记录等,以及车辆行驶证、营运证及购置完税等资质凭证。

三、出租汽车安全作业环境创建

(一)相关方管理

出租汽车企业应与其他相关方签订安全生产管理协议(也可是其他有关合同或租赁协议),明确相关各方的安全生产责任和义务,并对相关方进行统一管理,定期进行安全检查。

(二)警示标志

出租汽车企业应在存在危险因素的作业场所和设备设施上设置明显安全警示标志,并告知危险种类、后果及应急措施。设备设施检修、施工等作业现场也存在有一定的危险因素,也必须设置警戒区域和警示标志,防止无关人员误入。

所设置的安全警示标志如涉及交通法规的,相关场所的警示标志要符合交通法规的要求。

第四节　出租车汽车驾驶员应急处置

一、应急处置原则

在行车中遇到险情时,如果驾驶员能够采取果断措施,避险方法得当,可将大事化小、小事化了,反之则会加重事故损失。为了防止避险失当加重事故后果,行车中应遵守下列处置原则。

(1)先顾人后顾物原则。所谓先顾人后顾物,就是当遇险情同时威胁到人员和物资时,要先顾及人员。因为人的生命只有一次,物资损坏可以补偿,而人的生命却毫无办法补偿。为此,驾驶员在避让车辆与物资相撞时,必须排除人员伤害。在危急情况下,车辆要向物一方避让,不可向人员一方避让,宁愿物资受损,也要确保人员安全。

(2)避重就轻原则。所谓避重就轻,就是当险情发生时,要权衡轻重,尽量减小事故损失。在紧急避险时,车辆应靠近损失较小或危害较轻的一方避让,避开损失较大或危害较重的一方。

(3)先人后己原则。一旦事故发生,驾驶员应先抢救处在危险中的乘客或受伤人员,不得为保护自身安全而擅离职守。当车辆起火或有爆炸危险时,驾驶员应奋不顾身地将危险车辆驶离人群、工厂、村镇,尽量减少事故车辆对人民群众生命、财产的威胁。当发生人员伤亡的重大事故时,驾驶员不顾受害者生命安危,不仅不尽义务保护现场,反而破坏、伪造现场,嫁祸于人或驾车潜逃,都是严重违法的行为。

(4)先方向后制动原则。所谓先方向后制动,就是当险情发生后,驾驶员在做避让动作时,应先顾及方向后顾及制动。因为在事故前转动方向,可使车辆避开事故的中心位置,有时甚至能脱离危险转危为安。若方向转动落后于制动的使用,就会使车辆失去避让的机会和机动能力。但是,对一些需要缩短制动距离的事故,应在转动方向的同时采取紧急制动。

二、应急处置方法

驾驶员应急处置的基本方法主要有以下几项。

(1)防患于未然。车辆在行驶中遇到的情况错综复杂,驾驶员时刻要有预防危险的心理准备。驾车时,应遵守交通法规,集中精力,谨慎驾驶,做到遇见障碍时提前采取措施,做到见微知著,防患于未然,有准备、有措施、有余地、有把握。

(2)注意信息。驾驶员要善于选择应付突变的有用交通信息。例如,对方车辆大小、形状和装载情况等对驾驶员应付突变信息用处不大,而其转向灯和制动等信息对驾驶员应付突变信息是很有用的。因此,驾驶员要集中观察这些信息。

(3)留有余地。在行车中,驾驶员必须对交通突变点保持充分的缓冲空白和缓冲时间,以便在交通突变发生时,可根据先兆早做思想准备。

(4)冷静处置。驾驶员应有良好的心理素质,在遇到险情时,能保持头脑清醒,冷静地处置险情。

(5)合理避让。避险时要依据相对的位置和距离来采取以下不同的措施:一是在较近的距离内,使用转向改变相对的位置,避开事故中心,比使用制动器避险效果要好;二是在制动安全区内,可以采取紧急制动,使车辆停下来;三是在非制动安全区内,采取先制动后转向的措施,先利用制动器减速,再使用转向避开事故中心,制动时不要踩死不放,以防止转向失控;四要考虑到路面和车速,在冰、雪、雨路面上紧急制动不仅不起减速作用,反而会因车辆滑移起加速作用,产生很大的冲击力,导致事故后果严重化,为此要慎用制动器。

(6)加强锻炼。驾驶员要经常锻炼自己的反应能力,一是必须经常总结各种交通突变情况和交通突变地点的特征,以最快速度识认交通标志;二要熟练地掌握和运用应付各种突变的方法和措施,这也是驾驶员的一种反应能力。

第八章 机动车维修企业安全管理

安徽省蚌埠市禹会区一汽车修理厂内,一辆正在维修的大型危险化学品运输槽罐车突然发生爆炸,导致现场的一名驾驶员和两名维修工受伤。

事故原因

1. 直接原因

事故车辆曾运输过甲醇,卸货后前往该区汽车修理厂内维修。在修理时,该车为空罐,在未清洗槽罐、未使用惰性气体置换、未检测罐内可燃气体浓度的情况下,动火维修。最终,罐内残余甲醇挥发并与空气混合,处于爆炸极限状态,遇明火被引爆,造成了该起事故。

2. 间接原因

(1)从业人员违章操作,安全知识水平差,安全知识技能不足,安全意识薄弱。

(2)企业内部安全管理混乱,安全生产主体责任未落实,未对从业人员进行安全培训教育,未对现场危险作业实行作业许可制度,安全管理制度不完善,且未有效落实。

事故防范措施

(1)企业应有效落实安全生产主体责任,建立健全安全生产责任制,完善安全管理制度并有效落实。

(2)企业应按规定对从业人员实施安全培训教育,提高从业人员安全知识技能和安全意识。

(3)企业应加强现场安全管理,对动火作业等现场危险作业实施作业许可制度,履行审批手续,并设专人进行现场管理。

第一节 机动车维修企业人员管理

一、安全管理人员管理

机动车维修企业安全管理人员一般是指公司维修部门经理(主任),直接负责机动车维修的具体工作和安全生产工作。

1. 基本要求

企业安全管理人员具体负责本企业安全生产管理工作,具体工作如下:

（1）在主管安全生产负责人的直接领导下，对本企业安全生产工作负权限范围内的管理责任，对交办的工作任务要按时按质完成。

（2）履行安全生产检查职责并做好检查记录，及时纠正违反安全生产规章制度和安全操作规程的行为，发现安全隐患及时上报并督促整改。

（3）组织制定和修订完善本企业安全生产规章制度和操作规程，并贯彻实施。

（4）按照法律法规要求和企业规定，履行安全生产管理人员职责。

2. 机动车维修企业安全管理人员主要职责

（1）部门经理（主任）是本部门安全生产第一责任人，对本部门安全生产工作全面负责。

（2）认真学习、贯彻、落实国家和地方相关安全生产法律、法规。

（3）认真组织本部门职工学习、贯彻执行企业安全生产责任、规章制度和操作规程。

（4）在生产计划、布置、检查、总结、评比中，同时把安全生产工作贯穿到每个具体环节中去，做到安全生产经常化、制度化、具体化、标准化。

（5）每月至少认真检查、分析一次安全生产工作，针对问题采取具体措施，对于本部门解决不了的，及时上报主管领导。

（6）定期对本部门职工进行安全教育、培训和考核，对新职工、复工人员、转岗人员进行车间教育和考核，并做好记录。

（7）教育职工正确使用个人劳动防护用品，并进行监督检查。

（8）编制本部门的安全技术措施计划，并负责组织实施。

二、一线作业人员管理

机动车维修企业一线作业人员主要包括机修人员、电器维修人员、钣金人员、涂漆人员等。

1. 基本要求

《机动车维修从业人员从业资格条件》（GB/T 21338—2008）对上述四类人员的基本条件作出了明确规定：

（1）机修人员是指机动车维修企业中从事机动车机械及其控制系统维修作业的人员。机修人员应具备两个基本条件：一是具有初中（含）以上文化程度；二是连续从事机修工作 3 年以上，或本专业中职毕业连续从事机修工作 2 年以上，或本专业高职（含）以上毕业连续从事机修工作 1 年以上。

（2）电器维修人员是指机动车维修企业中从事机动车电器系统维修作业的人员。电器维修人员应具备两个基本条件：一是具有初中（含）以上文化程度；二是连续从事机动车电器维修工作 3 年以上，或本专业中职毕业连续从事机动车电器维修工作 2 年以上，或本专业高职（含）以上毕业连续从事机动车电器维修工作 1 年以上。

（3）钣金（车身修复）人员是指机动车维修企业中从事车身修复作业（涂装作业除外）的人员。钣金（车身修复）人员应具备三个基本条件：一是具有初中（含）以上文化程度；二是连续从事车身修复工作 3 年（含）以上，或相关专业中职毕业连续从事车身修复工作 2 年以上，或相关专业高职毕业连续从事车身修复工作 1 年以上；三是应持有相关部门发放的具有焊工初级以上的职业资格证书。

（4）涂漆（车身涂装）人员是指机动车维修企业中从事车身涂装作业的人员。涂漆（车身涂装）人员应具备三个基本条件：一是具有初中（含）以上文化程度；二是连续从事车身涂装工作3年（含）以上，或相关专业中职毕业连续从事车身涂装工作2年以上，或相关专业高职毕业连续从事车身涂装工作1年以上；三是具有与从事本岗位工作需求相适应的身体条件。

2.机动车维修人员安全操作要点

（1）装卸车辆发动机和起动机时，应将车辆电源总开关断开，切断电源后进行。未装电源总开关的，卸下的蓄电池电线接头应包扎好。

（2）需要起动发动机检查电路时，应注意车底有无他人工作，预先打招呼、拉紧驻车制动器操纵杆，使变速器处于空挡，然后起动发动机，不熟练人员及学员不得随便起动发动机。

（3）车辆内部线路接头必须接牢并用胶布包扎好，穿孔而过的线路要加胶护套。

（4）拆装蓄电池时，应用蓄电池吊带。

（5）蓄电池架发现损坏时，应立即修理，不得凑合使用。

（6）组装蓄电池时，应在底部垫以橡皮胶料，蓄电池之间以及周围也应用木板塞紧。

（7）蓄电池桩头、导线夹应安装可靠，不准用铁丝代替。

（8）清洗发电机、起动机及其他电器设备，应使用不带添加剂的工业汽油，并注意防火。

（9）清洗零件应在专设的洗件盆或洗件池内进行；非必要时禁止使用汽油清洗零件。

（10）某些零件如发电机、起动机、离合器片、制动蹄摩擦片等需用汽油清洗时，必须使用无添加剂的工业洗涤汽油，并严禁烟火，用后的汽油应集中处理，不得随便乱放、乱倒，以免引起火灾。

（11）拆装车辆时应使用专门的拉压机具成套工具，禁止采用手锤、錾子代替扳手使用。

（12）拆下半轴、传动轴等轴类长零件，不可竖在车身旁，应当平方在座架上，以防倒下伤人和刮伤车身。

（13）禁止用扳手接套管来增加其扭矩，应选择使用特制扳手。

（14）禁止使用无手柄的锉刀和手柄不牢的锤子；不能使用手锤直接敲打淬火零件，而必须通过铜棒之类的软金属，以免铁碎片伤人。

（15）使用砂轮机必须遵守砂轮机的使用规程，并戴上防护眼睛。

（16）使用移动式电动工具和风动工具，须熟悉其安全操作规程；将电动工具移到工作地点后，才能接电使用；工作完毕后，不准用拉拽电线的粗暴办法拔插头，而应该先把开关拉下，用手把插头拔下。

（17）使用电动轮胎螺母拆装机时，应该用冲击次数来控制螺母的扭矩，切勿过松或过对于滑角的套筒应及时更换，拧紧螺母时应对称进行。

（18）使用电动钢板骑马螺栓拆装机时，其扭力的控制全凭经验；边上紧边注意钢板的位置是否对正，一个钢板总成的骑马螺栓应对称逐步拧紧。

（19）使用钻床时，须遵守其安全操作规程，工件应牢固地夹持在工作台钳中。

（20）在帮助焊工焊接工件时，须戴上防护眼睛和手套。

（21）在车底下工作时，必须使用卧板。

（22）装钢板销子绝对禁止用手指伸入销孔检查是否对正，应用对孔工具校对。

（23）禁止将工具零件放在驾驶室顶上或发动机及叶子板上，应放在工具托架上。

（24）禁止正在试验制动系统和离合器工作状况时，人在车底下工作。

（25）禁止在维修车辆上随意摆弄变速器操纵杆和起动机开关等操纵件。

（26）进行发动机维修作业和传动系维修作业前，必须把总电源开关断开（未装电源总开关的应拆下蓄电池电缆并包扎好）。

（27）修理油箱需要放油时，周围应严禁烟火，停止气、电焊作业；抽油机应是密封式，盛油桶应加盖密封放在安全地方。

（28）车间所用一切油料及易燃物品应放在安全地方，禁止油污落地，禁止油污沾在轮胎上。

（29）凡有弹簧垫圈、开口销、保险垫片等易损防松装置的，复装时务必如数装上，不准凑合使用。

（30）无驾驶证者严禁驾驶车辆；需要起动发动机时应以班长为主，或者由班组长指派比较熟悉汽车性能的主修技工起动发动机。

（31）双班时，当班人员将工作中所发现的各种问题及未修好的部件报告组长或通知接班人员。

（32）工作后主动整理自己的工作位置，将工具擦净收拾好，清扫场地。

三、现场管理人员管理

机动车维修企业现场管理人员主要包括车间主任、维修组长、安全员等。

1. 车间主任

车间主任是机动车维修车间的直接管理人员，负责维修车间里的各项安全生产工作。车间主任的主要职责包括如下五点：

（1）在维修主管人员的领导下，分管车辆保修范围内的质量管理、现场生产、生产调度和安全生产等工作，贯彻落实各项生产指令，合理调配劳力，协调各班组间作业配合。

（2）负责督促指导班组落实《安全生产操作规程》《安全生产管理制度》《6S管理制度》等，做好消防安全、车间防盗工作，巡查现场生产作业。

（3）制定车间内部防火、防盗、防工伤和消防等制度，制定防突发事件的应急预案和各级岗位消防安全职责，促进车间综合治理工作全面达标。每月定期检查消防、用电设施、易燃易爆物品，并做好记录确认。

（4）贯彻和宣传公司的经营理念及价值观，负责对车间员工的进行各类培训工作，每月定期对各岗位人员进行法制教育、防火知识和劳动安全的教育例会，提高员工遵纪守法、安全防火、防工伤的意识。

（5）积极组织员工参与有益活动，全方位开展车间文化建设，营造安全生产、优质服务、和谐稳定的工作，增强班组团队的凝聚力。

2. 维修组长

维修组长是机动车维修企业最基层管理者，班组长具体负责本组各项安全生产工作。维修组长的主要职责包括如下六点：

（1）认真执行有关安全生产的各项规定，教育督促本组员工严格执行安全生产规章制度和安全操作规程,对本组的员工在生产中的安全负责。

(2)负责对新调入、新换岗和临时参加生产的员工进行现场安全教育,并向员工如实告知作业场所和工作岗位存在的危险因素、防范措施以及事故应急措施。

(3)组织组员学习安全生产操作规程,检查执行情况,及时发现、制止违章操作行为,杜绝蛮干作业。对一般的安全隐患,要采取临时控制措施,并及时上报。对重大安全隐患,要立即停止作业和上报。

(4)负责对本组区域内的车辆安全、安全设施、器材进行管理和维护,发现问题,及时报告。

(5)如发生安全事故,要立即组织人员抢救,保护现场,立即上报。

(6)对安全生产中的好人好事及时表扬和上报,把安全生产工作纳入生产指标中一并考核。

3. 安全员

机动车维修企业可设立专(兼)职安全员,负责企业的具体安全管理事项,安全员的主要职责包括如下四点:

(1)安全员在协助企业安全管理人员做好机动车维修工作中,涉及安全生产内容的承担相应的责任,并对本岗位的安全生产负直接责任。

(2)熟悉掌握并贯彻执行车间有关安全生产制度。

(3)配合安全管理人员做好机动车维修人员的安全生产教育工作。

(4)当发生工伤事故时或接到机动车维修人员、特种作业人员等的事故报告时,应及时报告车间主任,并协助领导做好救援和保护事故现场。

第二节　机动车维修企业装备设施

一、维修设备和特种设备

根据《汽车维修业开业条件》(GB/T 16739.1—2014)和《机动车维修业开业条件》(DB33/T 608—2015),汽车整车维修企业相关设备要求,应满足以下条件。

1. 维修设备

(1)仪表工具、专用设备、检测设备和通用设备应符合表8-1～表8-4的要求,其规格和数量应与其生产规模和生产工艺相适应。

(2)各种设备应能满足加工、检测精度的要求和使用要求,并应符合相关国家标准和行业标准的要求。计量器具及表8-3所列检测设备应按规定检定合格。

(3)汽车举升机、喷烤漆房等涉及安全的专用设备应符合相关产品质量要求。

(4)允许外协的设备,应具有合法的合同书,并能证明其技术状况符合(2)和(3)的要求。

(5)从事事故车辆维修,除应满足表8-1～表8-4的要求外,还应配备表8-5所要求的仪表和设备。

(6)从事危险货物运输车辆维修的企业还应具备符合表8-6要求的设备。

（7）从事燃气汽车、混合动力汽车、电动汽车以及其他新能源汽车维修的企业，应配置与维修车型相适应的专用维修设备。

（8）从事营运车辆二级维护的企业，应配置满足《汽车维护、检测、诊断技术规范》（GB/T 18344—2016）规定的所有出厂检验项目的检测设备。

仪 表 工 具   表 8-1

序　号	设备名称	序　号	设备名称
1	万用表	8	外径千分尺
2	气缸压力表	9	内径千分尺
3	燃油压力表	10	量缸表
4	液压油压力表	11	游标卡尺
5	真空表	12	扭力扳手
6	空调检漏设备	13	气体压力及流量检测仪（针对燃气汽车维修企业）
7	轮胎气压表		

专 用 设 备   表 8-2

序　号	设备名称	大中型客车	大型货车	小型车辆	其 他 要 求
1	废油收集设备；齿轮油加注设备；液压油加注设备；制动液更换；加注器、脂类加注器		√		
2	轮胎轮辋拆装设备		√		
3	轮胎螺母拆装机	√	√	—	
4	车轮动平衡仪		√		
5	四轮定位仪	—	—	√	二类允许外协
6	四轮定位仪或转向轮定位仪	√	√		二类允许外协
7	制动鼓和制动盘维修设备	√	√	—	
8	汽车空调冷媒回收净化加注设备		√		大型货车允许外协
9	总成吊装设备或变速箱等总成举顶设备		√		
10	汽车举升设备		√		一类应不少于五个，二类应不少于两个；具有安全逃生通道的地沟可代替举升机
11	汽车故障电脑诊断仪		√		
12	冷媒鉴别仪		√		
13	蓄电池检查、充电设备		√		
14	无损探伤设备	√	—	—	
15	车身清洗设备		√		

序 号	设 备 名 称	大中型客车	大型货车	小型车辆	其 他 要 求
16	打磨抛光设备	√	—	√	
17	除尘除垢设备	√	—	√	
18	车身整形设备		√		
19	车身校正设备	—		√	二类允许外协
20	车架校正设备	√	√	—	二类允许外协
21	悬架试验台	—		√	允许外协
22	喷烤漆房	√	—	√	二类大中型客车允许外协
23	喷油泵试验设备(针对柴油车)		√		允许外协
24	喷油器试验设备		√		
25	调漆设备	√		√	允许外协
26	自动变速器维修设备		√		允许外协
27	氮气置换装置(针对压缩天然气、液化石油气汽车)	√	—	√	
28	气瓶支架强度校验装置(针对压缩天然气、液化石油气汽车)	√	√		允许外协

注:√表示要求具备,—表示不要求具备。

检 测 设 备 表8-3

序 号	设 备 名 称	其 他 要 求
1	尾气分析仪或不透光烟度计	
2	汽车前照灯检测设备	可用手动灯光仪或投影板检测
3	侧滑试验台	可用单板侧滑台
4	制动性能检验设备	可用制动力、制动距离、制动减速度的检验设备之一
5	便携式气体检漏仪	可用鉴别燃气浓度及报警

通 用 设 备 表8-4

序 号	设 备 名 称	序 号	设 备 名 称
1	计算机	5	气体保护焊设备
2	砂轮机	6	压床
3	台钻(含台钳)	7	空气压缩机
4	电焊设备(大中型客车、大型货车维修)	8	抢修服务车

维修事故车所需仪表和设备 表8-5

序 号	设 备 名 称	序 号	设 备 名 称
1	漆膜测量仪	4	铝车身焊接机
2	车身电子测量仪	5	救援车
3	电阻电焊机		

危险货物运输车所需仪表和设备 表8-6

序　号	设备名称	序　号	设备名称
1	工业温度计	4	铜质专用工具
2	可燃气体防爆检测仪	5	专用的灭火器材
3	有毒、有害气体检测仪		

二、消防、环保与应急设施设备

(一)消防设施设备

根据《消防法》规定,企业应当履行消防安全职责,按照国家标准、行业标准配置消防设施、器材,设置消防安全标志,要保障疏散通道、安全出口、消防车通道畅通。

消防设施是指火灾自动报警系统、自动灭火系统、消火栓系统防烟排烟系统以及应急广播和应急照明、安全疏散设施等。消防器材,是指用于灭火、防火以及火灾事故的器材。消防装备除了灭火器外,还有许多必要的灭火设施,如消火栓、水泵结合器、水带、水枪消防泵及消防车等。

(二)环保设施设备

根据《环境保护法》规定,产生环境污染和其他公害的单位,必须采取有效措施,防止在生产建设或者其他活动中产生的废气、废水、废渣、粉尘、恶臭气体、放射性物质以及噪声、振动、电磁波辐射等对环境的污染和危害。

(三)应急设备

为有效应对突发事件,采取应急处置措施,机动车维修企业应根据应急工作的实际需要,建立健全应急装备和应急物资储备、维护等制度,并确保应急物资装备处于正常使用状态。机动车维修企业应急设备可参考道路旅客运输企业应急设备配置。

三、劳动防护设备

劳动防护设备,是以消除或者降低工作场所的危害因素,使其在劳动过程中免遭或者减轻事故伤害及职业危害的个人防护装备。防护设备类型包括防尘、防毒、防噪声、防振动、防非电离辐射、防电离辐射、防生物危害和人机功效学的防护等。

1. 个人劳动防护用品及其分类

个人劳动防护用品,是指为使从业人员在生产过程中,免遭或减轻事故伤害和职业危害而提供的个人随身穿戴的用品。

2. 劳动防护用品配备的要求

企业应当按照《个体防护装备选用规范》(GB 11651—2008)和国家颁发的劳动防护品配备标准以及有关规定,为从业人员配备劳动防护用品。企业不得以货币或者其他物品替代应当按规定配备的劳动防护用品,为从业人员提供的劳动防护用品,必须符合国家标准或者行业标准,不得超过使用期限。

3. 劳动防护用品的使用方法

正确选择、使用和维护防护用具是保证从业人员的安全与健康的前提。在生产作业中,应根据工作环境和作业类别选用防护用品,按要求正确维护防护用品,从而确保防护用品的防护效果。

第三节 机动车维修企业作业现场

一、机动车维修作业与安全管理

机动车维修作业与安全管理主要包括现场作业管理、涂漆作业管理、调试作业管理、焊接作业管理和安全值班等。

(一)现场作业管理

机动车维修企业需制定各岗位安全生产操作规程和安全生产作业规定,在下达生产任务的同时,布置安全生产工作要求,要求企业员工应严格按照制度、规程和作业规定进行现场作业,严禁违章指挥、违章操作、违反劳动纪律的"三违"行为,不得占用道路进行车辆维修作业。

作业场所要工位划分清楚,特殊作业场所(钣金、涂漆等)要单独设置。厂区出入口分开设置。若场地条件不允许,应设专人指挥车辆进出。

机动车维修企业应制定至少包括危险区域动火作业、进入受限空间作业、高处作业等危险生产作业的安全监督管理制度,明确责任部门、人员、许可范围、审批程序、许可签发人员等;指定专人对危险作业进行现场管理,严格执行巡回检查制度,严禁无关人员进入作业区域。

机动车维修企业应有符合规定的专业技术人员,其中特种作业人员和从事危险作业人员还须具备相应资质,并取得相关资格证书,不得无证上岗。企业内设施设备、生产物料堆放和存储符合相关安全规范和技术要求,易燃易爆有毒物品(如油漆)单独存放。

(二)涂漆作业管理

机动车维修企业应设置有独立的调漆间和喷漆房,涂漆作业应在室内进行;涂漆作业区应设有专用的废水排放及处理设施或纳入城市污水处理管道,施工工艺采用干打磨工艺的,配备粉尘收集装置、除尘设备和通风设备。

(三)调试作业管理

机动车维修企业调试工位应设置汽车尾气收集净化装置。

(四)焊接作业管理

机动车维修企业动用明火作业时,必须办理动火证,并做好动火记录;所使用的气瓶不得置于受阳光暴晒、热源辐射及可能受到电击的地方,必须距离实际焊接或切割作业点足够远(一般为5m以上);使用氧乙炔的,未有焊接作业时,乙炔瓶和氧气瓶必须分开存放,相互间距一般为5m以上。

(五)安全值班

机动车维修企业应制定并落实安全生产值班计划和值班制度,在清明、五一、端午、中秋、国庆、元旦、春节、汛期、严寒冰冻天气等节假日和重要时期实行领导到岗带班制度,并存有值班记录,切实做到安全值班"三有",即有制度、有计划、有落实。

二、机动车维修安全作业环境创建

(一)相关方管理

机动车维修企业应与其他相关方签订安全生产管理协议(也可是其他有关合同或租赁协议),明确相关各方的安全生产责任和义务,并对相关方进行统一管理,定期进行安全检查。

机动车维修企业要与外来施工(作业)方签订安全协议,且明确双方各自的安全责任;对短期合同工、临时用工、实习人员、外来参观人员、客户及其车辆等进入作业现场有相应的安全管理制度和措施,如制定外来人员告知制度、外来人员出入须知等,同时应做好外来人员或车辆登记记录。

(二)警示标志

机动车维修企业应在存在危险因素的作业场所和设备设施上设置明显安全警示标志,并告知危险种类、后果及应急措施。设备设施检修、施工等作业现场也存在有一定的危险因素,也必须设置警戒区域和警示标志,防止无关人员误入。

所设置的安全警示标志如涉及交通法规的,相关场所的警示标志要符合交通法规的要求,不得随意设置与自创。

第四节 机动车维修企业常见危险源及应急处置

一、机动车维修企业常见危险源

1. 检测车间常见危险源

检测车间常见危险源及其可能造成的后果见表8-7。

检测车间常见危险源及其可能造成的后果 表8-7

序 号	危 险 源	可能造成的后果
1	车间检测滚筒	当滚筒工作时,严禁任何人在滚筒上停留或通过,否则会造成人员伤亡;在滚筒转动的时候,不能伸手进入滚筒内,否则容易造成人员受伤
2	各种安全标志不全	安全标志不全导致工作人员出现各种不安全状态,造成事故
3	车间各感应开关	工作时非专业人员不得进入车间否则易造成车辆人员误操作,导致人员受伤
4	车间电机	用于检测的电机漏电,会造成人员触电
5	检测电脑	各电线接头可能会松动、老化,造成设备起火人员损伤
6	检测地沟	容易造成车辆、维修工人员坠沟,同时会对人员造成损伤
7	灯光检测仪	容易与车辆由于距离过近,造成相撞,损坏设备

2. 维修车间常见危险源

维修车间常见危险源及其可能造成的后果见表8-8。

维修车间常见危险源及其可能造成的后果　　　　表8-8

序　号	危险源	可能造成的后果
1	千斤顶	使用千斤顶顶车时,维修工应按规定支架必须牢固;顶起和放下车辆时用力要轻,以免车辆突然落下造成人员受伤
2	举升机	举升机工作时,各支点要牢固,否则容易使车辆下落,造成人员受伤
3	砂轮机	砂轮机运行过程中容易溅起颗粒,造成人员受伤;同时砂轮机及电缆必须绝缘良好,否则引发人员触电
4	空气压缩机	空压机压力过大或气管爆裂,容易造成人员受伤
5	氧气、乙炔	氧气、乙炔要严格按规程使用,否则容易出现爆炸事故
6	车间电器	车间电器、风扇等必须绝缘良好,否则会引发人员触电
7	车间地沟	容易造成车辆、维修工人员坠沟,同时会对人员造成损伤
8	维修产生的"三废"	三废产生后要集中分类处理,否则易引起火灾,造成人员受伤

3. 危险化学品运输车辆维修车间常见危险源

危险化学品运输车辆维修车间常见危险源及其可能造成的后果见表8-9。

危险化学品运输车辆维修车间常见危险源及其可能造成的后果　　　　表8-9

序　号	危险源	可能造成的后果
1	危险化学品运输车辆	危险化学品本身具有毒害性,容易对皮肤造成伤害; 危险化学品、油品着火后产生的气体,对员工造成呼吸道感染伤害; 车辆维修时容易发生泄露,对员工造成伤害,特别是运输危险化学品的车辆; 维修车辆时,容易引发火灾,造成火灾事故; 油品会引起地面黏滑,容易使人员摔倒

4. 钣金车间常见危险源

钣金车间常见危险源及其可能造成的后果见表8-10。

钣金车间常见危险源及其可能造成的后果　　　　表8-10

序　号	危险源	可能造成的后果
1	电焊机	电焊时,接地不良、未带防护用具,人员容易受伤、触电
2	抛光打磨机	抛光打磨机运行过程中容易溅起颗粒,造成人员受伤;同时打磨机及电缆必须绝缘良好,否则会引发人员触电
3	氧气、乙炔	氧气、乙炔要严格按规程使用,否则容易引发爆炸事故

5. 仓库以及材料堆放地常见危险源

仓库以及材料堆放地常见危险源及其可能造成的后果见表8-11。

仓库以及材料堆放地常见危险源及其可能造成的后果　　　　表8-11

序　号	危险源	可能造成的后果
1	易燃物品	易燃物品堆放过于集中,容易出现火灾事故
2	配件	配件堆放凌乱,容易导致人员受伤
3	电线	电线容易出现刮伤、老化,引发人员触电事故

二、常用应急处置知识

(一)灼伤及烫伤的应急处置

在机动车维修过程中,一旦发生灼伤或烫伤事故,可采取以下急救措施进行应急处置。

(1)发生烫伤事故后,迅速使烫伤人员脱离危险区进行冷疗,对于面积较小的烫伤应用大量冷水清洗,大面积烫伤的要立即送到医院。

(2)火焰烧伤:应迅速脱去燃烧的衣服,或就地打滚压灭火焰或用水浇,站立喊叫或奔跑呼救,避免面部和呼吸道灼伤。

(3)物料烫伤:被高温物料烫伤时,应立即清除身体部位附着的物料,必要时脱去衣服,然后用冷水清洗;如果贴身衣服与以伤口连在一起,切勿强行撕脱,可用剪刀先剪开后将衣服慢慢脱去。

(4)化学烧伤:受伤后应首先将浸有化学药品的衣服脱去,并立即用大量的水清洗损伤面的化学药品。

(5)对烫伤严重的应禁止大量饮水防止休克;对呼吸道损伤的应保持呼吸畅通,解除其气道阻塞。

(6)对于在救援过程中出现中毒、休克的人员,应立即将伤者撤离到通风良好的安全地带。如果受伤人员呼吸和心脏均停止,应立即实施人工呼吸。

(二)油漆存放区事故的应急处置

油漆存放区也是机动车维修车间存在的一个重大安全隐患,常见事故预防及应急措施具体如下。

1.预防措施

(1)对易引起打火的电器线路部分进行定期检修。

(2)仓库存放量不能超过1个月的用量。

(3)必须将仓库周围清理整洁,避免火势迅速向四周曼延并为救援队员提供便利的施救空间。

(4)保持仓库内安全通道畅通。

2.应急对策

(1)通知事故现场人员立即撤离,切断仓库总电源,然后通知应急救援队员。

(2)救援队应一边组织队员运用现有的灭火设备(干粉灭火器)以及沙子或土对起火点进行灭火,并撤离起火点周围易燃易爆物品。

(3)人员撤离完毕后,应及时清点人数并上报给救援队长。

(4)若仍有人无法撤离时,应组织队员进行施救并立即通知救护人员做好救护准备。

(5)人员撤离完毕后若仍无法控制事故现场,应立即拨打119请求救援。

(三)火灾应急救援

维修车间一旦发生火灾,可采取以下措施进行应急救援。灭火的基本方法包括冷却灭火法、隔离灭火法、窒息灭火法、抑制灭火法。火灾救援常用设备的使用方法以及火灾应急救援措施如下。

1. 灭火器的使用方法

一般工厂常用灭火器为手提储压式(ABC)干粉灭火器。

(1)使用前先将灭火器翻转摇动数次,拉出保险销。

(2)不可倒置使用,直接对准火焰根部压下压把左右扫射即可。

(3)压下压把后,中途不应松手,否则该瓶灭火器内未喷出的干粉会因气压不足而失去灭火作用。

2. 消防栓的使用

(1)消防栓适用于扑灭多种类型的火灾,水是分布最广、使用最方便、补给最容易的灭火剂,但不能用于补救与水能发生化学反应的物质引起的火灾,以及高压电器设备和档案、资料等引起的火灾。

(2)消防栓的使用方法:将存放消防栓的仓门打开,将水带取出,平放打开,将阀头接在水袋上,对准火源,双手托起阀头,打开水阀。

3. 报警程序和接警处置程序

无论任何部门(人员)发现火灾应立即通知当值调度人员,由调度人员报告相关人员,并视火势大小拨打119。报警时应讲清楚报警人的姓名、地址、工作单位、联系电话,失火的准确地理位置,失火的情况(如起火时间、燃烧特征、火势大小、有无被困人员、有无重要物品、失火周围有何重要建筑等)、失火位置、行车路线、消防车和消防队员如何方便地进入或接近火灾现场等。

4. 扑救初期火灾的程序和措施

(1)值班人员在接到火警后,应迅速赶往失火地点,听从消防安全负责人的统一指挥实施灭火,防止火势蔓延。

(2)值班人员发现有人员被火势围困,应先救人后灭火,如发现有易燃易爆危险物品受到火势威胁时,应迅速组织人员将易燃危险物品转移到安全地点。

(3)如起火物为化学药品或易燃易爆危险物品时,应在确定无爆炸危险的情况下,用干粉灭火器、沙子等物品进行扑救,用水将周围的可燃物品淋湿,但严禁用水扑救化学药品或易燃易爆危险物品火灾。如不能确定有无爆炸危险的,应在安全地点做好准备,等待消防部门的指挥人员的调令和火灾现场总指挥、副总指挥的命令。

(4)在公安消防队到达火灾现场后,应听从公安消防部门指挥人员的指挥,配合做好灭火工作。

(四)触电事故应急处置

如遇触电事故,在现场的人员要立即向负责人汇报险情;在保证自身安全的情况下,由现场人员迅速进行抢救触电者脱离电源。

(1)首先查明险情,由车间管理人员主持商定抢救方案。对低压触电事故的处理,采取边抢救边汇报的处理方式;对高压触电事故采取边准备边汇报的处理方式。

(2)抢救组电工负责快速使触电者脱离低压电气线路的电源。如果事故离电源开关较近,应立即切断电源开关;如果事故离电源开关太远,来不及立即断开,救护人员可用干燥的衣服、手套、绳索、木板、木棒、绝缘杆等绝缘物作为工具,拉开触电者或挑开电源线使之脱离。

(3)脱离电源后的救护。触电者脱离应尽量在现场救护,先救后搬;脱离电源后,搬运中也要注意触电者的变化,按伤势轻重不同采取不同的救护方法。

(4)在抢救触电者恢复清醒的情况下,用担架将伤员抬到医院继续救护。

(5)对发生触电事故的电器线路设备,进行全面检查和修复。

(6)触电事故应急抢险完毕后,负责人立即召集有关班组的全体人员进行事故分析,找出事故原因、责任人并制订整改方案,并对应急预案的有效性进行评审、措施、修订。

(五)机械伤害应急处置

机动车维修车间发生机械伤害后,在医护人员没有到来之前,应检查受伤者的伤势、心跳及呼吸情况,视不同情况采取不同的急救措施。

(1)对被机械伤害的伤员,应迅速小心地使伤员脱离伤源。

(2)对发生休克的伤员,应首先进行抢救。遇有呼吸、心跳停止者,可采取人工呼吸或胸外心脏按压法,使其恢复正常。

(3)对骨折的伤员,应利用木板、竹片和绳布等捆绑骨折处的上下关节,固定骨折部位。

(4)对伤口出血的伤员,应立即以头低脚高的姿势躺卧,使用消毒纱布或清洁织物覆盖伤口上,用绷带较紧的包扎,以压迫止血。

(5)对剧痛难忍者,应让其服用止痛剂和镇静剂。采取上述急救措施之后,要根据病情轻重,及时把伤员送到医院治疗。在转送医院的途中,应尽早减少颠簸,并密切注意伤员的呼吸、脉搏及伤口等的情况。

(六)油气泄漏应急处置

(1)现场发现的人员应立即报告,并根据泄漏情况报警,视泄漏量情况及时报告政府有关部门。

(2)疏散警戒组建立警戒区。在指定范围内实行全面戒严。划出警戒线,设立警戒区,通知周边人员迅速撤离,禁止一切车辆和无关人员进入警戒区。

(3)消除所有火种。立即在警戒区内停电、停火,灭绝一切可能引发火灾和爆炸的火种。进入危险区前用水枪将地面喷湿,以防止摩擦、撞击产生火花,作业时设备应确保接地。

(4)控制泄漏源。在保证安全的情况下,避免液体或气体漏出。

(5)导流泄压。若各流程管线完好,可通过出液管线、排污管线,将液态泄漏物导入紧急事故罐。

(6)罐体掩护。利用带架水枪以开花的形式或固定式喷雾水枪对准罐壁和泄漏点喷射,以降低温度和可燃气体的浓度。

(7)控制蒸气云。用中倍数泡沫或干粉覆盖,减少液化气蒸发,用喷雾水(或强制通风)转移蒸气云飘逸的方向,使其在安全地方扩散掉。

(8)现场监测。随时用可燃气体检测仪监视检测警戒区内的气体浓度,人员随时做好撤离准备。

第九章 机动车驾驶员培训机构安全管理

某日上午7时,学员张某驾驶车辆正进行倒桩移库驾驶训练,车上还有另外一名学员,教练员来某在教练车外指导。随后,学员张某驾驶的教练车突然冲出场地撞破围栏以及隔离墩,撞向围墙,致使围墙倒塌,砸倒了正路过此地的六年级小学生徐某。徐某经抢救无效死亡,学员张某受轻伤。

👤 **事故原因**

教练员来某严重违反教学规范,未随车教学,致使学员张某因操作失误,在发生紧急情况时,未能采取有效应对措施,最终造成事故。在本次事故中,教练员负全责,驾校负连带责任。驾校对训练场地的防护设施日常巡查不严,对场地周围安全隐患认识不足,是造成这次事故的次要原因。场地管理员对教练员的违规行为、教练行为监管不力,也是造成此次事故的原因之一。

✎ **事故防范措施**

(1)驾校应有效落实安全生产主体责任,建立健全安全生产责任制,完善安全管理制度并有效落实。

(2)驾校按规定对教练员实施安全培训教育,提高教练员安全意识。要严格执行教练员随车教练制度。

(3)驾校要加强训练场地待训区的管理,按要求将待训区与训练场分开,对训练场地实施封闭式训练。

第一节 机动车驾驶员培训机构人员管理

一、安全管理人员管理

机动车驾驶员培训机构安全管理人员一般是指企业安全部门经理(安全主任),直接负责机动车驾驶员培训机构的具体安全生产工作。

1. 基本要求

企业安全生产管理人员具体负责本企业安全生产管理工作,具体如下:

(1)在主管安全生产负责人的直接领导下,对本企业安全生产工作负权限范围内的管理责任,对交办的工作任务要按时按质完成。

(2)履行安全生产检查职责并做好检查记录,及时纠正违反安全生产规章制度和安全操作规程的行为,发现安全隐患及时上报并督促整改。

(3)组织制定和修订完善本企业安全生产规章制度和操作规程,并贯彻实施。

(4)按照法律法规要求和企业规定,履行安全生产管理人员职责。

2. 机动车驾驶员培训机构安全管理人员的主要工作职责

(1)全面负责驾校安全管理检查工作,包括安保、消防、防汛、水电、车辆训练、考试、设施设备、教练车辆的安全管理工作。

(2)制定安全管理制度和计划,组织安全教育活动以及教职人员的安全培训教育和安全例会。

(3)定期或不定期地组织安全大检查,包括车辆训练、安保、水电、消防、车辆等,对查处的隐患及时处理、记录并向领导汇报。

(4)负责行车事故的处理,重大事故及时上报,分析事故发生的原因,分清责任,保存好事故分析、整改的相关资料。

(5)负责编制驾校安全技术措施计划和隐患整改方案,并及时上报并检查落实。

(6)协助驾校领导做好员工的安全思想,安全技术教育工作。

二、一线作业人员管理

机动车驾驶员培训机构一线作业人员主要是指教练员,包括理论教练员和驾驶操作教练员。

1. 教练员从业基本条件

《道路运输从业人员管理规定》第二章第十四条规定,机动车驾驶培训教练员应当符合下列条件:

(1)理论教练员。

①取得相应的机动车驾驶证,具有 2 年以上安全驾驶经历。

②具有汽车及相关专业中专以上学历或者汽车及相关专业中级以上技术职称。

③掌握道路交通安全法规、驾驶理论、机动车构造、交通安全心理学、常用伤员急救等安全驾驶知识,了解车辆环保和节约能源的有关知识,了解教育学、教育心理学的基本教学知识,具备编写教案、规范讲解的授课能力。

(2)驾驶操作教练员。

①取得相应的机动车驾驶证,符合安全驾驶经历和相应车型驾驶经历的要求。

②年龄不超过 60 周岁。

③掌握道路交通安全法规、驾驶理论、机动车构造、交通安全心理学和应急驾驶的基本知识,熟悉车辆维护和常见故障诊断、车辆环保和节约能源的有关知识,具备驾驶要领讲解、驾驶动作示范、指导驾驶的教学能力。

(3)道路客货运输驾驶员从业资格培训教练员。

①具有汽车及相关专业大专以上学历或者汽车及相关专业高级以上技术职称。

②掌握道路旅客运输法规、货物运输法规以及机动车维修、货物装卸保管和旅客急救等

相关知识,具备相应的授课能力。

③具有 2 年以上从事普通机动车驾驶员培训的教学经历,且近 2 年无不良的教学记录。

(4)危险货物运输驾驶员从业资格培训教练员。

①具有化工及相关专业大专以上学历或者化工及相关专业高级以上技术职称。

②掌握危险货物运输法规、危险化学品特性、包装容器使用方法、职业安全防护和应急救援等知识,具备相应的授课能力。

③具有 2 年以上化工及相关专业的教学经历,且近 2 年无不良的教学记录。

2.教练员安全操作要点

(1)教练员要加强日常安全学习,牢固树立安全教学理念。

(2)教练员有义务对所带教练车辆进行安全管理,并做好维护工作。

(3)教练员要持证上岗,实行一车一教练制度。教练员与相应的教练车备案必须相符才能进行训练,如变更,则需要重新备案。

(4)严禁酒后进行训练,严禁放任学员自学自练,严禁超员超载超速训练,必须严格按照规定进行载员训练,任何情况下不得擅自增加人员。

(5)严格按照规定路线、时间行驶,训练时不得擅自改变行车路线。

(6)在训练期间或训练途中,严禁学员坐在后车厢。

(7)在道路上培训驾驶,应当按照公安机关交通管理部门指定的路线、时间进行。在道路上培训机动车驾驶技能应当使用教练车,在教练员随车指导下进行,与教学无关的人员不得乘坐教练车。学员在学习驾驶中有道路交通安全违法行为或者造成交通事故的,由教练员承担责任。

三、现场管理人员管理

机动车驾驶员培训机构现场管理人员主要包括场地管理人员、设备管理人员、安全员等。

1.场地管理人员

场地是驾校训练的主要场所,维护场地安全是日常训练的保障,驾校可设置专(兼)职场地管理人员,其主要职责包括如下七点:

(1)严格检查训练场水电、消防和监控运行情况,确保设施设备的安全有效运行。

(2)确保教练员和教练车进入训练场必须服从场地管理人员指挥,服从安排。

(3)指挥车辆必须按指定地点停放,严格遵守各种安全管理制度。

(4)与教学无关人员不得进入训练场,学员进训练场必须在指定位置休息,不得在训练场内随意走动,及进行其他体育活动。

(5)督查教练员在教学过程中不得擅离职守,必须随车教学。

(6)禁止非教学车辆和车容不整进场练车。

(7)监督场内车辆安全行驶。

2.设备管理人员

驾校日常教学设施设备等主要包括训练所用仪器物品、耗材、训练车辆、辅助训练工具

等,对设备的有效管理不仅关系到教学进程,同时是驾校安全教学的保障,设备管理人员的主要职责包括如下七点:

(1)掌握学校实训教学计划,及时做好实训所需仪器物品和耗材的准备及申购工作。

(2)及时了解教学设施设备信息,对损坏的设备物品及时组织维修或维护,为学校提供先进的教学设备和物质保障。

(3)负责学校的教学设备、教学器材的维修、维护等管理工作。负责制定教练车入厂大修、年修计划,凡大修必须经讨论决定后执行。日常小修会同驾驶员处理。

(4)督促驾驶员检查、维修、维护教练车,消除安全隐患。每季度对教练车进行一次制动、转向、灯光、车容车貌的卫生等安全检查并进行评比,将结果记录完好,作为驾驶员考核评比的依据。

(5)负责教练车的技术检查、鉴定、维修和维护,发现问题及时修理,提高教练车的使用率,延长教练车使用期限、减少修理、降低耗油、节约开支。

(6)负责组织驾驶员的教练车维护学习,传达有关的教练车的行驶规定,学习安全行车的先进经验,找出不安全因素并及时清除隐患。

(7)做好设备的使用、归还登记工作。做到教学设施设备不丢失,维修有台账,损坏有记录。

3.安全员

机动车驾驶员培训机构可设立专(兼)职安全员,负责驾校的具体安全管理事项,安全员主要职责包括如下八点:

(1)协助安全负责人制定安全管理制度和安全月度工作计划,及时传达安全工作新的要求,并组织其实施。

(2)负责处理安全管理的日常工作,做好台账、资料的整理工作。

(3)认真贯彻"安全第一、预防为主、综合治理"的方针,做好教职工及受训学员的安全知识教育和安全技能培训,组织开展安全竞赛活动,不断提高全员安全素质。

(4)宣传安全生产的法律法规,贯彻实施国家道路交通法规,做好对教练员和受训学员的安全教育,经常开展对车辆的场检、路查以及对违章人员的处罚等工作(特别是车辆的安全技术状况和随车消防器材的完好情况),消除安全隐患。

(5)督促对消防器材实施专人管理、专人负责。

(6)做好教练员、学员的安全管理工作,组织安全培训。

(7)做好安全工作总结汇报,向主管领导提出意见和建议,及时报道和宣传安全工作中的典型。

(8)协助处理相关安全事故并进行总结,提出相应的整改和防范措施。

四、学员安全管理

1.学员安全素质

学员是机动车驾驶员培训企业服务的对象,同时也将是道路交通的主要参与者,其在很大程度上影响着机动车驾驶员培训企业的安全。学员的不安全行为可以导致不安全事件的发生,如携带易燃易爆危险物品上车、车辆行驶中嬉笑打闹、学车时不注意安全事项等。学员的安全意识淡薄可能诱发安全事故,安全意识较强的人能够及时发现事故隐患,果断应对,甚至能通过采取有效的措施化险为夷,而安全意识差的人可能就发现不了或不能及时发现事故隐患,或发现后采取措施不当,最终酿成事故,甚至可能使损失扩大。

在理论教学阶段就应加强对学员的安全教育培训,学员进入场地或道路练习时更应该提高安全意识。作为教练员,应不断向学员强调安全学车的重要性。

2. 学员安全管理措施

(1)学员应自觉服从教练员教学指导和管理,遵守驾校相关规章制度,尊敬教练,团结学员,训练期间不得嬉戏打闹,不得打架斗殴,饮酒后不得参加训练。

(2)自觉遵守训练时间,训练时不迟到、不旷课、不早退,外出必须向教练请假,经批准后方可离开。

(3)自觉遵守社会公德,爱护公共财物,爱护教练车辆及所配用具物品,不得随意损坏。

(4)学员训练期间,不得赤膊、穿低胸装、穿拖鞋或高跟鞋,或做吸烟、接打电话、吃零食、闲谈等与训练无关的事情。

(5)进入操作训练后要严格遵守操作程序,规范操作,服从教练员指挥,车辆未停稳不准上、下车或换人。

(6)车辆行驶中,学员必须坐在驾驶室内,不准坐在后车厢内,不准在车上窜离座椅、将头探出车窗外、不准扒车、不准攀爬两侧车厢。

(7)上下车时,必须在车辆停稳后,有依次上下,禁止拥挤,防止发生意外事故。

(8)在训练期间,学员必须在指定区域休息,不得随意在训练场地行走。

第二节　机动车驾驶员培训机构装备设施

一、驾驶培训车辆

驾驶培训企业营运车辆(教练车)应符合《机动车运行安全技术条件》(GB 7258—2017)的要求和《道路运输车辆技术等级划分和评定要求》(JT/T 198—2016)所规定的技术要求,并装有副后视镜、副制动踏板、灭火器及其他安全防护装置。道路驾驶教练车还需装有副加速踏板和副离合器踏板。

(一)教练车车型分类

根据《机动车驾驶员培训机构资格条件》(GB/T 30340—2013),教练车车型分为大型客车、牵引车、城市公交车、中型客车、大型货车、小型汽车、小型自动挡汽车、低速载货汽车、三轮汽车、残疾人专用小型自动挡载客汽车、普通三轮摩托车、普通二轮摩托车、轻便摩托车、轮式自行机械车、无轨电车和有轨电车。

(二)教练车数量

(1)不提供或者仅提供三轮汽车、普通三轮摩托车、普通二轮摩托车或轻便摩托车等车型培训服务的,须满足表9-1的要求。

驾驶员培训机构车辆要求 表9-1

机 构 等 级	车辆数量（辆）
一级机动车驾驶员培训机构	≥80
二级机动车驾驶员培训机构	≥40
三级机动车驾驶员培训机构	≥20

（2）除提供三轮汽车、普通三轮摩托车、普通二轮摩托车或轻便摩托车等车型培训服务，还提供其他车型培训服务的，机动车驾驶员培训机构的三轮汽车、普通三轮摩托车、普通二轮摩托车或轻便摩托车等车型教练车数量应不少于5辆，且其他车型教练车数量应满足表9-1的要求。

（三）教练车技术参数

教练车技术参数应符合下列要求：

（1）大型客车、城市公交车：车长不小于9m的大型载客汽车。

（2）牵引车：总长不小于12m的半挂汽车列车。

（3）中型客车：车长不小于5.8m的中型载客汽车。

（4）大型货车：车长不小于9m、轴距不小于5m的重型载货汽车。

（5）小型汽车：车长不小于5m的轻型载货汽车，或者车长不小于4m的小型载客汽车。

（6）小型自动挡汽车：车长不小于5m的轻型自动挡载货汽车，或者车长不小于4m的小型自动挡载客汽车。

（7）低速载货汽车、三轮汽车：车长不小于3.3m、轴距不小于2.3m、轮距不小于1.3m的载货汽车。

（8）残疾人专用小型自动挡载客汽车：应加装符合《肢体残疾人驾驶汽车的操作辅助装置》（GB/T 21055—2007）的肢体残疾人驾驶汽车的操纵辅助装置，且车长不小于4m的小型自动挡载客汽车。

①申请人为右下肢残疾的，应加装制动和加速迁延控制手柄或者制动和加速迁延控制踏板。

②申请人为双下肢残疾的，应加装转向盘控制辅助手柄、制动和加速迁延控制手柄、转向信号迁延开关，或者驻车制动辅助手柄。

（9）普通三轮摩托车：至少有4个速度挡位的普通正三轮摩托车或者普通侧三轮摩托车。

（10）普通二轮摩托车：至少有4个速度挡位的普通二轮摩托车。

（11）轮式自行机械车、无轨电车和有轨电车等其他教练车车型：外廓尺寸参数由省级道路运输管理机构确定。

（四）教练车技术状况与配置

（1）教练车的技术状况应符合《机动车运行安全技术条件》（GB 7258—2017）、《道路运输车辆综合性能要求和检验方法》（GB 18565—2016）的技术要求，达到《道路运输车辆技术等级划分和评定要求》（JT/T 198—2016）中规定的二级车以上技术条件。

（2）教练车应装有副后视镜、副制动踏板、车载计时计程终端、灭火器及其他安全防护装置。

（五）教练车标识

教练车标识应符合省级道路运输管理机构有关统一标识的要求。

二、设备设施

（一）教练场地

1. 场地规模

机动车驾驶员培训机构的教练场地总面积与单车道总长度应满足表 9-2 的要求。

机动车驾驶员培训机构的教练场地总面积与单车道总长度要求　　　　表 9-2

培训机构级别	业务范围	教练场地总面积要求（m²）	单车道总长度要求（m）	其他要求
一级	提供大型客车、牵引车、城市公交车、中型客车、大型货车等车型中任一车型驾驶培训服务的	≥70000	≥6800	每增加 1 台大型车辆,应增加 1000m²; 每增加 1 台小型车辆,应增加 400m²
二级		≥57000	≥5500	
三级		≥47000	≥4500	
一级	不提供大型客车、牵引车、城市公交车、中型客车、大型货车等车型中任一车型驾驶培训服务的	≥33000	≥3200	每增加 1 台小型车辆,应增加 400m²
二级		≥17000	≥1600	
三级		≥10000	≥1000	

注:1. 大型车辆包括大型客车、牵引车、城市公交、中型客车、大型货车等车型。

　2. 小型车辆包括小型汽车、小型自动挡汽车、低速载货汽车、残疾人专用小型自动挡载客汽车等车型。

2. 机动车驾驶员培训机构自备教练场地

（1）教练场配置的训练项目设施总数量及技术要求、训练项目设施设置方式等应满足《机动车驾驶员培训教练场技术要求》（GB/T 30341—2013）中的要求。

（2）教练场地道路路面的行车道宽度、圆曲线半径、纵向坡度及路线网等道路条件应满足《机动车驾驶员培训教练场技术要求》（GB/T 30341—2013）中的要求。

（3）教练场地内应按照《道路交通标志和标线　第 2 部分:道路交通标志》（GB 5768.2—2009）、《道路交通标志和标线　第 3 部分:道路交通标线》（GB 5768.3—2009）的要求设置道路交通标志和标线,按《道路交通信号灯设置与安装规范》（GB 14886—2016）的要求设置交通信号灯。除专门的倒车入库、倒车移位项目训练场地外,教练场地内应设置不少于 1 套的交通信号灯。

3. 租用教练场地

机动车驾驶员培训机构租用教练场地的,应租用符合《机动车驾驶员培训机构资格条件》（GB/T 30340—2013）规定的机动车驾驶员培训经营性教练场。

（二）教学设施设备

（1）机动车驾驶员培训机构应具备计算机单机或网络教学系统,满足多媒体教学和培训学时计时管理的要求。

（2）机动车驾驶培训机构应使用多媒体软件进行理论教学。多媒体教学软件的内容应满足教学大纲的要求,并具有集文字、图片、声音、动画、视频为一体的功能。

（3）机动车驾驶员培训机构应具备的教学设施设备见表 9-3。

教 学 设 施 设 备   表9-3

设备类型	序 号	设备名称	设备数量		
			一级	二级	三级
电化教学设备	1	计算机	≥30	≥20	≥10
	2	多媒体教学软件及设备	≥2	≥1	≥1
	3	教学磁板	≥1	≥1	≥1
	4	机动车及时模拟器	≥20	≥10	≥5
	5	车辆安全带保护作用体验装置	≥1	≥1	≥1
教学管理信息系统	6	计时培训系统企业应用平台	≥1	≥1	≥1
	7	计时培训系统理论计时终端	≥1	≥1	≥1
	8	计时培训系统车载计时计程终端	按教练车数量1:1配置		
	9	计时培训系统模拟计时终端	≥2	≥1	≥1
教学挂图	10	交通信号挂图	≥2	≥1	≥1
	11	机动车机构及工作原理挂图	≥1	≥1	≥1
模型教具	12	透明或实物整车解剖模型	≥1	≥1	≥1
	13	发动机透明或解剖模型	≥1	≥1	≥1
医学救护用具	14	心肺复苏训练模拟人	≥1	≥1	≥1
	15	急救用品(包括止血带、三角巾、固定夹板、包扎纱布及汽车急救包等)	≥1	≥1	≥1

注:汽车驾驶培训模拟器应满足《汽车驾驶培训模拟器》(JT/T 378—2014)的要求。

(三)办公场所及面积

(1)机动车驾驶员培训机构应有与教练场地一体化设计或独立的办公场所,办公场所应有足够的办公用房、前厅或服务台。在经营时间内,应有接待人员提供询问、报名服务。

(2)机动车驾驶员培训机构应在前厅或服务台显著位置公示经营许可证、教学大纲、学驾流程、收费项目和标准、教练场地和教练员服务规范、安全管理措施、招生(站)点、预约和投诉电话等信息。

(3)机动车驾驶员培训机构应设置多媒体理论教室、模拟驾驶训练教室、计算机教室、教具教室和档案室,教室面积要求见9-4。

教 室 面 积 要 求   表9-4

教室类型		面积要求(m²)
多媒体理论教室	单间	≥50
	人均	≥1.2
模拟驾驶训练教室		≥30
计算机教室		≥40
教具教室		≥30
档案室		≥20

注:理论培训每班次人数不得超过120人。

(4)各类教室采光、通风、照明条件和消防设施、设备的配备应符合有关规定。

(四)服务及其他设施

(1)机动车驾驶员培训机构应在教学区域提供教练员和学员休息场所、休息座椅,设有卫生、饮水设备及采暖、制冷设备。

（2）机动车驾驶员培训机构应提供网络（电话）预约、学员自主选择教练员、学员对教练员进行教学评价及网络（电话）投诉等服务。

（3）机动车驾驶员培训机构应具有符合《交通安全宣传教育设施规范》（GA/T 963—2011）要求的图板橱窗或实物展台、警示教育活动室等交通安全宣传教育设施。

（4）机动车驾驶员培训机构的教学区域、生活区域、训练道路两侧及场地空地应进行绿化布置。教练场地绿化率应符合国家和地方的相关规定。

（5）一级机动车驾驶员培训机构应提供餐饮、图书阅读室和上网等服务,应配备紧急救护药品和设备,应配备车辆外部清洗等设施、设备。

（6）为残疾人提供驾驶培训服务的,应在办公区域、教学区域和生活区域设置符合《无障碍设计规范》（GB 50763—2012）要求的无障碍设施和无障碍标志。

第三节　机动车驾驶员培训机构作业现场

一、机动车驾驶员培训机构作业与安全管理

（一）现场作业管理

机动车驾驶员培训机构需制定各岗位安全生产操作规程和安全生产作业规定,在下达生产任务的同时,布置安全生产工作要求,要求企业员工应熟知并严格按照制度、规程和作业规定进行现场作业,严禁违章指挥、违章操作、违反劳动纪律的"三违"行为。

机动车驾驶员培训机构应制定突发事件和恶劣天气应急调度预案,明确专职部门或专职人员负责及时收集天气和路况有关信息;如遇突发事件和恶劣天气,应提示教练员和学员谨慎驾驶,必要时启动应急调度预案。

教练员应熟知驾驶培训过程相关服务注意事项,车辆起步前,教练员应告知学员安全驾车须知,督促、提醒学员采取佩戴安全带等安全防护措施。

（二）教练员管理

驾培教练员包括理论教练员和驾驶操作教练员,鼓励教练员同时具备理论教练员和驾驶操作教练员的教学水平。驾校应制定并落实教练员安全管理制度,并实行"一人一档",教练员档案中至少应包括教练员的身份证复印件、机动车驾驶证复印件、教练证复印件、驾驶与教练经历情况表、相关教育培训考核情况表以及与企业签订的劳动合同等。

理论教练员还应具有汽车及相关专业中专以上学历或者汽车及相关专业中级以上技术职称,具有两年以上安全驾驶经历,熟练掌握道路交通安全法规、驾驶理论、机动车构造、交通安全心理学、常用伤员急救等安全驾驶知识,了解车辆环保和节约能源的有关知识,了解教育学、教育心理学的基本教学知识,具备编写教案、规范讲解的授课能力。

驾驶操作教练员,年龄不超过60周岁,还应符合一定的安全驾驶经历和相应车型驾驶经历,熟练掌握道路交通安全法规、驾驶理论、机动车构造、交通安全心理学和应急驾驶的基本知识,熟悉车辆维护和常见故障诊断、车辆环保和节约能源的有关知识,具备驾驶要领讲解、驾驶动作示范、指导驾驶的教学能力。

机动车驾培教练员应当按照统一的教学大纲规范施教,并如实填写《教学日志》和《机动车驾驶员培训管理规定》(交通运输部令 2016 年第 51 号)中要求的《中华人民共和国机动车驾驶员培训记录》。

机动车驾驶员培训机构应当加强对教练员的职业道德教育和驾驶新知识、新技术的再教育,对教练员每年进行至少一周的脱岗培训,提高教练员的职业素质;定期对教练员的教学水平和职业道德进行评议,公布教练员的教学质量排行情况,督促教练员提高教学质量。

(三)学员管理

机动车驾驶员培训机构应当根据《道路交通安全法》和《机动车驾驶员培训管理规定》,制定学员管理制度,并建立学员文字和电子档案,并实行"一人一档"制;学员档案内应包括学员登记表、驾驶培训记录、教学日志等,学员档案保留时间不少于 4 年。

机动车驾驶员培训机构应当要求学员做到如下五点:

(1)必须按教学大纲完成培训学时。

(2)不得私自发动和单独驾驶车辆。

(3)要遵守安全操作规程。

(4)不得酒后驾车。

(5)不得穿高跟鞋、拖鞋参加操作训练。

(四)安全值班

机动车驾驶员培训机构应制定并落实安全生产值班计划和值班制度,在清明、五一、端午、中秋、国庆、元旦、春节、汛期、严寒冰冻天气等节假日和重要时期实行领导到岗带班,并保有值班记录,切实做到安全值班"三有",即有制度、有计划、有落实。

(五)教练车管理

机动车驾驶员培训机构应制定并落实车辆技术管理制度,落实专人负责车辆技术管理,并按国家规定的技术规范对车辆进行定期维护与维修;车辆维护、维修作业须在交通运输管理部门认定的汽车维修企业进行,要与维修企业签订相关合同,车辆维修后要保存车辆维护维修相关记录。

机动车驾驶员培训机构应按"一车一档"规范建立并妥善保管车辆技术档案,相关内容记载及时、完整、准确、规范,不得随意更改。车辆技术档案中应包括车辆基本情况、主要部件更换情况、修理和二级维护记录、车辆综合性能检测、技术等级评定记录、车辆变更记录、行驶里程记录、交通事故记录等,以及车辆行驶证、营运证及购置完税等资质凭证。

在教练车的使用方面,要求教练车必须达到牌证齐全,技术性能良好,并有交通部门规定的统一教练车标识;未经批准,不准挪用教练车实施客货运输;与培训无关的人员不准乘坐教练车;教练车必须在规定的路线进行训练。

在教练车的维护方面,要求教练车坚持实行日常维护由教练员负责,一级维护由教练员协助有资质的机动车修理企业进行,二级维护由有资质的机动车维修企业负责;教练车维护内容应按照交通部门的规定;教练车维护后要认真填写车辆技术档案。

在教练车的检查方面,要求检查教练车的车容车貌、转向、制动、灯光等的技术状况和灭火器、副制动踏板、副后视镜、副加速踏板、副离合器踏板等的使用性能;教练员坚持训练前、训练中和训练后"三检",检查中发现故障要及时排除,同时采取教练员自检、训练队内教练车互检和年检相结合的措施,确保教练车安全。

二、机动车驾驶员培训机构安全作业环境创建

(一)相关方管理

机动车驾驶员培训机构应与其他相关方签订安全生产管理协议(也可是其他有关合同或租赁协议),明确相关各方的安全生产责任和义务,并对相关方进行统一管理,定期进行安全检查。

(二)警示标志

机动车驾驶员培训机构应在存在危险因素的作业场所和设备设施上设置明显安全警示标志,并告知危险种类、后果及应急措施。设备设施检修、施工等作业现场也存在有一定的危险因素,也必须设置警戒区域和警示标志,防止无关人员误入。

所设置的安全警示标志如涉及交通法规的,相关场所的警示标志要符合交通法规的要求。

第四节   机动车驾驶员培训机构应急处置

在训练过程中,如遇交通事故或学员突发疾病等紧急情况时,教练员应沉着冷静、反应迅速,采取科学、合理的处置方法,最大限度降低对自身、学员及其他相关人员健康的伤害。

一、交通事故应急处置

(1)发生事故,不得隐瞒不报或私下解决。

(2)发生事故后,可采取如下处置措施:

①报告驾校主管领导。

②及时报警。

③抢救伤者。

④保护好现场,在事故车周围设安全警告标志。

⑤开启车辆危险报警闪光灯。

⑥取出车载灭火器。

⑦及时解决学员的训练事宜或撤离工作,安抚、稳定学员的情绪。

⑧配合交警部门的调查配合。

二、学员突发疾病的应急处置

(1)教练员须了解学员的健康情况,对学员中的老人、孕妇、体弱多病者要高度关注,并根据情况合理安排训练时间。

(2)如遇学员突发疾病,可采取如下处置措施:

①立即向驾校领导报告,同时本人在现场看护。

②拨打120等急救电话。

③安慰伤病者,在不能确认患者发病原因的情况下不要轻易移动患者。

④通知患病学员家人。

⑤在医护人员赶到现场前,根据患病学员情况做有关处置。

a. 中暑:将中暑学员移到阴凉处,将其头及肩部垫高后平躺,以冷湿的毛巾覆在中暑学员头上,用湿毛巾沾水擦脸,用扇子降温。

b. 心脑血管病:让患病学员就地躺下或坐下休息,不能随便移动;帮助患病学员服下随身携带的药品,对于重症患病学员实施心肺复苏、人工呼吸等急救方法。

c. 癫痫病:不宜约束患病学员,强力约束可能会导致患病学员受伤;保护患病学员离开危险的地方,并移走可能对患病学员造成危害的物体;切勿将手指或任何物体放入患病学员口中;切勿试图撬开患病学员紧闭的牙关;陪伴患病学员,直至其完全恢复或医务人员到场;如患病学员昏迷,经校方安全小组领导同意,迅速将其送至医院。

第十章 典型案例分析

案例一:主体责任抓落实,客运安全有保障

春运在即,安全先行。为了确保春运安全有序进行,真正落实企业主体责任,某长途客运公司例检员带着春运车检项目单走上一辆客车,按照车检项目单对 30 个项目进行检查。三角警告牌有没有在?安全告知宣传片能否正常播放?座椅安全带是否完好?达不到标准的,一律要求整改复检。

据悉,该客运公司实行了三个 100%、一个全天候的安全保障措施,即驾驶员安全教育100%、春运资格审查 100%、车辆安全检查 100%,安全监控中心全天候实行即时监控,重点严防超员、超载、超速与疲劳驾驶。

之前,对于车辆的安全检测均由公安机关交通管理部门上门开展,如今该检测项目均由客运企业自己开展。自己的人检测自己的车,会不会在标准上"放一马"?从公司驾驶员口中听到了一番"抱怨":"自己检查比交警检查还严格,项目都增加到了 30 个,一点情面都没有。"据了解,为确保春运行车安全,该客运公司结合安全管理经验与安全风险评估,在原有行车灯光、转向、制动等安全技术性能检测的基础上,扩充到了 30 个安全检测项目,对安全应急、安全告知、冰雪天气设施添置等都作出了明确要求。

除了抓好车辆的安全,该公司还对全体驾驶员开展了春运安全教育,签订安全责任状,严把安全资格审查,对于扣分未处理或者严重违章的一律不得参加春运。目前,该公司已与每一位春运驾驶员签订了安全目标责任书,从严考核,动态管理,在 24h 远程监控班车运行状况的同时,车辆安全监控装置可回放 15 天内的车辆行驶记录,备查安全轨迹。

案例分析

车辆故障是道路运输安全的潜在风险,加强对车辆的安全检查,提高驾驶员的故障处置能力,对于提高道路运输安全水平,保证春运工作安全有序,保障春运期间群众安全出行具有重要意义。道路运输企业应该严格落实车辆的安全检测制度,保障车辆技术状况良好。

(1)道路运输企业应建立健全并严格落实有关安全检查和维护制度。

道路运输企业要严格按照《机动车运行安全技术条件》(GB 7258—2017)等标准、规范的要求,在行车前对车辆的技术状况进行安全检查,确保车辆技术状况良好。严格落实道路运输车辆的安全检查和维护制度,严防"重形式,走过场"的行为,杜绝安全检查不合格、维护不到位的运输车辆继续从事运输经营。

(2)道路运输企业应该加强驾驶员的安全培训教育。

道路运输企业应通过驾驶员的安全培训,使驾驶员认识到车辆安全检查和车辆维护的

重要意义,督促驾驶员做好车辆的日常安全检查工作。

(3)相关法律法规。

①《中华人民共和国道路交通安全法》。

《道路交通安全法》第二十一条规定,驾驶人驾驶机动车上道路行驶前,应当对机动车的安全技术性能进行认真检查;不得驾驶安全设施不全或者机件不符合技术标准等具有安全隐患的机动车。

②《中华人民共和国道路交通安全法实施条例》。

《中华人民共和国道路交通安全法实施条例》(以下简称《道路交通安全法实施条例》)第十五条规定,机动车安全技术检验由机动车安全技术检验机构实施。机动车安全技术检验机构应当按照国家机动车安全技术检验标准对机动车进行检验,对检验结果承担法律责任。

③《道路旅客运输企业安全管理规范》。

《道路旅客运输企业安全管理规范》第三十二条规定,客运企业应当建立客运车辆技术状况检查制度。客运企业应当配合客运站做好车辆安全例检,对未按规定进行安全例检或安全例检不合格的车辆不得安排运输任务。

第五十九条规定,客运企业应当制定客运驾驶员行车操作规程。操作规程的内容应当包括:出车前、行车中、收车后的车辆技术状况检查,开车前向旅客的安全告知,高速公路及特殊路段行车注意事项,恶劣天气下的行车注意事项,夜间行车注意事项,应急驾驶操作程序,进出客运站注意事项等。

第六十条规定,客运企业应当制定客运车辆日常检查和日常维护操作规程。操作规程的内容应当包括:轮胎、制动、转向、悬架、灯光与信号装置、卫星定位装置、视频监控装置、应急设施及装置等安全部件检查要求和检查程序,不合格车辆返修及复检程序等。

案例二:安全培训重实效,应急处置最妥当

某日16时许,一辆白色货车的发动机舱盖处冒着阵阵浓烟,货车驾驶员正在奋力灭火,但烟一直冒着。途经此处的某公交公司373路公交车驾驶员见此情形,在征得车上乘客的同意后,立即将公交车停靠路边,同时拿起灭火器帮忙灭火。几分钟后,火焰终于被扑灭。

事后,货车驾驶员连声致谢,"太感谢了,要是没有公交车师傅的热心帮忙,靠我一个人,根本没有办法扑灭火苗。公交车师傅很专业,不一会儿就把烟火扑灭了。""这没什么,不管是谁,看到这种危急情况都不会袖手旁观。我们公交分公司经常组织驾驶员开展应急消防演练,所以动作比较迅速娴熟。"公交车师傅谦逊地说着,然后回到车上继续运营。

案例分析

驾驶员的应急处置能力对于保障行车安全具有重要作用,其中灭火器的使用及灭火等操作与安全应急救援直接相关。道路运输企业应加强对驾驶员的安全培训教育,提高驾驶员的应急处置能力,将企业消防安全演练、应急处置演练等落到实处。

(1)道路运输企业应该加强对驾驶员的安全培训教育,提高驾驶员的应急处置能力。

道路运输企业要加强对驾驶员突发事件应急处置方法、消防器材使用方法等的培训及

演练,提高驾驶员的风险防范意识和应急处置能力。对驾驶员教育的主要方法有:

①安全活动日。由企业的安全管理机构组织定期安全活动,活动的主要内容有传达与学习上级对安全工作的指示和有关规定;分析违章、肇事情况和原因;研究安全措施、安全设施设备的使用、交流安全经验等。

②组织多种类型的学习班,组织驾驶员进行集中教育。

③召开多种驾驶员会议,如经验报告会、事故处理会等。

(2)道路运输所有营运车辆必须配备有效的消防器材等安全防范器材和设施。

灭火器是灭火的必备器材,灭火器不但可以灭火,也可以用来砸开车窗玻璃逃生。

(3)相关法律法规。

①《中华人民共和国道路交通安全法》。

《道路交通安全法》第七十条规定,在道路上发生交通事故,车辆驾驶人应当立即停车,保护现场;造成人身伤亡的,车辆驾驶人应当立即抢救受伤人员,并迅速报告执勤的交通警察或者公安机关交通管理部门。因抢救受伤人员变动现场的,应当标明位置。乘车人、过往车辆驾驶人、过往行人应当予以协助。

②《道路运输从业人员管理规定》。

《道路运输从业人员管理规定》第十一条规定第五点规定,道路危险货物运输驾驶员应当接受相关法规、安全知识、专业技术、职业卫生防护和应急救援知识的培训,了解危险货物性质、危害特征、包装容器的使用特性和发生意外时的应急措施。

③《道路旅客运输企业安全管理规范》。

《道路旅客运输企业安全管理规范》第二十一条规定,客运企业应当建立客运驾驶员岗前培训制度,培训合格方可上岗。岗前培训的主要内容包括:道路交通安全和安全生产相关法律法规、安全行车知识和技能、交通事故案例警示教育、职业道德、安全告知知识、交通事故法律责任规定、防御性驾驶技术、伤员急救常识等安全与应急处置知识、企业有关安全运营管理的规定等。

第三十二条规定,客运企业应主动排查并及时消除车辆安全隐患,每月检查车内安全带、应急锤、灭火器、三角警告牌以及应急门、应急窗、安全顶窗的开启装置等是否齐全、有效,安全出口通道是否畅通,确保客运车辆应急装置和安全设施处于良好的技术状况。

第六十七条规定,客运企业应当建立应急救援制度。健全应急救援组织体系,制定完善应急救援预案,开展应急救援演练。

案例三:动态监控讲规范,危货运输避风险

浙江省某物流公司成立于2016年,具备集装箱运输以及危险化学品运输的各种资质。从公司成立之日起,便按照现代物流的要求,不断采用先进的物流理念和经营模式,追求企业与社会经济的和谐发展。根据公司的实际情况,同时结合现代物流业务流程,公司引入了物流车辆监控与调度系统(图10-1)。该系统集GPS(全球定位系统)、GIS(地理信息系统)、GSM(全球移动通信系统)、数据库系统于一体,实现对在途车辆的实时监控功能,并可根据路况信息及物流情况,为车辆提供合理的动态调度计划,可有效地降低危险化学品运输车辆发生交通事故的概率。

车辆在运输途中,调度员根据 GPS 对车辆的位置、速度、时间进行监控,杜绝驾驶员违章或绕路行驶。同时,调度中心实时搜集路况信息,对物流线路进行优化调整,并及时发送给车辆,以确保车辆按时完成任务。如果配送信息发生变化或车辆需要帮助时,能迅速提供援助。当车辆即将到达目的地时,通知接货单位,使其做好接收货物的准备,从而加快物流速度,提高车辆利用率。同时,公司还将系统接入行业联网联控监测系统,接受行业主管部门的监管。

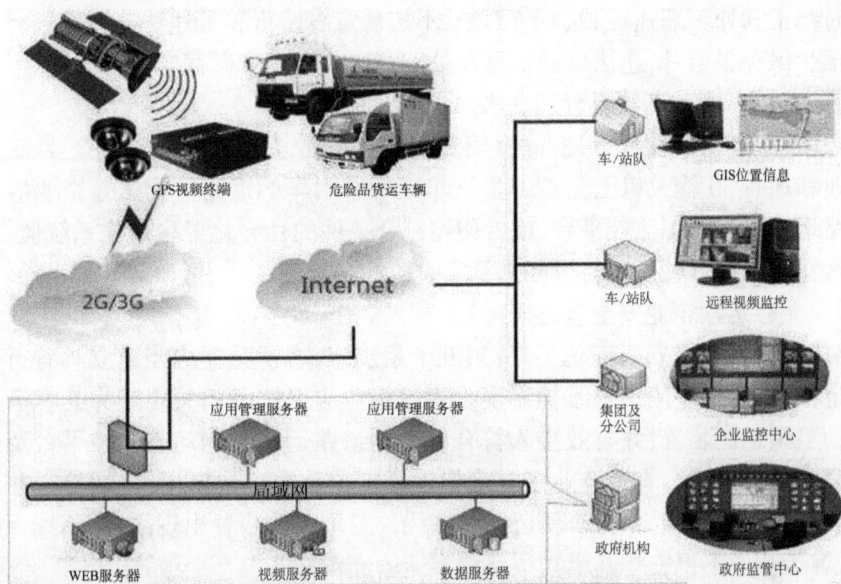

图 10-1 物流车辆监控与调度系统

案例分析

危险货物运输安全事故日益突出,预防危险货物运输事故对于改善道路运输安全状况具有重要意义。道路危险货物运输专用车辆与普通货物运输车辆的运输对象不同,除对车型、技术状况、配备的工具等要求不同外,对安全管理制度和车辆安全设施有更高的要求。

(1)信息化管理制度。

道路危险货物运输企业要严格落实危险货运车辆联网联控管理制度,实时有效接入行业联网联控系统;要配备专人值守,加强对车辆监控管理,及时发现处理问题。

(2)安全管理责任制度。

道路危险货物运输企业应对车辆和驾驶员建立安全管理责任制度,包括车辆的检查和实时监控、驾驶员的培训教育和运输过程中的监管,企业应根据运输路线、天气状况等合理调度,合理安排运输任务。

(3)卫星定位系统。

根据道路危险货物运输过程实行在线监控的要求,道路危险货物运输专用车辆必须配备符合国家标准规定的卫星定位系统,安装道路运输车辆卫星定位系统车载终端。车载终端是车辆卫星定位系统的前端设备,是一种能对车辆行驶速度、时间、里程以及车辆行驶的其他状态信息进行记录、储存并可通过接口实现数据输出的数字式电子记录装置。

（4）相关法律法规。

①《道路危险货物运输管理规定》。

《道路危险货物运输管理规定》第八条第（一）款第4目规定专用车辆应当安装具有行驶记录功能的卫星定位装置。

第四十四条规定，道路危险货物运输企业或者单位应当通过卫星定位监控平台或者监控终端及时纠正和处理超速行驶、疲劳驾驶、不按规定线路行驶等违法违规驾驶行为。监控数据应当至少保存3个月，违法驾驶信息及处理情况应当至少保存3年。

②《道路运输车辆动态监督管理办法》。

《道路运输车辆动态监督管理办法》第二章第九条规定，道路旅客运输企业、道路危险货物运输企业和拥有50辆及以上重型载货汽车或者牵引车的道路货物运输企业应当按照标准建设道路运输车辆动态监控平台，或者使用符合条件的社会化卫星定位系统监控平台，对所属道路运输车辆和驾驶员运行过程进行实时监控和管理。

③《道路旅客运输企业安全管理规范》。

《道路旅客运输企业安全管理规范》第五十条规定，客运企业应当建立具有行驶记录功能的卫星定位装置安装、使用及维护制度。客运企业应当按照相关规定为其客运车辆安装符合标准的卫星定位装置，并有效接入符合标准的道路运输车辆动态监控平台及全国重点营运车辆联网联控系统。客运企业应当确保卫星定位装置正常使用，定期检查并及时排除卫星定位装置存在的故障，保持车辆运行时在线。卫星定位装置出现故障、不能保持在线的客运车辆，客运企业不得安排其承担道路旅客运输经营任务。

④《浙江省道路运输条例》。

《浙江省道路运输条例》第三十条规定，道路危险货物运输经营者应当加强安全生产管理，配备专职安全管理人员，按照规定接入统一的危险货物运输信息管理平台，制定突发事件应急预案，严格落实各项安全措施。

要求企业建立健全信息化管理制度。企业要进一步健全危险货物运输电子运单填报制度，如实调度，实时上传电子运单；要严格落实危险货运车辆联网联控管理制度，实时有效接入全国联网联控系统；要配备专人值守，加强对车辆监控管理，及时发现处理问题，有条件的企业可尝试推进安全监管第三方外包模式。

案例四：疲劳驾驶致事故，车辆失控酿惨祸

疲劳驾驶会导致驾驶员驾驶机能下降，一旦遇到突发事件，不能及时采取正确的应急处置措施，易引发道路交通事故。从近几年发生的道路交通事故情况来看，部分驾驶员依然无视事故教训，存在疲劳驾驶行为，以致引发重大恶性交通事故。某日，在沪昆高速公路湖南省怀化市路段发生的道路交通事故，是典型的因疲劳驾驶引发车辆失控而造成重大道路交通事故（图10-2）。

某日17时，驾驶员吕某独自驾驶重型半挂汽车列车装载工程车轮胎从贵阳市出发驶往厦门市。次日清晨6时40分，该车行驶至沪昆高速湖南省境内中方县路段撞毁并穿越高速公路中央隔离带护栏，占据对向车道，其挂车骑跨在中央隔离带护栏上，对向车道行驶的大

型客车(实际行驶速度为 91~93km/h)因躲避不及时与该重型半挂汽车列车发生碰撞,造成大型客车乘客 13 人死亡、41 人受伤。

根据事故调查报告,本案例中重型半挂汽车列车于某日 17 时从贵阳市出发,当日晚间 21 时 2 分进入沪昆高速公路贵阳市金关收费站,次日凌晨 3 时 59 分经沪昆高速公路贵州省大龙收费站进入湖南省境内,直至行驶至中方县路段发生交通事故,该车始终由驾驶员吕某一人驾驶,累计行驶时间 13h 40min。经调查认定,重型半挂汽车列车驾驶员疲劳驾驶,是引发本起事故的主要原因。

图 10-2 事故现场图

案例分析

疲劳驾驶行为是道路运输安全的潜在安全隐患,预防疲劳驾驶是减少道路交通事故的重要手段之一。道路运输企业可通过建立安全生产管理制度,加强驾驶员的安全培训等途径预防疲劳驾驶。

(1)道路运输企业应建立健全安全生产管理制度,预防疲劳驾驶。

道路运输企业应建立安全管理责任制度,从制度上保障驾驶员的合法权益,将"反疲劳驾驶"纳入安全生产管理工作当中,同时合理安排运输任务,足额配备驾驶员,积极预防疲劳驾驶。

(2)道路运输企业要加强法律法规培训教育,提高驾驶员的安全意识。

道路运输企业要定期组织驾驶员进行学习和培训,将遵守安全法律法规和预防疲劳驾驶作为驾驶员安全学习的重要内容,要求驾驶员严格遵守《道路交通安全法实施条例》和《中华人民共和国道路运输条例》(以下简称《道路运输条例》)对连续驾车时间的规定,连续驾驶机动车不得超过 4h,停车休息时间不少于 20min。

(3)加强疲劳驾驶危害的社会宣传,发挥社会监督作用。

通过对疲劳驾驶危害的广泛宣传,使全社会认识疲劳驾驶的危害;充分发挥社会监督作用,对涉嫌疲劳驾驶的驾驶员,乘客应及时提醒;当驾驶员出现严重疲劳时,乘客有权利拒绝乘坐该车辆并可以向相关管理部门举报。

(4)相关法律法规。

①《中华人民共和国道路交通安全法》。

《道路交通安全法》第二十二条规定,机动车驾驶人应当遵守道路交通安全法律、法规的规定,按照操作规范安全驾驶、文明驾驶。饮酒、服用国家管制的精神药品或者麻醉药品,或者患有妨碍安全驾驶机动车的疾病,或者过度疲劳影响安全驾驶的,不得驾驶机动车。

②《中华人民共和国道路交通安全法实施条例》。

《道路交通安全法实施条例》第六十二条第七款规定,驾驶机动车不得连续驾驶超过 4h 未停车休息或者停车休息时间少于 20min。

③《国务院关于加强道路交通安全工作的意见》。

《国务院关于加强道路交通安全工作的意见》要求,运输企业要积极创造条件,严格落实长途客运驾驶员停车换人落地休息制度,确保客运驾驶员 24h 累计驾驶时间原则上不超过 8h,日间连续驾驶不超过 4h,夜间连续驾驶不超过 2h,每次停车休息不少于 20min。

④《道路旅客运输企业安全管理规范》。

《道路旅客运输企业安全管理规范》第二十七条规定,道路旅客运输企业应当建立防止客运驾驶人疲劳驾驶制度。关心客运驾驶人的身心健康,定期组织客运驾驶人进行体检,为客运驾驶人创造良好的工作环境,合理安排运输任务,防止客运驾驶人疲劳驾驶。

第三十八条规定,客运企业在制定运输计划时应当严格遵守客运驾驶员驾驶时间和休息时间等规定:日间连续驾驶时间不得超过 4h,夜间连续驾驶时间不得超过 2h,每次停车休息时间应不少于 20min;在 24h 内累计驾驶时间不得超过 8h;任意连续 7 日内累计驾驶时间不得超过 44h,期间应有效落地休息。

客运企业不得要求客运驾驶员违反驾驶时间和休息时间等规定驾驶客运车辆。企业应主动查处客运驾驶员违反驾驶时间和休息时间等规定的行为,发现客运驾驶员违反驾驶时间和休息时间等规定驾驶客运车辆时,应及时采取措施纠正。

⑤《中华人民共和国安全生产法》。

《安全生产法》第十八条规定,生产经营单位的主要负责人对本单位安全生产工作负有下列职责:

a. 建立、健全本单位安全生产责任制;

b. 组织制定本单位安全生产规章制度和操作规程;

c. 组织制定并实施本单位安全生产教育和培训计划;

d. 保证本单位安全生产投入的有效实施;

e. 督促、检查本单位的安全生产工作,及时消除生产安全事故隐患;

f. 组织制定并实施本单位的生产安全事故应急救援预案;

g. 及时、如实报告生产安全事故。

案例五:危货运输高风险,处置不当后果惨

道路危险货物运输由于自身特点,一旦发生事故,容易造成巨大的生命财产损失,严重破坏公共设施和生态环境,产生极其恶劣的社会影响。近年来几起危险化学品运输事故使得危险货物运输安全成为社会关注的焦点。某日,在山东省烟台市发生的道路交通事故,是典型的因危险货物运输车辆发生碰撞,导致运输物品泄漏、车辆燃烧引发的重大道路交通事故(图 10-3)。

某日 17 时 53 分,驾驶员曹某驾驶小型面包车行驶至荣乌高速公路山东省烟台市莱州服务区附近饮马池大桥时,因桥面结冰路滑引发车辆失控碰撞中央隔离护栏后停车,后方驶来的一辆运输汽油的罐式车辆(核载 24.24m³、实载 30m³)、一辆大型客车以及一辆小型越野车相继发生碰撞,导致罐式车辆发生泄漏并起火燃烧,造成 12 人死亡、6 人受伤。

本案例中,小型面包车在结冰湿滑道路未保持安全车速行驶,与中央隔离带防护栏发生碰撞,停靠在应急车道与慢车道之间,形成路障。大型客车在结冰道路行驶时未保持安全车速、车距,且驾驶员操作不当造成追尾碰撞事故,引发客车燃烧,是造成事故的重要原因;罐式车辆在运输过程中未闭合紧急切断装置,导致发生碰撞事故后危险物品泄漏、燃烧,最终导致本起事故的严重后果。

图 10-3 事故现场图

案例分析

危险货物运输安全事故日益突出,预防危险货物运输事故对于改善道路运输安全状况具有重要意义。危险货物道路运输企业要加强从业人员的培训教育,提高从业人员的应急处置能力。

(1)道路危险货物运输企业要不断强化从业人员的培训教育。

由于危险货物运输的特殊要求和危险货物运输事故的严重后果,危险货物运输从业人员应具有符合岗位要求的资质、危险货物运输事故应急处置常识和较高的安全意识。相关企业应加强对从业人员的安全培训,尤其是危险货物运输从业人员应掌握危险品应急处置常识和突发情形的应急处置方法。

(2)道路危险货物运输企业要加强有关危险货物运输安全的社会宣传。

危险货物是工业生产和人民生活的必需品,但是危险货物运输过程中发生的道路交通事故产生的危害巨大,事故后果惨烈,道路交通安全相关管理部门应通过广泛的社会宣传,使全社会认识常见危险货物的特殊性质及危害,提高全民防范危险货物运输事故的安全意识。

(3)相关法律法规、技术规范。

①《中华人民共和国道路交通安全法》。

《道路交通安全法》第四十八条规定,机动车载运爆炸物品、易燃易爆化学物品以及剧毒、放射性等危险物品,应当经公安机关批准后,按指定的时间、路线、速度行驶,悬挂警示标志并采取必要的安全措施。

②《中华人民共和国道路交通安全法实施条例》。

《道路交通安全法实施条例》第二十二条规定,机动车驾驶人在实习期内不得驾驶公共汽车、营运客车或者执行任务的警车、消防车、救护车、工程救险车以及载有爆炸物品、易燃易爆化学物品、剧毒或者放射性等危险物品的机动车;驾驶的机动车不得牵引挂车。

③《中华人民共和国道路运输条例》。

《道路运输条例》第二十六条规定,国家鼓励货运经营者实行封闭式运输,保证环境卫生和货物运输安全。货运经营者应当采取必要措施,防止货物脱落、扬撒等。运输危险货物应当采取必要措施,防止危险货物燃烧、爆炸、辐射、泄漏等。

第二十七条规定,运输危险货物应当配备必要的押运人员,保证危险货物处于押运人员的监管之下,并悬挂明显的危险货物运输标志。托运危险货物的,应当向货运经营者说明危险货物的品名、性质、应急处置方法等情况,并严格按照国家有关规定包装,设置明显标志。

④《机动车驾驶证申领和使用规定》。

《机动车驾驶证申领和使用规定》(公安部令第 139 号)第七十五条规定,机动车驾驶人在实习期内不得驾驶公共汽车、营运客车或者执行任务的警车、消防车、救护车、工程救险车以及载有爆炸物品、易燃易爆化学物品、剧毒或者放射性等危险物品的机动车;驾驶的机动车不得牵引挂车。

⑤《金属常压罐体技术要求》(GB 18564.1—2006)。

《金属常压罐体技术要求》(GB 18564.1—2006)有关紧急切断装置的要求中规定,紧急切断阀的设置应尽可能靠近罐体的根部,不应兼作他用,在非装卸时紧急切断阀应处于闭合状态。

⑥《危险化学品安全管理条例》。

《危险化学品安全管理条例》第四十四条规定,危险化学品道路运输企业、水路运输企业的驾驶人员、船员、装卸管理人员、押运人员、申报人员、集装箱装箱现场检查员应当经交通运输主管部门考核合格,取得从业资格。

⑦《关于在用液体危险货物罐车加装紧急切断装置有关事项的通知》。

《关于在用液体危险货物罐车加装紧急切断装置有关事项的通知》规定,液体危险货物罐车生产企业、改装企业和使用单位要认真做好紧急切断装置加装工作;各有关主管部门要认真落实液体危险货物罐车安全监督管理职责;液体危险货物罐车使用单位和改装单位要切实加强罐车紧急切断装置加装过程安全管理。

⑧《中华人民共和国安全生产法》。

《安全生产法》第十八条规定,生产经营单位的主要负责人对本单位安全生产工作负有下列职责:

a.建立、健全本单位安全生产责任制;

b.组织制定本单位安全生产规章制度和操作规程;

c.组织制定并实施本单位安全生产教育和培训计划;

d.保证本单位安全生产投入的有效实施;

e.督促、检查本单位的安全生产工作,及时消除生产安全事故隐患;

f.组织制定并实施本单位的生产安全事故应急救援预案;

g.及时、如实报告生产安全事故。

⑨《中华人民共和国刑法》。

《中华人民共和国刑法》第一百三十六条规定,违反爆炸性、易燃性、放射性、毒害性、腐蚀性物品的管理规定,在生产、储存、运输、使用中发生重大事故,造成严重后果的,处三年以下有期徒刑或者拘役;后果特别严重的,处三年以上七年以下有期徒刑。

案例六:车辆性能不达标,重大事故难避免

某日上午大广高速公路江西省遂川路段,河南省周口市一辆核载为 25t 的河南籍重型半挂牵引车,载运货物 37.7t,行至大广高速公路遂川段长下坡路段,因车辆严重超载、车速过快、制动失效,追尾碰撞在应急车道内行驶的高速公路养护中心的江西籍重型自卸货车(装载 $3.17m^3$ 黄土,驾驶室乘载 3 人、货厢违法乘载 24 人),致使重型自卸货车撞坏路侧波形防撞护栏后冲出道路,瞬间翻坠于垂直高度为 17.1m 的山坡。同时,重型半挂牵引车继续与在行车道内排队等候通过前方事故路段的车辆发生连环相撞,造成重型自卸货车和重型半挂牵引车驾驶员共 16 人死亡、13 人受伤的特大道路交通事故。

经调查,重型半挂牵引车前轮制动系统被非法改动,制动性能明显不符合国家相关标准,且严重超载,在长下坡路段车速过快,导致制动失效,是这起事故的主要原因。驾驶制动性能存在严重安全隐患的重型半挂牵引车,超载 150.8%,一旦车速过快,很容易造成制动失效。驾驶员如果严格遵守有关规定,不驾驶制动存在严重安全隐患的车辆,不超载运输,也就不会出现追尾相撞事故。重型自卸货车违法在应急车道行驶,是导致事故发生的一个重要因素。重型自卸货车在高速公路上违法载人,是造成事故伤亡扩大的重要原因。根据重型自卸货车的性能,车厢不具备载人条件,绝对不能载人行驶。自卸货车车厢载人行驶,驾驶员一旦误操作车厢起降杆会非常危险,运输企业规定自卸货车严禁载人。

一辆重型半挂牵引车在制动系统存在安全隐患、严重超载的情况下,在高速公路下坡路段超速行驶。由于重型半挂牵引车制动失效,与一辆高速公路养护部门的重型自卸货车发生追尾事故。本来是一起两辆货车之间追尾的普通事故,不会造成太多的人员伤亡,可这起事故竟出人意料地导致群死群伤。这起特大道路交通事故从另一个侧面提醒驾驶员,任何违法驾驶行为都可能造成不可估量的损失。

📖 **案例分析**

一名驾驶员驾驶制动系统有问题的重型半挂牵引车严重超载超速行驶,另一名驾驶员驾驶重型自卸货车在高速公路应急车道上载人行驶,两车驾驶员的严重违法行为让简单的追尾事故伤亡增大,损失加重。在血的教训背后必然有一些值得深思的问题。

(1)应加强运输企业及相关单位安全生产教育和管理。

这起事故的发生,暴露出一些运输企业和相关单位安全生产主体责任不落实、安全教育和管理不到位,安全隐患排查治理不彻底,道路交通安全监管存在薄弱环节和漏洞等突出问题。运输企业对挂靠车辆安全监管不到位,对实际运营过程中的车辆维护、交通安全等管理

工作处于完全失控状态,挂靠车辆违法超载现象严重。

(2)应加强高速公路养护企业对施工过程中的安全监管。

高速公路养护企业对施工过程中的安全监管缺乏必要的管理制度和措施,绿化改造施工过程中安全管理不到位,施工人员交通安全意识薄弱,施工车辆违法载人、违法停车、掉头、骑轧车道分界线和占用应急车道行驶、施工路段安全防护设施不到位等一系列严重违法行为时有发生,这些因素都给高速公路正常通行埋下了安全隐患。

(3)应不断强化驾驶员法律法规教育,提高驾驶员安全意识。

车辆违法超载对安全行车或运输造成了极大危害,严重危及人民的生命和财产安全,诱发了大量的道路交通事故。车辆超载后载质量增大,因而惯性加大,制动距离延长,危险性增大。超载会影响车辆的转向性能,易因转向失控而导致事故。

非法改装制动系统,导致制动性能不符合国家相关标准,存在严重的安全隐患。驾驶制动有故障的车辆,容易发生车辆制动失效、跑偏、方向失控、侧滑、碰擦、伤人等事故。

(4)应加强安全生产的社会宣传。

公路养护企业使用工程运输车辆运送养护作业人员,违法载人、人货混装,养护作业人员的人身安全得不到保障,这是对养护作业人员生命极不负责任的行为。货车载人要符合法律规定,要坚决杜绝违法载人、人货混装等现象。

应急车道主要施划于城市环线、快速路及高速公路两侧,专门供工程救险、消防救援、医疗救护或民警执行紧急公务等处理应急事务的车辆使用。非紧急情况下在高速公路应急车道行车或停车,不按照规定设立警示标志,不仅严重威胁驾驶员及乘客的人身安全,也会给正常通行的车辆带来极大的安全隐患。

(5)相关法律法规。

①《中华人民共和国道路交通安全法》。

《道路交通安全法》第二十一条规定,驾驶人驾驶机动车上道路行驶前,应当对机动车的安全技术性能进行认真检查;不得驾驶安全设施不全或者机件不符合技术标准等具有安全隐患的机动车。

第四十八条规定,机动车载物应当符合核定的载质量,严禁超载;载物的长、宽、高不得违反装载要求,不得遗洒、飘散载运物。

②《中华人民共和国道路交通安全法实施条例》。

《道路交通安全法实施条例》第八十二条第四款规定,机动车在高速公路上行驶,非紧急情况时不得在应急车道行驶或者停车。

第八十三条规定,在高速公路上行驶的载货汽车车厢不得载人。

参 考 文 献

[1] 严季.危险货物道路运输企业专职安全管理人员培训教材[M].北京:人民交通出版社股份有限公司,2016.

[2] 中华人民共和国安全生产监督总局宣传教育中心.道路运输企业主要负责人与安管人员安全培训教材[M].北京:团结出版社,2014.

[3] 肖润谋,等.道路运输企业安全管理[M].2版.北京:人民交通出版社,2014.

[4] 本书编写组.道路运输从业人员安全培训教材[M].北京:人民交通出版社股份有限公司,2017.

[5] 本书编写组.道路普通货物运输企业主要负责人和安全生产管理人员培训教材[M].北京:人民交通出版社股份有限公司,2016.

[6] 本书编写组.道路旅客运输企业主要负责人和安全生产管理人员培训教材[M].北京:人民交通出版社股份有限公司,2016.

[7] 本书编写组.机动车维修企业主要负责人和安全生产管理人员培训教材[M].北京:人民交通出版社股份有限公司,2016.

[8] 本书编写组.城市公共汽车客运企业主要负责人和安全生产管理人员培训教材[M].北京:人民交通出版社股份有限公司,2016.

[9] 本书编写组.出租汽车企业主要负责人和安全生产管理人员培训教材[M].北京:人民交通出版社股份有限公司,2016.

[10] 本书编写组.机动车驾驶培训机构安全管理岗位培训教材[M].北京:人民交通出版社,2013.

[11] 交通运输部安全监督司.道路运输企业安全生产标准化考评指南[M].北京:人民交通出版社,2012.

[12] 交通运输部安全监督司.城市客运企业安全生产标准化考评指南[M].北京:人民交通出版社,2012.

[13] 交通运输部公路科学研究院.道路运输事故典型案例评析(二)[M].北京:人民交通出版社股份有限公司,2015.

[14] 交通运输部道路运输司.道路运输事故典型案例评析(一)[M].北京:人民交通出版社,2013.